九州の中世 I

高志書院

島嶼と海の世界

大庭康時・佐伯弘次・坪根伸也 編

刊行のことば

中世(一一世紀～一六世紀)は、地方が成長し地方の自我が目覚めた時代である。あらゆるモノが基本的には中央(奈良・京都)に収斂し、中央から放射された古代とは異なり、中世は地方に核ができ、文化的にも政治・経済的にも自己主張した時代であった。それでは、中世の九州とは、どんな世界だったのだろう。畿内や関東などとはひと味ちがった九州らしさ、九州の個性は、あるのだろうか？　ないのだろうか？その答えに一歩でも近づきたい、そのための企画である。

この企画では、全国の歴史愛好者や研究者に、九州の中世とはどんなところなのかを知っていただくために、各地域に残る遺跡・文化財を活用して、地域に根ざした歴史像を具体的に描いてもらうことにした。

ここでいう歴史像とは、文献史学がつみかさねた史実をふまえたうえでの、武士の拠点、寺社や墓所、町場や集落、古道や旧河道といった諸要素がおりなす景観、中世の風景をいう。言いかえると、歴史景観の復元である。

すべてを描ききることは難しい。しかし、遺跡や文化財は歴史を語る物証であるから、各論者には地図や写真、図版などもフルに利用しながら、「わたしはこの地域の歴史像をこう描きたい」と目に見えるかたちで提言していただいた。もちろん、文献史学や考古学、美術史、宗教史などの最先端をゆく成果も、各々のテーマにあわせて提示してもらっている。

九州各地のこまやかな歴史像をときに大胆な仮説を交えて叙述する本シリーズの試みは、ほかの地域とくらべることではじめて生きてくる。その視点は九州にとどまらない。日本列島やアジアの世界に広げてゆけば、将来的には九州の個性を発見できるときが必ず来る、と信じて本シリーズをおくる。

はじめに

　九州の歴史には、常に中国・朝鮮との対外交流が見え隠れしている。それは、列島の他地域と大きく異なる特徴であり、九州のアイデンティティーを形成する要素の一つと言えるだろう。

　九州は日本の西の玄関口であり、中国・朝鮮・東南アジアに対しての発着地として、中世を通じて機能した。その延長として、大航海時代には、アジア進出を果たしたヨーロッパ世界との交流窓口にもなった。その位置付けは近世にも引き継がれた。江戸時代の対外交流の「四つの口」（対朝鮮―対馬、対中国・オランダ―長崎、対琉球・中国―薩摩、対蝦夷―松前）のうち、三つは九州にある。

　アジア諸国と九州とを結ぶルートは、大きくは三経路あった。朝鮮半島からは対馬海峡を横断し対馬・壱岐を経て北部九州にいたるルート、中国大陸からは揚子江河口部から東シナ海を横断し五島列島にいたり西北九州につながるルート、中国大陸南部・東南アジアからは、沖縄諸島・奄美諸島を北上し南九州にいたるルートの三路である。

　原始・古代以来の歴史を持つ朝鮮半島との交流は、対馬・壱岐二島を経由して展開した。両島の地勢的位置は、新羅の外寇・刀伊の入寇・元寇において激戦地となったことが示すように、平和的交渉と武力侵略を共に受けやすいという特質を持った、列島全体を見渡しても、稀有な地域である。

　揚子江河口部と九州とを一直線に結ぶ大洋路は、対中国貿易の大動脈として機能した。東シナ海を数日間かけて横断した船舶は、まず五島列島に着岸・停泊した後、九州本島、最終的には博多を目指した。

　中国大陸南部から琉球・奄美を経て南九州にいたるいわ

ゆる南島路は、大洋路のサブルートとして登場したが、中世後半期においては、琉球の中継貿易と相まって、貿易のメインルートのひとつとしての役割を担った。奄美諸島には、重要輸出品としての硫黄を産する硫黄島、中世陶器であるカムィヤキを生産した徳之島など、重要な島々が点在する。

薩摩から九州西岸を北上すると、天草の島々を縫い、有明海にいたる。有明海の入り口に近い菊池川河口には高瀬津があり、鎌倉時代後半以降、貿易港として栄えた。

九州が地勢的に背負った対外世界との交渉窓口という性格は、東アジアを舞台に活躍した倭寇の本拠地になるという、いわば負の側面ももたらした。倭寇は東アジア海域世界における、国家の枠組を超越したネットワークの産物であり、国家の存亡にかかわるほどの政治的課題となった。

一時的とはいえ九州に日本国王が誕生したのは、明にとっては倭寇対策の一環であり、国内的に見れば九州が対外関係を根底として歴史的に育んだ独自性の象徴であると言えよう。

『九州の中世Ⅰ』では、「島嶼と海の世界」と題して、九州の独自性と言える東アジア海域世界とのつながりをあつかう。それは、列島において九州が歴史的に担った役割、位置付けを踏まえた時、まず第一に取り上げなくてはならない視点であると考えたからに他ならない。

本書に掲載した各論文は、それぞれの執筆者の問題意識に基づいて執筆していただいた。それは、方向性を限定することで、各地域の研究状況や課題が読み取れなくなることを恐れたためである。

編集者の意図は前述したそれぞれのルートと、それらが接続する九州本島側の地域に関わる論考を対にして配列することで示すにとどめておく。しかし、そうすることで、各地域で発掘調査が進んでいる諸遺跡を、海洋世界と日本列島との歴史的景観の中に位置付けることができるものと考えている。

大庭 康時

目次

はじめに
日明外交を支えた被虜人……6
——魏天と龍室道淵——
倭寇と朝鮮……18
『日本一鑑』の湊……38
港湾都市 博多……48
有明海の世界——中世前期を中心として——……66
壱岐・対馬……84
九州西北岸と五島列島……98
——国内外の文物が行き交う海域——
佐志の湊……116
南九州の海の世界……126
南九州と島嶼の世界……146
——日本図を素材として——
南の島 奄美群島……154
参考文献 170
執筆者一覧 180

九州の中世Ⅰ　島嶼と海の世界

日明外交を支えた被虜人
—魏天と龍室道淵—

伊藤 幸司

はじめに

中世日中貿易にかかる研究の蓄積は非常に厚い。とりわけ、二〇世紀末以降、中世日本最大かつ東アジア海域のなかでも有数の国際貿易港であった博多に関する研究が大きく進展した。博多とアジアとのかかわりは、すなわち古代・中世の日中貿易のありようをも内包するものであり、その成果はたとえば一般でも手に取りやすい概説書として出されている［川添 一九八八、大庭ほか二〇〇八］。

本章では、こうした多様な中世日中貿易のなかでも、とりわけ詳細に研究が深化した日明関係［村井ほか 二〇一五］に焦点を絞り、国境を超えた人の移動を代表するものとして「被虜人《ひりょにん》」に注目する。日明外交を支えた日本側の人材には、倭寇によって拉致されて日本へ連れて来られた人びとがいた。被虜人とよばれるこのような人びとについては、秋山謙蔵［秋山 一九三二・一九三五・一九三九］以来、多くの研究蓄積がなされており、今世紀に入ってからも関周一によるまとまった考察がある［関 二〇〇二］。

日明外交にかかわる被虜人の多くは、日本に拉致された中国大陸の人びとを、朝貢使節である遣明船などで明朝へ送還される存在であった。しかし、被虜人のなかには、個人的な才能から通事や遣明使の官員になるものもいた。とりわけ、遣明船の通事には被虜中国人が、その言語能力を認められて起用されることがあった［小葉田 一九四一、岡本二〇一五］。

本章では、こうした日明外交を支えた被虜人のうち、非常に特徴的な二人の事例に焦点を絞り、その素性について若干の知見を追加してみたいと思う。

1　通事となった被虜人・魏天

一五世紀前半の応永年間(一三九四〜一四二八)に、室町幕府周辺で通事として活躍した魏天《ぎてん》という人物がいる。魏天については、応永二六年(一四一九)に起こった応永の外寇(己亥東征)の翌年、足利義持の派遣した大蔵経求請を目的とした日本国王使に対する、朝鮮の回礼使として来日した宋希璟の『老松堂日本行録』のなかで素性が記されている。

二十一日(四月)、王部落(京都)に入り、魏通事天の家に宿して詠ずる所

魏天は中国の人なり。小時虜われて日本に来り、後我が国(高麗)に帰《ゆ》きて李子安先生の家に奴と為り、また回礼使に随いて日本に還り来る。江南の使適《たま》たま来りてこれを見、以て中国の人と為し、奪いて江南に帰る。帝、見《まみ》えて日本に還送し通事と為す。天、還り来りて妻を娶り二女を生む。また前王に愛され、銭財を有《たも》ちて居る。年七十を過ぎ、朝鮮回礼使の来るを聞きてこれを喜び、酒を持ちて冬至寺(等持寺)に出迎するなり。能く我が言と我が語を説くこと旧識の如く、其の家に迎え来る。陳外郎《ちんういろう》先に来り共に庁に坐す。酌を設け以て慰む。天、私銭を以て饋餉す。予、因りて焉《ここ》に宿す。

(漢詩文省略、[村井 二〇〇〇]による)

この史料をもとに、魏天を紹介した中村栄孝は、彼について次のように解説している[中村 一九八四]。

生没年不詳。中国人。幼少のとき、倭寇に捕われて日本に来たが、のち高麗に送られ、李崇仁(陶隠)の家奴となった。使節団に加わって日本に来て、明使に遭い、連行されたが、明の太祖は、かれを日本に送って通事とした。妻を娶って二女を生み、足利義満に親愛され、蓄財もできた。応永の外寇後、朝鮮に使いした僧亮倪(無涯)と平方吉久(博多居住)が、回礼使宋希璟らを伴いかえったとき、魏天は、京都に住し、年すでに七十歳をすぎていたが、入京した宋希璟らをその家に迎え、同じ中国帰化人陳宗奇らとともに、外寇後の日本国内事情

を語り、深修庵に滞在した朝鮮使節団の応接にあたり、斡旋調停に努めて、足利義持との円満な接触に成功させた。

このように、数奇な人生を歩んだ魏天については、史料の制約もあって、これ以上詳細なことはわからない。ただし、彼は、朝鮮の回礼使や明使の来日を契機として国境を超えて移動していた。これらの公的な外交使節の派遣時期を特定することができれば、魏天の周知の経歴に新たな情報を追加することができるのではないかと思われる。ゆえに、本章では、まず魏天がかかわった朝鮮の「回礼使」や、明使節について考察を進めたい。

2 魏天と朝鮮使節

魏天は、宋希璟が来日した応永二七年(一四二〇)の時点で、年七十を過ぎた老人であったとされることから、その生年は一三五〇年以前であることがわかる。一三五〇年以前生まれの魏天が、幼い頃に故郷の中国大陸沿岸で倭寇に捕らわれて日本に拉致され、その後、高麗へ渡っているのは、「李子安先生の家に奴と為」っていることからすれば、人身売買の一環として転売されたからであろう。日本から高麗へ転売されたことを考慮すれば、朝鮮半島との関係が深く、中世日本最大の国際貿易都市であった博多の市場《マーケット》を経由して転売された可能性が高い。ただし、残念ながら、その時期を特定することはできない。

なお、「李子安先生」とは、李崇仁(一三四九〜一三九二)という高麗末期の朱子学者のことで、李穡や鄭夢周などとともに活躍した人物である。李崇仁には、『陶隠集』という文集があるが、そこに魏天の関連記事はない。

魏天が朝鮮半島から再来日するのは「回礼使」によってであった。その理由は定かでないが、おそらく魏天が日本語に通じていたことが影響していたのではなかろうか。後に、魏天が明皇帝から通事として日本へ派遣された事実を踏まえるならば、彼は一定程度の日本語能力を有していたのであり、その修得時期は、彼が倭寇に拉致されて日本へ連れてこられて以降、高麗へ転売されるまでの間であったと想定される。

高麗末期以降、朝鮮半島から日本へは倭寇禁圧等を要請する目的で多くの外交使節が渡海しているが、魏天を随行した「回礼使」はどれであろうか。ただし、朝鮮半島から派遣される使節のなかには、対馬島や壱岐島を派遣対象とするものもあるが、これらは魏天の来日にかかわった「回礼使」とはみなすことができない。なぜなら、魏天が対馬島や壱岐島に来日したとしても、そこで明使節と遭遇することはないからである。以上のことを考慮した上で、史料上「回礼使」と記される使節や「回礼」目的で派遣された使節(報聘使など)を取捨選択すると、表1のものが該当する。

このように、魏天が朝鮮の「回礼使」に随行して再来日したのは、これら一一回の朝鮮使節の何れかに同行しての行為であったと限定することができる。魏天を同行した「回礼使」が①~④の場合は、派遣対象が今川了俊であることから、来日後、彼は博多に滞在していたことになる。そして、明使節との邂逅は博多においてなされたことになる。⑤~⑪の場合は、来日後の魏天は京都に滞在していたことにな

表1

派遣年月日(朝鮮史料)	使節名目	使者	派遣対象	備考
①一三七七(辛禑三・永和三)	報聘使	鄭夢周	九州節度使(今川了俊)	『高麗史』『高麗史節要』
②一三九四(太祖三・応永元)	回礼使	金巨原 梵明	九州節度使(今川了俊)	『太祖実録』
③一三九四(太祖三・応永元)	回礼使	崔龍蘇	鎮西節度使(今川了俊)	翌年に来日 『太祖実録』
④一三九五(太祖四・応永二)	回礼使	金積善	九州節度使(今川了俊)	『太祖実録』
⑤一三九七(太祖六・応永四)	回礼使 通信官	朴惇之	大内殿義弘(大内義弘) 日本国王(足利義満)	途中で回礼使から通信官へと名目変更 『太祖実録』
⑥一三九九(定宗元・応永六)	報聘使	崔云嗣	日本大将軍(足利義満)	『定宗実録』
⑦一四〇二(太宗二・応永九)	回礼使	趙漢	日本大将軍(足利義満)	『太宗実録』『老松堂日本行録』
⑧一四〇四(太宗四・応永一一)	報聘使	呂義孫	日本国王(足利義満)	『太宗実録』
⑨一四〇六(太宗六・応永一三)	報聘使	尹銘	日本国王(足利義満)	『太宗実録』
⑩一四〇六(太宗六・応永一三)	回礼官	李芸	日本	『太宗実録』
⑪一四〇八(太宗八・応永一五)	回礼官	金恕	日本国	『太宗実録』

※橋本雄による「朝鮮前期対日使節(朝鮮国王使含む)一覧表」[橋本 2011]を参考にして作成。

り、上洛してきた明使節と遭遇したことになる。

3　魏天と明使節

次に、来日して魏天と遭遇し、同胞の人として明朝へ連れ帰った明使節と、再度、明皇帝の命を受けて彼を日本へ送り込んだ明使節について考えてみる。魏天は、「前王」(足利義満)に愛されたとあるため、彼が足利義満の時代の日明外交に関与したことは明らかである。そこで、足利義満の時代に来日した明使節を一覧表にしたものを表2に示す。

魏天は、明使節によって明朝に連れ帰られた後、明皇帝によって再度、通事として日本へ送り込まれている。明皇帝の思惑は、日明交渉を円滑に進めるために、日中の言語に精通した通事を送り込むことにあったと思われる。こうした明皇帝の命令が魏天に下されるタイミングを考えた時、それは魏天を連れ帰った明使節が明皇帝に復命したことを受け、次の明使節の日本派遣が予定されていた時だと推断できる。少なくとも、魏天のような無位の人物が明皇帝とかかわる可能性があったのは、魏天を連れ帰った明使節に

表2

出発年代 (明暦・日本暦)	主な使者	到達先	備考
❶一三六八 (洪武元・貞治七)	不明	五島列島周辺カ	
❷一三六九 (洪武二・応安二)	楊載	太宰府・征西府懐良親王カ	
❸一三七〇 (洪武三・応安三)	楊載 趙秩・朱本	太宰府・征西府懐良親王	
❹一三七二 (洪武五・応安五)	仲猷祖闡 無逸克勤	博多・九州探題(今川了俊) →　室町幕府(足利義満)	
❺一三八〇 (洪武一三・康暦二)	不明	不明	
❻一四〇二 (建文四・洪武三五・応永九)	天倫道彝 一庵一如	京都北山第(足利義満)	大統暦等下賜
❼一四〇三 (永楽元・応永一〇)	趙居任 張洪・雪軒道成	京都北山第(足利義満)	誥命・金印・冠服・永楽勘合等下賜
❽一四〇四 (永楽二・応永一一)	潘賜 王進	京都北山第(足利義満)	
❾一四〇六 (永楽四・応永一三)	兪士吉	京都北山第(足利義満)	「海舟二艘」下賜
❿一四〇七 (永楽五・応永一四)	不明	京都北山第(足利義満)	唐輿下賜

※橋本雄による「日本への明使節一覧表」[村井ほか 2015]を参考にして作成。

よる明皇帝への復命の時以外には考えにくい。

さらに、前節で考察したように、日本から高麗へ渡った魏天が、朝鮮半島から再来日するのは、少なくとも一三七七年以降であることがわかっている。これを考慮すると、魏天がかかわった明使節の組み合わせとしては、❻→❼(❻の明使節が魏天を連れ帰り❼の明使節で再来日、以下同じ)、あるいは❼→❽、❽→❾、❾→❿しか考えられない。

この結果、魏天を日本へ送り返して通事とした明皇帝は永楽帝であったことが判明する。従来、先行研究では中村栄孝の指摘以来[中村 一九六五]、魏天がまみえた明皇帝は洪武帝とされてきたが、その比定は誤っていたことになる。魏天は、建文帝から皇位を奪取し、帝位に就いた永楽帝が、日明外交の円滑化を図って日本に送り込んだ通事というのが実態であったのである。

魏天の存在は、明朝の冊封国であった琉球国において琉明外交をになった久米村の「閩人《びんじん》三十六姓」の神話を想起させる。伝承では、閩人(現在の福建省の中国人)の職能集団が、洪武帝によって琉球国に下賜されたとされる。実際、明朝の公的な命令を受けるかたちで琉球に赴き、梢水《しょうすい》(水主)から火長《かちょう》(船長)を務め、一四三一年に帰郷を願い出た潘仲孫《はんちゅうそん》や、命を奉じて三代にわたり進貢業務に従事した蔡璟《さいけい》一族などの事例があり、明朝から琉球国に対して何らかの公的な人材派遣があったことは確実である[上里 二〇一二:六七頁]。このように、明朝は冊封国との円滑な交渉のために、有能な人材を派遣していたのであり、魏天もそのような一人として位置づけることができるのである。

4 朝鮮使節と明使節との邂逅

これまでの考察で、魏天がかかわった朝鮮使節と明使節について、一定程度の絞り込みをすることができた。では、「回礼使に随いて日本に還り来る。江南の使適たま来りてこれを見、以て中国の人と為し、奪いて江南に帰る」というような魏天の境遇は、一体どのようにしてなされたのであろうか。当該期の日本には、博多を擁する北部九州地域をはじめとして、倭寇によって拉致された被虜人が数多く存在していた。被虜人のなかには、当然、中国大陸出身の者も多くいたはずである。このような状況において、なぜ魏天のみが明使節の目に留まったのであろうか。また、朝鮮使節に随行した魏天が、来日後、朝鮮へ戻らずに、そのまま日本に居残り、滞在し続けることがあり得たのであろうか。状況としては、やや想定しにくいといえよう。

そこで、本章では次の史料に注目したい。

『東寺王代記』応永十二年条

五月一日、唐人入洛、上下三百余人と云々。当時金堂且つ休む。其の間高麗人礼拝の為に来る。即ち□《金》堂の砌下において唐人を礼す。此の高麗人は去る三月廿八日に入洛なり。即ち一日唐人等北山殿を参る(後略)

この史料によれば、応永一二年(一四〇五)五月一日、入洛してきた明使節が東寺の金堂で休憩をしていたところへ、すでに三月に入洛していた朝鮮使節が礼拝にやって来たことがわかる。明使節は、潘賜と王進をはじめとする入洛随行員三〇〇人という大人数の集団(❽)であり、朝鮮使節は、日本国王使周棠に対する報聘として太宗四年(一四〇四)一〇月癸巳(二五日)に派遣された呂義孫を正使とする使節(⑧)であった(『太宗実録』同日条)。

これ以前、朝鮮使節と明使節とが同じ場所で邂逅したという史料は、管見の限り確認することができない。しかし、応永一二年(一四〇五)のみ、京都の東寺という限定された空間で両者は邂逅していた。この状況下であれば、朝鮮使節に同行する魏天と明使節が直接出会うことも可能であり、かつ魏天が中国人であることも明使節が看破することはできたであろう。朝鮮使節は、わざわざ東寺の金堂で休憩をしている明使節のところへ赴き、金堂の軒下の敷き瓦で明使節に対して礼拝(粛拝か)をしていた。朝鮮使節は明使節に対して臣下の礼をとったのであり、その上下関係は明らかである。だからこそ、明使節は朝鮮使節にいた同胞の魏天を、朝鮮使節から離脱させて連れ帰ることも可能であったのではなかろうか。

本章では、この応永一二年(一四〇五)の朝鮮使節と明使節との邂逅に注目し、魏天を随伴したのは呂義孫を正使とする朝鮮の報聘使(⑧)であり、魏天を明朝へ連れ帰ったのは潘賜を正使とする明使節(❽)であった可能性が高いとしておきたい。魏天が呂義孫の朝鮮使節に同行していたとするならば、彼の朝鮮半島滞在は、家奴の主人であった李子安が一三九二年に死去していることからして、少なくとも十数年以上であったことが確実となる。『老松堂日本行録』において、宋希璟が「能く我が言と我が語を説くこと旧識の如く」と感嘆するほど、魏天の朝鮮語能力が高いことも納得できる。

明朝へ帰国した魏天は、永楽帝の命令により、応永一三年(一四〇六)に再び兪士吉を正使とする明使節❾とともに来日したことになる。この時、永楽帝は大量の朝貢回賜品(=唐物)とともに「海舟二艘」も日本に下賜していた(『明実録』永楽四年正月己酉条)〔藤田 二〇〇八〕。明朝から進貢船を下賜された事例としては、一三八五年に洪武帝が琉球の中山・山南に大型海船を下賜したのをはじめ、永楽年間までに延べ三〇隻に及ぶ海船が琉球へ無償提供されていたことが注目されている〔上里 二〇一二：六五〜六七頁〕。まさに、足利義満も、琉球と同じように「海舟」を永楽帝から下賜されていたのである。そして、本章の推察によれば、この「海舟」の下賜とともに、永楽帝は通事として魏天を足利義満に提供したことになる。これらは、永楽帝が日本との冊封関係を維持するために行った対応策であるのと同時に、より多くの冊封国を求め続けた永楽帝の外交政策の一環であったといえよう。

いずれにしても、足利義満の麾下に入った魏天は、義満から愛でられたとされるため、中国語・日本語・朝鮮語に精通する通事として室町幕府の外交に携わることで重用されたのであろう。その結果か否かはわからないが、妻もあてがわれたのかも知れない。二女に恵まれたとあるので、彼女らは魏天が年老いてからの子供ということになる。義満は、応永一五年(一四〇八)五月六日に急死するものの、『老松堂日本行録』に登場する魏天を見れば、その後も室町幕府周辺で活動していたことは明らかである。

5　遣明船正使になった被虜人・龍室道淵

足利義満の時代に成立した日明外交は、義満の死後、義持によって断交されたが、義教によって復活された。その際、遣明船の復活に尽力したのは、博多商人宗金をはじめとする博多勢力であった〔伊藤 二〇〇二〕。この時、遣明船正使に抜擢されたのは天龍寺第九一世の龍室道淵《りゅうしつどうえん》であった。彼の素性については、次の『扶桑五山記』天龍寺住持位次によって知ることができる［玉村 一九八三］。

九十一、龍室禾上、諱は道淵。聖福の宏書記に嗣ぐ。宏は霊峰に嗣ぐ。□々（霊峰）は大覚に嗣ぐ。明州鄞県《ぎんけん》塩倉橋張氏の子なり。三十にして海を越えて来る。筑前州聖福寺《しょうふくじ》において易服し大僧と為る。長州安国寺（東隆寺）を開法し、また聖福寺に住す。後に入洛す。永享四年、公命を奉り、天龍の位に列す。永享四年は、大明宣徳七年に当たる。此の時日本国の使命を奉り、中華に入る。対御皈を告ぐ。明主（宣徳帝）金襴の伽梨・諸道具を賜う。宣徳八年七月廿日、杭州仁和県中舘駅において示寂す。寿四十有九。我が永享五年癸丑。

洪武一八年（一三八五）、明州鄞県塩倉橋張氏の子として生まれた龍室道淵は、応永二一年（永楽一二・一四一四）三〇歳にして中国から日本へ来て、博多聖福寺で出家したという。

ここで注目すべきは、龍室道淵が来日した時期である。実は、彼が来日したという応永二一年（一四一四）は、足利義持による日明断交の時期であった。足利義持は、応永一六年度遣明使として堅中圭密《けんちゅうけいみつ》を派遣した後、応永一八年（一四一一）兵庫に来日した明使節王進の上洛を許さず、日明断交をした。以後、日本からは永享四年（一四三二）まで遣明使の派遣は行われなかった。一方、明朝からは義持に入貢と倭寇禁圧を求める明使節が何度も派遣されたが、王進の次の明使節呂淵の来日は応永二五年（一四一八）であった。つまり、龍室道淵が来日したという応永二一年（一四一四）には、日明間を往来する遣明使や明使節は存在しなかったのである。朝貢・海禁体制をとる明朝において、明州（寧波）にいる龍室道淵がみずからの意思で海外渡航することは不可能であった。一方、永楽一一年（一四一三）には「倭賊三千余人」が浙江を襲撃しているように（『（明）太宗実録』永楽一一年正月辛丑条）、当該期の中国大陸沿岸には頻繁な倭寇の来襲があった。以上の状況を考慮すれば、龍室道淵の来日は、倭寇による被虜人となった結果と考えざるを得ないのである。

倭寇によって拉致された龍室道淵は、魏天と同様、博多に連れて来られたと考えられる。そこで、何らかの理由により、出家することで被虜人の身から逃れることができたのであろう。奴となることを忌避して僧となる事例はあり、たとえば、博多出身の雪明は、対馬島人の誘いに乗って齊浦に行ったところ、奴として売り飛ばされたため、剃髪して僧となり、朝鮮の諸山を遍観したという[村井一九九三：一〇六頁]。龍室道淵の場合は、博多聖福寺で出家し、臨済宗大覚派の宏書記の法を嗣ぎ、長門国東隆寺(諸山)、聖福寺(十刹)の公帖を受けて住持となったことがわかる。そして、博多勢力の尽力によって復活した遣明船の正使となるための箔付けとして、永享四年(一四三二)に京都五山の天龍寺住持として出世した後、一号船(公方船)で入明した。

龍室道淵が遣明船正使に任命された背景には、遣明船復活に尽力し、みずからも永享四年度遣明船で入明した博多商人宗金の存在が大きかったと推測される。都市博多において、貿易商人と僧侶との紐帯として、そして貿易センターとして存在していた聖福寺で出家し、聖福寺の住持にも出世した龍室道淵は、宗金と非常に近い関係にあったであろう。

さらに、龍室道淵が中国人で中国語に精通していたという点も、正使に抜擢される重要な要素であったと考えられる。なぜなら、一四世紀後半以降、明朝の朝貢・海禁体制によって、日本と中国大陸との交流が著しく制限された結果、次第に日本禅林からは中国の渡来僧の姿も消え、大陸へ渡海した経験のある日本僧の数も減少していた。一五世紀以降、足利義満の頃までは頻繁な遣明船の往来があったことで、日本禅林にもかろうじて中国大陸の直接的な影響が残っていたが、足利義持による日明断交によって、日本禅林と中国大陸とのつながりは途絶えた。日宋・日元交流の時代以降、日本社会において中国的世界を創出していた日本禅林は、応永年間を画期として、急速に日本化が進んだのである[村井二〇〇五、伊藤二〇一二]。

当然、かつての渡来僧や渡海日本僧の存在によって、日本禅林のなかで身近な存在であった中国語も、急速に話されなくなっていったと思われる。日本化が進展した日本禅林において、約二〇年以上の断交期間を経て派遣される永享四年度遣明船に際して、足利義満の時代に派遣された遣明船の経験者や故実に精通する人物が多く残っていたとは思えない。おそらく、応永年間に四度の遣明船正使を務めた堅中圭密も死去していた可能性が高いか、生きていたとしても相当の高齢と思われる。

こうした状況下において、日明国交を復活させるという重要な外交交渉を委ねる遣明船正使として、日本語と中国語が話せる龍室道淵の存在は非常に魅力的であったといえる。おそらく、博多商人宗金は、足利義教に働きかけて、博多勢力主導で遣明船を復活させる際に、博多聖福寺住持で中国語にも精通した龍室道淵こそ遣明船正使として相応しいと判断し、強く推薦したのではないかと推断する。

こうして遣明船正使として入明した龍室道淵は、永享五年（一四三三）明朝における日本使節の窓口である寧波に上陸したことで、約二〇年ぶりに故郷の地を踏んだ。その想いは如何ほどであったであろうか。その後、彼は北京へ上京して無事に使命を果たし、宣徳帝から金襴の伽梨（『（朝鮮）世宗実録』二九年五月丙辰条では、道淵は「満繍袈裟」を下賜されたと宗金が語っている）と諸道具を下賜され、日本に派遣される明使節の潘賜らをともなって北京から帰国の途についた。潘賜は、明使節として二度目の来日であり、先に述べたように、魏天を明朝へ連れ帰ったと推測している人物である。しかし、龍室道淵は北京からの帰途、杭州仁和県中舘駅で死去した。遣明船で入明した人びとが、使命途中で亡くなることは決して珍しいことではなかった［伊藤 二〇一三］。龍室道淵としては、使命半ばでの死去は無念ではあったであろうが、一方で異国の使節という身分ではあったものの、故国の地で最後を迎えることができたのは不幸中の幸いであったのかも知れない。

おわりに

本章では、日明外交を支えた被虜人として、魏天と龍室道淵という二人の人物に注目した。彼らは、いずれも倭寇によって中国大陸から拉致され、おそらく博多に連れてこられたと思われる。そして、ともに博多の地で日本の言語を身につけ、後に日明外交を支えていく素地をつくったと推断する。

中世日本におけるアジアへの窓口であった博多をはじめとする九州の地には、このような被虜中国人が多くいたことで知られている。たとえば、龍室道淵と関係が深かった博多商人宗金は、世宗二九年（一四四七）には被虜中国人で三〇余年も博多で抑留されていた観音保を連れて朝鮮へ渡海している（『（朝鮮）世宗実録』二九年五月丙辰条）。おそらく、宗金の周辺には観音保のような被虜中国人が相応にいたのであろう。また、博多に近接する博多湾の港町箱崎を舞台とした著名な謡曲「唐船」には、箱崎殿に使役される被虜中国人祖慶官人が登場する。被虜中国人の多くは、被虜人として使役や売買がなされ、時には遣明船によって送還されることもあったが、なかには魏天や龍室道淵のように歴史に名を残す働きをした人びともいたのである。

倭寇と朝鮮

関　周一

はじめに

本章は、文献史料を使用した歴史学研究の成果を踏まえて、中世の日朝関係について概観することを目的としている。対馬をはじめとする九州は、朝鮮との関係が深いため、本章では必然的に九州に関する記述が多くなる。

中世日朝関係史の研究は、昭和戦前期の秋山謙藏や中村栄孝により、体系的な研究が開始され、日本の敗戦後は、田中健夫や田村洋幸、長節子らによって研究が本格的に進められた。一九八〇年代以降は、倭寇や偽使などを中心に研究が深化し、村井章介・高橋公明・石井正敏・関徳基・孫承喆・佐伯弘次・関周一・伊藤幸司・橋本雄・荒木和憲・須田牧子らの成果があがっている。以上の文献は、本書巻末の参考文献一覧を参照願いたい。

本章では、こうした諸研究を逐一紹介するのではなく、まず中世日朝関係史の推移を概観した上で、人や物の動きを中心に、研究の到達点を述べていく形を取りたい。朝鮮半島と九州との交流に関する史実を網羅するものではないことを、予めお断りしておきたい。また概観という本章の性格から、筆者の旧稿の論旨と重複する箇所が多くなる点も、御容赦願いたい。

1　中世日朝関係史　概観

近年、筆者を編者とする『日朝関係史』という著書［関二〇一七〕を刊行した。同書は、古代から現代までの日朝関係史を五章に分けて述べている。筆者が担当した「II　中世東アジア海域と日朝関係」では、一〇世紀前半（高麗の成立期）から一七世紀初頭（朝鮮王朝前期）までの時期を中世日朝関係史ととらえて叙述した。本節の記述は、同書の記述に適宜加筆したものである。

　この時代全般の特徴としては、対馬をはじめとして、九州などの西日本の各地から、貿易あるいは掠奪のために、多数の人々（朝鮮王朝は「倭人」と呼ぶ）が朝鮮半島に渡ったことである。古代における東アジア諸国家間の交渉とは異なり、日本側の交流の主体は国家（朝廷、鎌倉幕府、室町幕府）に限らず、多様な階層に広がっていた。ただしその交流は、倭寇による掠奪という負の側面を伴っており、ついには豊臣秀吉による朝鮮侵略まで引き起こされた。

　時期（世紀）を区切って、交流の推移を概観しておこう。

(1)　一〇世紀前半、朝鮮半島では高麗が成立し、日本（京都）の朝廷との交渉を試みる。それは双方向の使節の往来ではなく、高麗から日本に一方的に使節が派遣された。こうした国家間の交渉とは別に、大宰府などの地方官衙や中国人海商（中国の王朝名に即した表現では、宋海商）が担い手となり、高麗と日本との貿易が行われた。一二世紀以降、対馬島衙から高麗の地方官衙あてに進奉船が派遣されて貿易が行われた。

(2)　一三世紀、ユーラシア大陸ではモンゴル帝国が成立し、高麗を服属させた。高麗の三別抄の抵抗を抑えたクビライは、高麗軍などを率いて二度にわたり日本に侵攻した。高麗は元とともに使節を日本に派遣した。援軍を求めた三別抄の使節も日本に派遣されている。鎌倉幕府は、「異国」＝高麗に遠征する計画を立てたが、実行には至らなかった。

(3)　日本では南北朝内乱の最中であった一四世紀後半、朝鮮半島や中国大陸を襲う前期倭寇が出現し、米や人を掠奪した。高麗およびそれを継承した朝鮮王朝は、室町幕府や大内氏・宗氏らの諸大名に対して倭寇の禁圧を求めた。このことが日本と高麗・朝鮮王朝の通交関係が成立する契機となった。

(4)　一四世紀末に成立した朝鮮王朝（朝鮮国王）に対して、室町幕府や諸大名・商人らがそれぞれ使節を派遣する多元的通交関係が成立し、活発な貿易が行われた。朝鮮との関係が特に深かったのは、対馬であった。対馬島主の宗氏は、文引制や孤草島釣魚禁約など、朝鮮通交に関する統制の権限を、朝鮮王朝から委ねられた。日本の使船が停泊する港である三浦《さんぽ》には、対馬島民らの恒居倭が居住した。中世の国際貿易港であった博多の商人(海商)や宗氏らは、諸氏の朝鮮通交を請け負っており、さらに通交名義を詐称した偽使を朝鮮に派遣するようになった。一六世紀の使節のほとんどが対馬による偽使であり、石見銀山などで採掘・製錬された大量の銀が朝鮮にもたらされた。

(5) 日朝関係に大きな断絶をもたらしたのが、一六世紀末の豊臣秀吉による「唐入り」である。秀吉は二度にわたり朝鮮侵略を行い(朝鮮では倭乱と呼ぶ)、朝鮮国王宣祖をはじめとする支配者層や民衆に深刻な被害を与えた。多くの朝鮮人が被虜人として日本に連行された一方、朝鮮に投降する降倭も続出した。

(6) 一七世紀初頭、徳川家康は、朝鮮との関係の復旧を図った。その際に対馬藩主の宗義智《そうよしとし》らが、家康や宣祖の国書の改竄を行うことで、関係の復旧を実現させた。朝鮮王朝は、回答兼刷還使を日本に派遣した。その後も宗氏は国書改竄を続けたが、柳川一件により、そのことが江戸幕府に暴露された。事件後、江戸幕府が朝鮮外交に直接介入し、以酊庵輪番制を開始した。

以下の各節では、右の(1)(3)(4)について説明を加えていきたい。

2　高麗との関係

日本と高麗との間では、次のような交渉が行われた。

①高麗使節の来航

日本と高麗(九一八～一三九二)の外交は、高麗から日本の朝廷(京都)に使節が派遣される、すなわち高麗が主導して交渉が始まった[石井二〇一七、近藤二〇一八]。高麗が建国された一〇世紀の事例について、みておこう。

承平七年(九三七)、前年に朝鮮半島を統一した高麗は、日本に使者を派遣して牒状(牒。明確な上下関係がない場合に使用され、外交文書にも使用された)を送ってきた(『日本紀略』同年八月五日条。『帥記』承暦四年〈一〇八〇〉閏八月五日条・九月二日条)。ついで天慶二年(九三九)にも使者を派遣し、広評省牒状をもたらしたが、大宰府から同省あての返牒を持たせて帰国させた(『日本紀略』同年三月一一日条)。高麗は、新たな朝鮮半島の覇者となったことを伝え、日本との外交を求めてきたものと推測されるが、二度とも日本側はそれを拒絶している。

一〇世紀初めから、日本の朝廷は、外国の首長から日本の国家首長(天皇)に宛てた外交文書に返書をせず、中央の太政官の返牒もしくは、地方官衙の大宰府の返牒により返書した。ただし大宰府の牒そのものは、太政官で作成された。京都の朝廷で審議はするものの、返書は大宰府牒という文書様式をとることになる[高橋二〇〇五]。右の大宰府返牒は、朝廷の意思を示したものである。

その後、天禄三年(九七二)には「南涼府使」「金海府使」を称する者が相次いで来日したが、大宰府の返牒を与えて帰国させている(『日本紀略』同年九月二三日条。『親信卿記』同年九月二三日条)。天延二年(九七四)、高麗国交易使蔵人所出納・高麗国貨物使らが、交易した貨物を持って帰京している(『日本紀略』同年閏一〇月三〇日条。『親信卿記』同年閏一〇月三〇日条)。高麗の地方官または地方豪族が、独自に派遣したものであろうか。この時、貿易が行われた可能性がある[森平二〇〇八・二〇一三]。

長徳三年(九九七)、大宰府在住者により高麗牒状三通(一通は「日本国」あて、一通は「対馬島司」あて、一通は「対馬島」あて)が朝廷にもたらされた。朝鮮半島で日本人が起こした狼藉行為(倭寇)に対する抗議をしたものである。朝廷内の議論においては、その表現が日本国を辱めるととらえられ、なかには「宋の謀略ではないか」という意見さえあった。このように軍事的な危機感を募らせた朝廷は、返牒を一切しないと決定するとともに、要害を警固し、祈禱に努めるよう大宰府に命じている(『小右記』同年一〇月一日条)。

このように日麗関係は、使節が往来して方物を交換するという形の通交関係は、成立しなかった。また高麗使節は大宰府に留め置かれ、上洛は許されていなかった。したがって高麗使節が、直接顔を合わせて交渉した相手は、大宰府府官らであった。高麗使節が持参した方物(天皇らに対するもの）の一部が、大宰府や博多にもたらされた可能性は高いであろう。

②大宰府・地方官衙の交渉

日本の朝廷とは別個に、九州など西日本の官衙の使節が、高麗に派遣されることがあった。当初は漂流人の送還、その後は貿易を目的として、高麗に渡航した。

一〇世紀後半から、日本から高麗への漂流人の送還が行われた。日本に漂着した高麗人は、耽羅（済州島）の人々が多かった。漂着地は、筑前国・大隅国や石見国・因幡国などである。送還にあたっては、朝廷への報告は行われるものの、大宰府や諸国衙の主導により送還が行われていた。漂流民は、日本各地↓大宰府↓対馬島↓高麗　金州↓東南海船兵部部署という地方官衙間のルートで送還された。特に対馬島衙は、日本の対高麗交渉の最前基地として重要な役割を果たしていた［山内二〇〇三］。

一一世紀後半、日本から高麗への渡航者が増加する。『高麗史』や『高麗史節要』によれば、a「日本国使」「壱岐島勾当官」「対馬島（勾）当官」と記される官衙・官人を主体とする場合と、b「商人」「商客」「船頭」や、個人名をもって表記される人々の場合とがある。このうち、aのタイプは、①大宰府や対馬島衙が、太政官の指示を受けて、高麗と交渉する場合と、②太政官の指示を受けずに、官衙単独に交渉する場合とがあり、いずれにせよ在庁官人や商人（海商）らが交渉の担い手となる［山内二〇〇三］。②については、一〇八五年、「対馬島勾当官」（対馬島衙）が、高麗に使節を遣し、柑橘を進上した（『高麗史』巻一〇、宣宗二年二月丁丑〈一三日〉条）。一二世紀以降、対馬島の国衙から高麗の地方官衙あてに進奉船が派遣され、「進奉」（高麗国王との臣従関係を示す行為）を名目とした貿易が行われた［李 一九九九］。対馬島衙の高麗通交は、在庁官人阿比留氏が主導したものとみられる［荒木二〇一七b］。bは「日本」商人とは表記されていても、必ずしも民族的な意味で用いられているのではなく、日本を拠点とする中国人海商が多数を占めていたと思われる［榎本二〇〇七］。

③中国人海商のネットワーク

日麗貿易の背景には、宋・高麗間で活動した中国人海商

（宋海商）のネットワークがあった。彼らは、高麗に拠点を持ちつつ貿易を行っていた。高麗朝は、彼らを入貢した使節と位置づけていた。彼らの活動範囲は、日本にも及び、一一世紀後半、博多に「唐房」と呼ばれる拠点を持つことになる。したがって中国人海商が、日麗貿易の一翼を担っていたものと考えられる［原 二〇〇六］。

日本には、義天版とよばれる高麗版の仏教典籍が、中国人海商によってもたらされた。義天（一〇五五～一一〇一）は、高麗国王文宗の第四王子で、華厳宗をはじめとする内外の諸学を修め、僧官の最高位である僧統に昇り、後に大覚国師の諡号を贈られた。北宋に渡って、華厳宗と天台宗を学び、仏教書の収集に努めた。帰国後、住持となった開城近郊の興王寺に教蔵都監を設置し、宋・遼・日本や高麗国内から広く仏教書を集め、『続蔵経』四千余巻として刊行した（義天版）。北宋の泉州出身の海商たちは、義天と親しい関係にあり、義天版を入手することができた。海商たちは、博多の「唐房」に渡り、義天版を日本にもたらしたのである［原 一九九九］。

以上、三つの交渉形態をみてきた。荒木和憲は、北部九州と高麗の交流は、公的（官衙）レベル（前述の②）と私的（商人）レベル（前述の③）という重層的に展開したと評価している［荒木 二〇一七b］。使船・商船の渡航先は金州であり、金州防御使または東南海船兵部部署が対応した［近藤 二〇一九］。高麗は、金州に客館を設けて、応接した。

最後に、『高麗史』などの文献からわかる日麗貿易の貿易品について述べておく［森 二〇〇八］。日本から高麗への輸出品は、水銀・硫黄・真珠・法螺・杉材などの原料品、螺鈿鞍・硯箱・香炉・扇子などの工芸品、刀剣・弓箭・甲冑などの武器であり、宋向けの輸出品とほぼ共通していた。輸入品は、人参、麝香、紅花などのほか、宋の絹織物や典籍であった。その他、今日伝来ないしは出土しているものでは、高麗青磁や朝鮮鐘を挙げることができる。

3　前期倭寇の隆盛

①朝鮮半島における掠奪

一四世紀後半、朝鮮半島や中国大陸を倭寇が襲い、掠奪を繰り返した。倭寇とは、被害を受けた朝鮮・中国側の呼称である。日本の研究者は、前期倭寇または一四～一五世紀の倭寇とよんでいる［田中二〇一二a］。

一三五〇年二月、倭寇は、高麗の慶尚道南岸の固城・竹林・巨済を襲った。高麗の合浦千戸（合浦の管軍官。千戸は、軍人の職名）と、都領（合浦の軍卒指揮官）の梁官らは倭寇と戦い、三百余級を斬獲している。このことを、『高麗史』や『高麗史節要』は、倭寇の侵入がここに始まったと記している（『高麗史』巻三七、忠定王二年二月条、『高麗史節要』巻二六、同年二月条）。以後、倭寇は、朝鮮半島南岸（慶尚道・全羅道）の港などを頻繁に襲撃し、租税を運ぶ漕船や、営と呼ばれる役所を襲っている。

一三五一年の秋以降、開京（開城）のある京畿道の西海岸を襲撃する倭寇も現れた。一三五一年八月一〇日、倭船一三〇艘は、紫燕（仁川国際空港の敷地）・三木の二島を襲い、廬舎を焼いた。同月一三日、倭が、京畿道の舟運の要所である南陽府・双阜県を襲っている（『高麗史』巻三七、忠定王三年八月丙戌〈一〇日〉・己丑〈一三日〉条、『高麗史節要』巻二六、忠定王三年八月条）。一三七三年六月、倭寇は、開京を挟んで、その東西を流れている東江と西江に集まり、陽川を襲った。そして漢陽府（ソウル）に至り、廬舎を焼き、人民を殺したり拉致したりし、数百里が騒然とした。開京は、大いに震えたという（『高麗史』巻四四、恭愍王二二年六月丙申〈二六日〉条、『高麗史節要』巻二九、恭愍王二二年六月条）。

倭寇の中には、百・三百・五百艘などの大船団を組むものもあり、内陸部まで侵攻する大規模騎馬集団も登場した。内陸に侵攻した倭寇として著名なのが、阿只抜都《あきばつ》に率いられた倭寇集団である［田中二〇一二a］。彼の年齢は、一五、六歳で、「骨貌」は端麗で、勇ましさは他に類をみないものだった。白馬に乗って戈を舞して馳突し、向かう者は恐れてひれ伏し、あえて当たる者がなかった。高麗の将軍李成桂は、「荒山戦闘」（南原山城の戦い）において、阿只抜都らと対戦した。李成桂は、阿只抜都の兜を射落として、成桂の部下の李豆蘭が射殺した。倭寇は大いに気をくじかれ、李成桂は倭寇をうち破った。川の流れはことごとく赤くなり、六、七日間色が変わらず、人は川の水を飲むことができなかった。捕らえた馬は、千六百余匹にのぼった（『高麗史』巻一二六、辺安烈伝）。この戦いの勝利が、李成桂が台頭する契機になった。

また高麗の賤民である禾尺・才人が、倭寇をかたって掠奪をした事例がある［田中 一九九七］。禾尺は揚水尺・水尺ともいい、牛馬の屠殺・皮革の加工を行い、才人は仮面芝居の集団である。一三八二年、禾尺（揚水尺）が集まり、詐って倭賊となり、寧越郡を侵し、役所や民戸を焼き、男女五〇余人と馬二百余匹を捕らえた（『高麗史節要』巻三二、辛禑八年四月条）。一三八三年六月、交州・江陵道の禾尺・才人らは、詐りて倭賊となり、平昌・原州・栄州・順興・横川等を襲った（『高麗史』巻一三五、辛禑伝三、辛禑九年六月条、『高麗史節要』巻三二、辛禑九年六月条）。

②前期倭寇の実像

『高麗史』や『高麗史節要』によれば、倭寇の主な掠奪品は、食糧（米）と沿岸の住民たちである。米を得るために、租米を運ぶ輸送船や、それを備蓄する倉庫が攻撃の対象になった。彼らが奪った米や人などは、商品となった。したがって、前期倭寇は、掠奪者としての側面と、交易を行う海商としての側面とがあったとみるべきである。一四世紀後半における高麗と日本（特に九州）の物流における、前期倭寇の果たした役割を検討する必要がある。

倭寇に捕らえられた人々（被虜人）は、案内人（諜者）として倭寇の活動に従事させる他、博多や壱岐・対馬や、琉球の那覇などに転売された。東アジア海域においては、人身売買が頻繁に行われ、倭寇による被虜人も商品であった［関二〇〇二］。

前期倭寇の主な構成員は、朝鮮王朝が「三島の倭寇」とよぶ、対馬をはじめ、壱岐・松浦地方の人々とみられる。それに加えて、高麗朝に不満をもつ高麗の人々も含まれている可能性がある。前述したように、高麗の賤民である禾尺・才人が、倭寇をかたって、掠奪をした例がある。

倭寇の実体、特にその民族構成については、一九八〇年代後半以降、活発な論争が展開された。一九八七年、田中健夫と高橋公明が、倭寇の主力を朝鮮人とする見解を相次いで発表したことが、その端緒である［田中 一九九七、高橋 一九八七a］。この学説に対しては、特に韓国の李領が激しく反論した。李の主張は、a基本史料である『高麗史』は客観性・信憑性が高い、bそれによれば、朝鮮半島を襲った倭寇はすべて対馬などの日本人である、c前期倭寇の初年である庚寅年(一三五〇)の倭寇は、足利直冬の軍事攻勢に対して、少弐頼尚が兵糧米を確保するために侵攻したものである、などである[李 一九九九]。

近年、村井章介は、李領の学説を批判する形で、倭寇を「境界人」とみる見解を提起した。村井は、高麗を襲った倭寇の実体について、次のように述べている[村井 二〇一三a]。

(1) 「三島倭人」が中核に位し、倭寇活動が鎮静に向かう朝鮮時代に入っても基本的に変わらなかった。「三島」とは、対馬・壱岐および松浦地方ないしは博多を指す。朝鮮史料において「叛民」「寇賊」「頑民」などと表記される人々である。そして「領主層」と「住民層」とに分けた場合、「三島倭人」は「住民層」にあたり、朝鮮半島と九州島を結ぶ海域を流動する「境界人」であった。一方、「領主層」は、総体的に定住性が強く、「住民層」への統制力と相互依存関係をもつがゆえに、ある時には海賊行為を禁圧し、ある時には使嗾《しそう》する態度をとったが、倭寇そのものとはいえない。

(2) 一三五〇年に本格的に活動を始めた朝鮮半島の倭寇は、日本国内の観応擾乱が三島住民の海賊行為を呼びさましたものである。首都開京(開城)をおびやかした倭寇の戦略は、明瞭な政治性を帯びており、倭寇に便乗した反間者・反間刺客のような異質な要素が大量に流入している。その背景に、王室周辺の不安定な政治状況があった。

(3) 倭寇の中核部分が対馬人や対馬経由者だったとすれば、彼らが異国の海陸を行軍するには、現地人の情報提供・協力が不可欠であった。また倭寇には、済州人も加わっていた。牧胡(済州島に置かれていた元の直轄牧場を管理する役人。モンゴル系)を中心とする反政府勢力で、済州島の馬を使用できる条件を持っていた。禾尺・才人が倭寇に扮する例もあった。こうして倭寇—済州人—禾尺・才人は、反政府行動を共通項とする境界人として、同一の地平で捉えることができる。

以上の村井の議論を踏まえると、前期倭寇は、対馬島民ら三島住民を中核にしつつも、高麗人やモンゴル系の人々をも含み込んだ、多様な集団であったといえる。したがって倭寇は、日本人・朝鮮人のいずれかであるというような議論をすべきではない。倭寇たちの拠点や生活圏、行動範囲に即して、個々の事例について柔軟な視点から考察していかなければならない。したがって倭寇による物の動き（掠奪・交易）も、多様なケースを想定すべきであろう。

4　日朝通交関係と多様な交流

①日麗通交関係の成立

倭寇の被害を受けた高麗は、日本に使者を送り、その禁圧を求めるとともに外交関係を求めた。倭寇の発生が、日本と高麗との国交を成立させたのである。

一三六六年、高麗の恭愍王は、使者として金龍一行と金逸一行とを別個に日本の京都に派遣した。その目的は、日本側に倭寇の禁圧を要請することであった［青山一九五五、中村一九六五、田中一九七五、高橋一九八五、石井二〇一七］。

室町幕府の将軍足利義詮は、高麗使節の処遇について朝廷に奏上したが、朝廷は殿上定の結果、使節の受け入れを拒否すると決定した。しかし幕府は、天龍寺を宿所として使節を迎えた。使節を接待したのは、天龍寺住持の春屋妙葩らの五山僧であった。また将軍足利義詮も、天竜寺に赴いて使節を接見した。そして義詮の意を奉じる春屋の書状を返書とした。この時、春屋には僧録という肩書が加えられている。天龍寺の僧侶二人を伴って、金龍・金逸らは帰国した。

この高麗使との交渉は、幕府が朝廷から外交権を接収する第一歩になった。以後、春屋妙葩の後継者である五山僧が、外交文書を作成し、外交使節の実務を扱うようになる［田中一九九六］。

その後、一三七五年に派遣された羅興儒に対して、幕府は徳叟周佐の書状を送って、倭寇の禁圧を約束した（『高麗史』巻一一四、羅興儒伝。巻一三三、辛禑伝、辛禑元年二月条、同二年一〇月条。『高麗史節要』巻三〇、辛禑元年二月条、同二年一〇月条）。

しかし、その約束に満足できなかった高麗は、倭寇の禁圧を期待できる相手として、九州探題今川了俊と大内義弘との交渉を持つようになった。高麗は、倭寇の禁圧は、京都の幕府よりも、博多をはじめ北九州に勢力をもつ彼らに委ねたのである。彼らは、被虜人の送還に協力したり、倭寇を鎮圧するための軍勢を高麗に派遣したりした［関二〇一〇］。

②日朝通交関係の成立

倭寇の鎮圧で名をあげた李成桂(太祖)によって建国された朝鮮王朝(一三九二〜一八九七)に、まず使節を派遣したのは、今川了俊や大内義弘らであった。了俊は、頻繁に使節を送り、千百人以上の被虜人を送還した[川添 一九九六、関 二〇〇二]。

ついで前将軍の足利義満も、朝鮮王朝との交渉を開始するが、当初は大内義弘を前面に立てて交渉した。応永四年(一三九七)、大内義弘の使節に対する回礼使として、朴惇之が来日した。翌年八月、朴惇之は足利義満に謁見した。このとき幕府から朝鮮に送った文書は、大内義弘を通じて、幕府が倭寇の取り締まりに力をつくしていることを伝える内容であった(瑞渓周鳳『善隣国宝記』中)。応永六年五月、朴惇之は足利義満の使者とともに帰国して、被虜人百余人を送還している(朝鮮『定宗実録』巻一、元年五月乙酉〈一六日〉条)。したがって、義満は大内氏の仲介によって朝鮮王朝と交渉できたのである[田中 一九七五、高橋 一九八五、須田 二〇一一]。

また対馬守護・島主の宗氏も使節を派遣している。応永六年、宗貞茂が使節を派遣し、方物と馬六匹を献じた(朝鮮『定宗実録』巻二、元年七月朔条)。これ以後、宗氏がもっとも頻繁に使節を派遣し、日朝通交制度の一翼を担うことになる。

③多元的通交関係の展開

中国を中心とした国際関係においては、「人臣に外交なし」というのが原則である。日本と明との関係は、明の皇帝と、皇帝から日本国王に封じられた足利氏との一元的な関係である。

それに対して、倭寇の禁圧を求める朝鮮王朝の意向により、日本と朝鮮王朝の関係は、日本国王(足利氏)[関 一九九四、孫 一九九八]の他、九州探題(今川了俊や渋川氏)[川添 一九九六]、大内氏[須田 二〇一一]・志佐氏[田村 一九六七、関 二〇〇二、村井 二〇一三a]・宗氏[長 一九八七・二〇〇二a、荒木 二〇〇七]・菊池氏[青木 一九九三、橋本 二〇〇五]・大友氏[外山 一九八三]・島津氏[田村 一九六七]らの守護、小早川氏[川添 一九九六]・宗像氏[松尾 二〇一八]や松浦党[松尾 二〇〇二]らの国人層、博多・対馬などの商人層（もと倭寇であった者を含む）などの複数の派遣主が朝鮮側に受容されるという多元的な通交関係であった［田中 一九七五、関 二〇〇八］。これらの通交者は、国人級以上の領主層と、地侍・商人の非領主層とに分けることができ、そこには階層性がみられる［荒木 二〇一三］。

こうした通交関係が成立する契機としては、倭寇に拉致された被虜人を朝鮮王朝に送還することが、日本側の通交者にとって有効であった。志佐氏や佐志氏など（松浦党）の壱岐の通交者は、被虜人の送還に熱心で、それによって朝鮮王朝と密接な関係を結ぼうとした［関 二〇〇二］。

日本から朝鮮に派遣した使節らは、朝鮮王朝が指定した三浦に停泊した［中村 一九六五］。三浦とは、慶尚道の薺浦（乃而浦）・富山浦（釜山浦）・塩浦をさす。各浦には、倭館や営庁が設置された。

ここで『朝鮮王朝実録』における通交者（名義人。使節を朝鮮王朝に派遣して貿易を行う）の地域ごとの分布を、田中健夫の整理に基づいて確認しておこう。なお、九州の通交者が多数を占めるため、「九州」「肥前および壱岐」「対馬」の三つに分けられている。

『太祖実録』・『定宗実録』・『太宗実録』（一三九二～一四一八年）の六二名については、「本土および四国」七名（一一・三％）、「九州」一九名（三〇・六％）、「肥前および壱岐」二七名（四三・六％）、「対馬」九名（一四・五％）である［田中 一九五九・一九八二］。

『世宗実録』（一四一八～一四四三年）の九三名については、「本土および四国」一〇名（一〇・八％）、「九州」三一名（三三・三％）、「肥前および壱岐」二四名（二五・八％）、「対馬」二八名（三〇・一％）である［田中 一九五九・一九八二］。

『成宗実録』（一四七〇～一四九四年）の一三二名については、「本土および四国」三五名（二六・五％）、「九州」二八名（二一・二％）、「肥前および壱岐」三二名（二四・三％）、「対馬」三七名（二八・〇％）である［田中 一九八二］。

また『海東諸国紀』（一四七一年成立）には、数多くの通交者が記載されている。同書は、朝鮮王朝の外交を担当した申叔舟による日本・琉球の研究書であり、外交の手引き書となった。同書には、「本土および四国」六四名（三六・八％）、「九州」四〇名（二三・〇％）、「肥前および壱岐」三九名（二二・四％）、「対馬」三一名（一七・八％）が掲げられている〔田中 一九五九、有光 一九七〇〕。

以上の比率をみると、とりわけ「肥前・壱岐」および「対馬」の通交者の多さが目につき、国人層や非領主層が数多く含まれている。具体的な通交者名については、田中が『成宗実録』を除く各実録および『海東諸国紀』について、表にまとめている〔田中 一九五九〕ので、参照していただきたい。ただし、後述するように、この中には、架空の名義人などが含まれている点に注意されたい。

④日朝通交制度

日朝間の通交制度は、朝鮮王朝の主導によって整備された点に特徴がある。荒木のいう非領主層(倭寇・商人ら)と領主層とに分けて、その制度について述べておこう。

(1) 非領主層

朝鮮王朝は、倭寇を武力で鎮圧する一方、彼らに特権を与えて懐柔する政策をとった〔中村 一九六五〕。

その政策の一つに、倭人を向化(帰化)させる政策がある〔関 二〇〇二、松尾 二〇〇七〕。向化倭人(投化倭人)とは、朝鮮国王の徳化を慕って、朝鮮に帰化した倭人をいい、対馬や壱岐の住民たちが多かった。向化倭人には、二つのタイプがあった。第一が降倭であり、朝鮮王朝に投降、帰順した倭寇である。第二に、来投倭人である。自ら進んで朝鮮に渡来して向化した倭人のことで、生活難を理由に渡来するケースが多かった。

投化倭のうち、官職を与えられた者を受職人という。彼らは、告身という辞令書が与えられ、その官職は武官であった。元来は、朝鮮領内に居住するのを原則としたが、日本に居住することも許され、その場合、年一回の入朝が義務づけられた。受職人は通交権をもち、貿易を行った〔中村 一九六五、松尾 一九九九・二〇〇三〕。

(2) 領主層

回賜品や、使節の滞在費や過海料(交通費)にあたる米の支給など、朝鮮王朝の経済的負担は重かった。そのため通交を規制する制度が、朝鮮側の主導で整備された〔中村 一九六五〕。

朝鮮王朝が通交者として認定した者の一部に、図書という銅製の私印を与えた〔中村 一九六五〕。図書には、通交者の実名が刻んであり、通交の際に所持する書契(外交文書の様式）に押させ、通交の証とした。図書を所持している通交者を受図書人とよぶが、受図書人になることは、朝鮮通交権を獲得したことを意味する。

通交制度において重要な役割を果たしたのが、宗氏である〔長 一九八七〕。宗氏は、渡航証明書である文引を発給する権限を、朝鮮王朝から認められた〔中村 一九六五〕。文引を所持していない使節は、朝鮮側から接待を受けることはできなかった。宗氏が、朝鮮王朝の代行者として、通交者の資格をチェックする制度だといえる。応永三三年（一四二六）、宗貞盛が、対馬を訪れた朝鮮使節の李芸に対して、文引制を提案した（朝鮮『世宗実録』巻三二、八年五月甲寅〈二一日〉条）のに始まり、永享一〇年（一四三八）には、制度が確立する〔長 一九八七〕。文引は、対馬では吹挙《すいきょ》ともよばれた。当初は、日本国王使や、諸大名の使節（朝鮮王朝は「巨酋使」とよぶ）は、文引制の対象外だったが、一五世紀後半には全ての通交者に対して適用された（『海東諸国紀』）〔長 一九六六〕。宗氏は、文引発行の手数料を通交者から徴収した。

一五世紀中期以降、朝鮮王朝は、日本の通交者が年間に派遣する船数を規定した。受図書人らの派遣船を年間一船、年間一・二船などと規定するようになる（歳遣船定約）〔中村 一九六九b〕。嘉吉三年（一四四三）、宗貞盛は、朝鮮王朝との間に癸亥約条を結び、歳遣船五〇隻の派遣と特送船の派遣、歳賜米二百石が与えられた（『海東諸国紀』）。

⑤対馬島民の活動と宗氏

④で述べたように、朝鮮王朝との交渉の大部分は、宗氏や対馬島民が担っていた。

多くの対馬島民は、製塩・漁業・交易を生業としていた（『海東諸国紀』）。彼らは、朝鮮半島南岸の海域において、釣魚を行った。彼らの中には、魚や塩を朝鮮に持ち込んで米と交換した興利倭船（乗員が興利倭人）を運営している人々がいた〔長 二〇〇二a〕。中国商品を扱う興利倭船もあった〔関 二〇一二・二〇一八〕。3節でみたように、倭寇（前期倭寇）として、朝鮮半島において掠奪を行う対馬島民もいた。

対馬島民の中には、朝鮮の三浦に居留する恒居倭もいた〔中村 一九六五、村井 一九九三、関 二〇〇二・二〇一二〕。三浦に滞在する倭人は、あくまでも行程の途上もしくは貿易のために滞在するのが原則であった。しかし、現実には、居所を構えて長期間居留する恒居倭が現れたのである。恒居倭の主たる目的は、交易であった。日本からの使節や興利倭船が入港すると、群がって客引きをし、また他の港からも酒を売りに来る者がいた。女は行商をなりわいとし、遊女もいた。男は漁業に従事し、三浦周辺や慶尚道沿岸を漁場とした。また朝鮮人との間で、密貿易を行っていた。

対馬島主・守護の宗氏は、こうした島民の活動に規制を加えていた。嘉吉元年(一四四一)、宗貞盛は、朝鮮王朝との間に孤草島釣魚禁約を結び、孤草島に出漁する対馬漁民に文引を与える権限を得た。孤草島は、現在の全羅南道の巨文島と考えられる[長 二〇〇二a]。

また宗氏は、一五世紀中期以降、恒居倭に対する検断権(警察・裁判)や課税権(営業税の徴収)を掌握した。各浦には「倭酋」が配され、対馬から派遣された三浦代官が三浦恒居倭の全体を統轄していた。毎年、三浦代官は、恒居倭から綿布を徴収し、その額は大戸で二匹・小戸で一匹であった。

④で述べたように、宗貞盛は、朝鮮王朝との間に、癸亥約条を結んだ。宗氏は、対馬島内最大規模の通交者の地位を得ることになると同時に、歳遣船の権利を家臣たちに与えて運用させ、島内支配の基盤を固めたのである[荒木 二〇〇七]。

⑥偽　使

③で述べたように、朝鮮への通交者は、「九州」「肥前および壱岐」「対馬」を中心に多数にのぼった。しかしその使節には、かなりの数の偽使が含まれていたものと考えられる。偽使とは、名義人と実際の派遣者が異なる使節であり、その場合の名義人は実在しない架空名義の場合(実在した人物名をモデルにするなど)も多かった。

たとえば、『海東諸国紀』には、応仁元年(一四六七)〜文明三年(一四七一)、朝鮮国王世祖の奇瑞に応じて臨時に渡航した使節が、八〇件ほどみえる(本州・九州の通交者が主)[中村 一九六九b、田中 一九七五、高橋 一九八七bc]。だが、そのほとんどは、対馬宗氏らにより創作された偽使であったものとみられる[長 二〇〇二b]。

偽使派遣勢力としては、博多商人(海商)、対馬の宗氏と商人(海商)らが想定されている[田村 一九七二、長 二〇〇二a b、橋本 二〇〇五・二〇一二、荒木 二〇〇七]。通交貿易の現場において実務を担うのは、博多や対馬の商人らの非領主層である。領主層の通交貿易は、非領主層が貿易の実務を受託する「請負貿易」によって行われることになる［荒木二〇〇七・二〇一三］。すなわち博多や対馬の商人が、壱岐など九州各地の使節の派遣を請け負っていたものと考えられる。彼らが、派遣主の名義を借りて、実質的に経営を担うことも考えられる。その結果、博多商人が、派遣主の意思とは無関係に独自に使節を派遣し、偽使が生まれたのではなかろうか。その場合、進上品などの輸出品を博多商人が用意し、博多の禅僧が書契を作成していたものと考えられる。

また対馬の宗氏は、文引の発行に際して、朝鮮への使節を審査したが、それにより使節派遣者の名義や実情などに通じていた。宗氏は、通交規制のための文引制を逆に利用して、偽使を創出するようになったものと考えられる。外交文書は、対馬の外交僧に作成させたものと考えられる［伊藤二〇〇二b］。

すなわち博多商人や対馬の宗氏らが①派遣主の許可を得た、ないしは派遣主から請負った場合と、②派遣主の許可を得ずにその名義を使用した、または架空の派遣主名義を使用する場合とがあり、②が偽使にあたると考えられる。荒木は、非領主層が「請負貿易」の枠組みから脱却する動向としてとらえ、それが非領主層が自己名義で行う通交貿易である「自立貿易」、あるいは貿易商人が領主層の通交名義を詐称して行う「偽使貿易」になったと理解する［荒木二〇一三］。

⑦日朝貿易のしくみ

日朝貿易は、朝鮮に派遣された使節（朝鮮では使送倭人と呼ぶ）たちによる通交貿易が大きなウェイトを占めていた。それには、次の三つの形態があった。

ａ日本国王・朝鮮国王間の贈答、諸使節の朝鮮国王への進上と、それへの回賜。その他、使節による私進上とそれへの回賜もあった。

ｂ公貿易は、朝鮮王朝が官物をもって交易する形態である。世宗朝の初年、朝鮮に産しない銅・錫・蘇木・胡椒などを対象として始めたもので、両国物資の交換比率が王朝によって定められている。

ｃ私貿易は、公貿易の対象以外の品を役人監督のもとに朝鮮商人と取り引きするものであった。この形態は、d密貿易を生む温床にもなった。

朝鮮国王が日本国王あてに贈ったものをみておくと、経典類（大蔵経または個別の経典）、工芸品（銀樽・銀瓶・青銅など）、布（苧布・麻布〔正布ともいう〕や綿紬〔絹のつむぎ〕など）、毛皮（虎皮・豹皮）、彩花席（花むしろ）、人参・松子・精密（蜂蜜）などである。

麻布や木綿・綿布は、朝鮮王朝において通貨の役割を果たしていた。これらの朝鮮布帛は、いずれの使節に対しても贈られており、公貿易の対価でもあった。朝鮮布帛に関する文書は、対馬に比較的多く残されている。荒木和憲の分析によれば、一四八〇年代以降、朝鮮布帛のうち標準品質の五升綿布（「端広木綿」）、五升麻布（「都正布」）、絹布（「綿紬」）が貨幣として通用し、対馬島内だけでなく、島外との各種取引の決済に利用されたという〔荒木二〇一四〕。

足利将軍や大名・寺社の需要が最も高かったものは、大蔵経である。特に幕府の使節（日本国王使）の派遣は、大蔵経の獲得を主眼としていた。『朝鮮王朝実録』によれば、日本国王が二五回前後、大蔵経を求請し、一～二回を除き、基本的には毎回与えられている。また大内氏が一八回前後求請したうち一二～一五回与えられ、対馬の宗氏は六～七回求請し、四～五回与えられている〔須田二〇一二〕。大蔵経は、高麗版が主であったが、宋版や元版、書写本、あるいはこれらの混合蔵などさまざまな種類が存在していた。

日本から朝鮮へ輸出したものをみると、日本国王使による贈与を含めて、多くの使節が刀剣を進上品としている。

⑧一六世紀の日朝関係

一六世紀になると、朝鮮における三浦の乱（一五一〇年）、明における寧波の乱（一五二三年）を契機に、朝鮮王朝や明の通交規制が強化された。その間隙を縫って、舟山群島を拠点にする中国人密貿易商の活動が活発化していく。日本の研究者は、彼らを後期倭寇ないし一六世紀の倭寇とよんでいる〔田中二〇一二a〕。一六世紀前半の石見銀山の開発を始めとする銀の産出量の増加は、彼らを日本に渡航させることになった。

三浦の乱後、恒居倭は全て対馬に送還されて、貿易は一時途絶した。永正九年（一五一二）、宗盛順と朝鮮王朝との間で、壬申約条が結ばれ、通交関係は再開する。だが、対馬島主歳遣船は五〇隻から二五隻に半減し、歳賜米豆は一〇〇石とし、歳遣船以外に派遣を許された特送船が廃止され、宗氏の権益は大幅に削減された。開港する港は、薺浦(乃而浦)のみ(のち釜山に変更)となり、恒居倭は廃止された。この後、対馬島民らは、倭館に長期滞在する留館倭人として、かろうじて朝鮮領内に留まることになった[中村 一九六九b]。

一五四〇年代後半、後期倭寇の余波が、朝鮮半島周辺の海域にまで及んできた。朝鮮半島南岸に漂着した荒唐船もその一つであった[高橋 一九八九・一九九五]。甲辰蛇梁の倭変(一五四四年)や乙卯達梁の倭変(一五五五年)も、後期倭寇の動静の影響をうけたものである。この二つの変により、対馬=朝鮮関係は、一時中断されるが、一五四七年の丁未約条で、対馬島主歳遣船は二五隻となり、一五五七年の丁巳約条で、島主歳遣船は五隻増え、計三〇隻となる。

このような朝鮮王朝の通交規制に対して、宗氏は、大規模な貿易が可能な日本国王使を頻繁に派遣した。三浦の乱以後の日本国王使は、そのほとんどが、宗氏によって仕立てられた偽使であった[村井 一九九三]。

宗氏は、後期倭寇や海賊たちを抑えるため、壱岐や五島列島など周辺の諸領主との関係を保持しながら、次の二つの方法によって朝鮮王朝の歓心をひこうとした[佐伯 一九九七、米谷 一九九七b、関 二〇〇二]。第一に、頻繁に横行する海賊船に関する情報を、朝鮮に通報することである。第二に、対馬島に漂着した朝鮮人漂流人を送還することである。

その結果、永禄六年(一五六三)には一〇名、同一〇年には一二名の深処倭(九州の倭人ら)の図書の復旧に至った。しかし、その図書の名義人は、対馬によって作りだされた偽りの名義人であった。このように偽の名義人の図書を獲得したり、あるいは図書そのものを偽造したりすることによって、対馬は通交権益を増加させていき、その権益は家臣に分配された[米谷 一九九七a]。宗家旧蔵資料(九州国立博物館蔵)の中には、朝鮮王朝から与えられた銅製の図書が、二三個ある。さらに足利将軍印である「徳有鄰」印が四個、大内氏割符である通信符が二個、朝鮮国王印である「為政以徳」印が一個あり、いずれも偽造された木印である[田代・米谷 一九九五]。

こうして一六世紀になると、偽使の派遣を含めた朝鮮通交権が、対馬に集中する［田中 一九五九、中村 一九六九b］。朝鮮貿易の窓口は、基本的に対馬に一元化されたのである。「偽使の時代」の日朝貿易は、物資の集散地である博多と対馬を軸に展開したといえるだろう。一六世紀の日朝貿易の具体例を挙げておこう。

b公貿易では、朝鮮側が木綿で支払うことが多かった。天文一一年（一五四二）、偽の日本国王使である安心東堂がもたらした八万両の銀を、木綿九千余同で購入している（『中宗実録』巻九八、三七年四月庚午〈二〇日〉条）。

一六世紀末に書かれた、対馬の史料『朝鮮送使《そさ》国次《くになみ》之書契覚』によれば、宗氏の歳遣船は、東南アジア産の胡椒や蘇木を朝鮮に運んでいた。また禅僧天荊の残した朝鮮渡海日記『右武衛殿之使朝鮮渡海之雑藁』（一五七七〜一五七九年）によれば、朝鮮に持ち込んだ貨物は、贈答用の工芸品の他、沈香・龍脳・朱紅・銅であった。b公貿易の場合、朝鮮王朝は木綿で購入している。また使節には白綿紬・黒麻布・豹皮などが回賜された（a）。さらに日本側が回賜品（a）として朝鮮に求請したものに、屏風、火箸、人参などがある［米谷 一九九八］。

朝鮮領内では、恒居倭、のちには留館倭人が、「富商大賈」らの商人や官吏、通事との間で密貿易（d）を行っていた。薺浦の留館倭人のもたらした銀をはじめとする「倭物」に、周辺の住民や漢城（ソウル）の「富商大賈」が群がっていた［村井 一九九三］。

また一六世紀末、博多の豪商であった嶋井家の史料によれば、嶋井宗室を中核として、朝鮮（釜山）〜対馬〜博多〜豊後府内〜堺を結ぶ流通ルートがあった。それは、茶湯を通じて形成された大友氏や堺の茶人・豪商とのネットワークに基づくものであった。このようなルートを通じて、高麗茶碗は、豊後府内や堺にもたらされた［田中 一九六一、鹿毛 二〇〇六、吉田 二〇〇九、續 二〇一二］。宗室は、大友氏や堺の茶人らの好みに応じ、対馬の商人を通じて朝鮮の窯に注文したのであろう。

おわりに

本章では、人や物の動きを中心に、中世の日朝関係を概観してきた。

文献史料は主に領主側に残され、特に中世日朝関係史の史料のほとんどは、高麗・朝鮮側史料である。したがって朝廷・幕府や守護と、高麗・朝鮮王朝といった国家間、または地域権力と国家との交渉に関する記述が多くなってしまった。中世日朝関係史研究も、これらの交渉を対象とするものが主流である。

しかしそれだけではなく、中国人海商や倭寇、博多や対馬の商人の動向も無視できないものがある。対馬＝博多を中核として、九州各地との間で、人や物が活発に動いていた。この点を考察する上で、本章が何らかの手がかりを与えるのであれば、幸いである。

〔付記〕本稿は、日本学術振興会科学研究費補助金・基盤研究（C）（一般）「中世日本の異国使節に関する基礎的研究」（課題番号 16K03020、研究代表者・関周一）による研究成果の一部である。

『日本一鑑』の湊

長田弘通

1　鄭舜功と『日本一鑑』

『日本一鑑《にほんいっかん》』は一五五六年（中国：嘉靖三五年、日本：弘治二年）、倭寇禁圧要請のため日本に派遣され、豊後国府内に来航した鄭舜功《ていしゅんこう》が約半年間の豊後国滞在中に見聞し、また収集した日本に関する情報を帰国後にまとめた著作である。その内容を紹介する前に、鄭舜功が日本に派遣された経緯について述べておこう。

鄭舜功は『日本一鑑』において自らを「新安郡人鄭舜功」、「布衣《ふい》鄭舜功」と記している。「新安郡」は明代の徽州府《きしゅうふ》（中国安徽省）の古名であり、明・清代には徽州府出身の有力商人たちが「新安商人」を名乗り、広く知られるようになった。鄭舜功は徽州府出身であることから、「新安郡人」と名乗ったのであろう。ちなみに、いわゆる「嘉靖の大倭寇」の中心人物である王直、徐海も徽州府出身であった。

次に「布衣」とは庶民の衣服のことで、転じて官位を持たない常人、一般人を意味する。鄭舜功とほぼ同時期に、やはり倭寇禁圧要請のため来日した蔣洲《しょうしゅう》が「生員」（科挙の受験資格を得た者。実質的に官僚の待遇を受けた）であったのとは対照的で、鄭舜功は無位無官の一般人であった。

『日本一鑑』の記述によれば、鄭舜功は一五二三年頃から、倭寇禁圧を日本に「宣諭」する考えを持っており、一五五〇年以降倭寇が活発化する中、長年の計画を実現するため、一五五五年、首都北京に赴き、倭寇禁圧要請の使者として派遣してもらいたい旨を奏上した。そして、これが裁可され、中国東南海岸部の軍務を統括する浙福総督楊宜の責任の下、日本へ派遣されることとなった。政府の役人ではない鄭舜功が使者に選ばれたのは、彼が同郷の王直ら倭寇のリーダーと同じく、海商として活動し、東アジア航路や日本の事情に詳しかったからではなかろうか。

鄭舜功は一五五五年六月頃から準備に着手し、翌一五五六年五月、広東から出航した。一行は古くから中国航路の要衝であった薩摩半島の坊津(南さつま市)から大隅半島、日向灘を北上、大風に見舞われながらも豊後水道に入り、戦国大名大友氏の本拠地府内(大分市)の港・澳濱《おきのはま》(沖の浜)に到着した。時の当主は大友義鎮(のちの宗麟。以後、宗麟で統一)。本国豊後の他、筑後・肥前・肥後計四か国の守護職を兼帯し、北部九州への影響力を強めつつあった(『日本一鑑』は義鎮を「六国刺史」=六か国の国守と記すが、義鎮が豊前・筑前国守護職を得て、いわゆる六か国守護となるのは一五五九年。鄭舜功は『日本一鑑』著述時点の情報で義鎮を「六国刺史」としたものであろう)。宗麟と面会した鄭舜功は倭寇禁圧の必要性を説くと同時に、諸国へ禁圧要請の書を送った。さらに、同行の沈孟綱と胡福寧を京都へ派遣した。沈孟綱らは後奈良天皇に全国的な倭寇取締りを請願するとともに、近衛・三条・西柳原・飛鳥井氏ら天皇側近の貴族らとも面会し、禁圧について話し合っている。

豊後に留まった鄭舜功は、この間、臼杵鑑続・志賀親守など宿老(加判衆)を中心とした大友氏重臣らと倭寇の根本的な解決策について議論を交わし、大友宗麟から禁圧受諾の回答を得た。そして、一五五六年一二月下旬、沈孟綱らが京都から戻っておらず、また、船頭らが逆風時期であると反対したにも関わらず。約半年の滞在で帰国の途に就いた。この時、宗麟は正使・清授と副使・清超の二人の僧を同行させた。鄭舜功が帰国を急いだのは、大友宗麟から禁圧の約束を得たことを皇帝にいち早く報告したかったからであろう。また、宗麟が自らの使節を同行させたのは中国との公的貿易再開を期待したものと考えられる。鄭舜功と宗麟使節団は、逆風や暴風に遭いながら琉球へ迂回するなど、通常一週間程度のところを約一か月要して、翌年一月広東に到着した。

九死に一生を得ながら帰国し、倭寇禁圧に筋道をつけたと意気揚々であったろう鄭舜功と公的貿易再開を企図する大友使節団に対する中国政府の処遇は過酷なものであった。鄭舜功にとっての誤算は自らを日本へ派遣した総督楊宜がすでに失脚し、胡宗憲が新総督となっていたことである。

実は、楊宜は鄭舜功の出発直前に失脚していたが、鄭舜功はそれを知らないまま日本へ向かった。そして、胡宗憲は前任者楊宜に対抗するかのように、倭寇禁圧要請と倭寇リーダーの王直の召還を企図して、先に触れた蔣洲を日本へ派遣した。蔣洲は王直を説得した後、鄭舜功が豊後府内を訪問する約二か月前の一五五六年四月、豊後国に入り大友宗麟と面会。宗麟は禁圧要請に応えるとともに、帰国する蔣洲に僧二人を同行させた。

時系列に沿って整理すれば、まず、一五五六年四月、蔣洲が豊後に到着し、宗麟と面談、倭寇禁圧を要請した。宗麟はこれを受諾し、二人の僧を使節として中国へ派遣した。そして、二か月後の六月、鄭舜功が豊後府内を訪れ、宗麟と面会。鄭舜功は約六か月豊後に滞在し、その帰国にあわせ、宗麟はやはり二人の僧を派遣したのであった。

話を帰国後の鄭舜功に戻そう。帰国したのは一五五七年一月。この時、蔣洲はまだ帰国していなかった(帰国は同年四月)。時の総督胡宗憲にしてみれば、自らが派遣した蔣洲が帰国しておらず、派遣の成果が不明な時点で、前任の楊宜が派遣した鄭舜功が帰国し、日本に対する倭寇禁圧要請に一定の成果が得られたとなれば、不都合であったにちがいない。胡宗憲は鄭舜功の功績を認めず、彼を投獄したのである。さらに、同行した宗麟使節の二人の僧を幽閉し、京都へ行っていたため本隊から遅れて帰国した沈孟綱と胡福寧も捕えられ、殺害された。宗麟使節の消息は不明である。

さて、鄭舜功は約七年間の投獄の後、釈放された。釈放後、病身をおして北京に赴き、無実を訴えたものの取り上げられなかった。その後、自分が日本へ派遣された理由や状況、任務の正統性、その成果を明らかにするため、渡航及び豊後滞在中に収集した日本に関する情報をまとめることに集中し、『日本一鑑』を著したのである。

『日本一鑑』がいつ完成したのか不明であるが、本文中に「甲子」の干支がみられ、少なくとも完成は一五六四年以後であることは間違いなく、これまでの研究で一五五六五・六年頃の完成と考えられている。帰国して八、九年後、釈放後二、三年で完成させたのである。

鄭舜功は、ある意味、自らの行動の必要性、正統性を訴え、証明するために『日本一鑑』を著した。しかし、残念ながら自筆本は現存せず、数種類の写本でしか伝来していない。そのいずれの写本も欠けた部分があり、完全な状態ではない。そのような中、昭和初期の一九三七年に三ヶ尻浩が出版した謄写本と、一九三九年に北京の古書店文殿閣による影印本の二種が写本を校合して、いわば完本状態を復元している。

その一つ、文殿閣影印本によれば、『日本一鑑』は「䋣島新編」一冊四巻、「窮河話海」三冊九巻、「桴海図経」一冊三巻の三編で構成されている。

「䋣島新編」の巻一は地図編で、いわゆる行基図をはじめとする各種日本図や豊後国図、平戸諸島図、山城国図など一一図を収録。巻二～四は山・川・島・京都の地名など日本に関する固有名詞を採録している。

「窮河話海」の巻一～四は歴代天皇の事績と明代までの中国との通交関係、政治、海上交通に係る関所、金銀銅鉄などの産地、年中行事、道具類、動植物など日本に関する各種情報を採録。巻五は日本語の単語に関し、寄語といって日本語の発音を漢字で表記している。巻六～九は日明貿易、私貿易、豊後派遣に関する情報を整理した上で、自らの考察を記述する。

「窮河話海」は中国から日本への路程を記述する。巻一では中国・広東から日本への航路を説明。巻二には広東から京都までの海路図を収録し、巻三で収録図にあわせて、九州から京都へ至る経路について、①夷海右道、②夷海上道、③夷島陸道の三つに分け説明している。

このように、『日本一鑑』は一六世紀後半における日本の事情について豊富な情報を提供しており、鄭舜功畢生の大作といえよう〔大友・木村 一九七四、神戸 一九九九・二〇〇〇〕。

2 『日本一鑑』にみえる九州の湊

鄭舜功が『日本一鑑』を著したのと同時期、鄭若曾が日本に関する書物として『籌海図編《ちゅうかいずへん》』（一五六二年）を出版した。同書は初めから刊本として発表され、以後数度にわたり再版されたため、明代の日本および倭寇研究書として広く知られている。一方、『日本一鑑』は、先述したような伝来経緯のため、当時日本を訪れた人物によるほぼ唯一の著作であり、『籌海図編』に匹敵、もしくは凌ぐような豊富な内容を持ちながらも、日中交流史専門家以外の研究者が目にする機会は少なく、各地域史研究において十分活用されてきたとは言い難い。

本稿に与えられた課題は『日本一鑑』に登場する九州の湊について紹介することである。先述したように、同書「窮河話海」巻三において、九州から京都へ至る三つの経路が説明されている。三経路の概略を示せば、次のとおりである。

A夷海右道：大隅半島から日向灘を北上。豊後水道に入った後、四国の太平洋側を通り、紀伊水道を北上し、大阪湾に入り、淀川を遡上し、桂川から京へ入る航路。

B夷海上道：坊津から九州西岸を北上し、肥後・肥前から博多へ入り、関門海峡から瀬戸内海を東進し、淀川から京へ至る。

C夷島陸道：坊津から薩摩半島を北上し、大宰府、博多を通り、山陽道に入り京へ向かう陸路。

本稿の課題からすれば、上記三経路のうち、A夷海右道とB夷海上道にみえる九州内の湊について詳細な考察を加えるべきであろう。しかし、まず、先述した『日本一鑑』の活用状況を踏まえれば、筆者個人のフィルターを通した情報を読者に伝えるよりも、『日本一鑑』の記述をストレートに紹介した方が、より今後の研究に有効と考えられること。次に、筆者の研究対象地域は豊後・日向・大隅・薩摩各国、東九州から南九州が中心であり、それ以外の地域については正直地理不案内であること。以上の二点の理由から、A夷海右道とB夷海上道にみえる九州内の湊について一覧表(後掲表1)にまとめ、地名に付された寄語と注記を記すとともに、できる限り現在の地名を比定した。なお、表中「備考」には現在地名を比定するにあたっての根拠を簡潔に記述した。また、表1で比定した場所については図1に示した。

表1と図1により所期の目的が果たせたとは考えていないが、今後、本稿でまとめた情報が各地域史研究、ひいては九州の海上交通史研究の一助となることを願うばかりである。

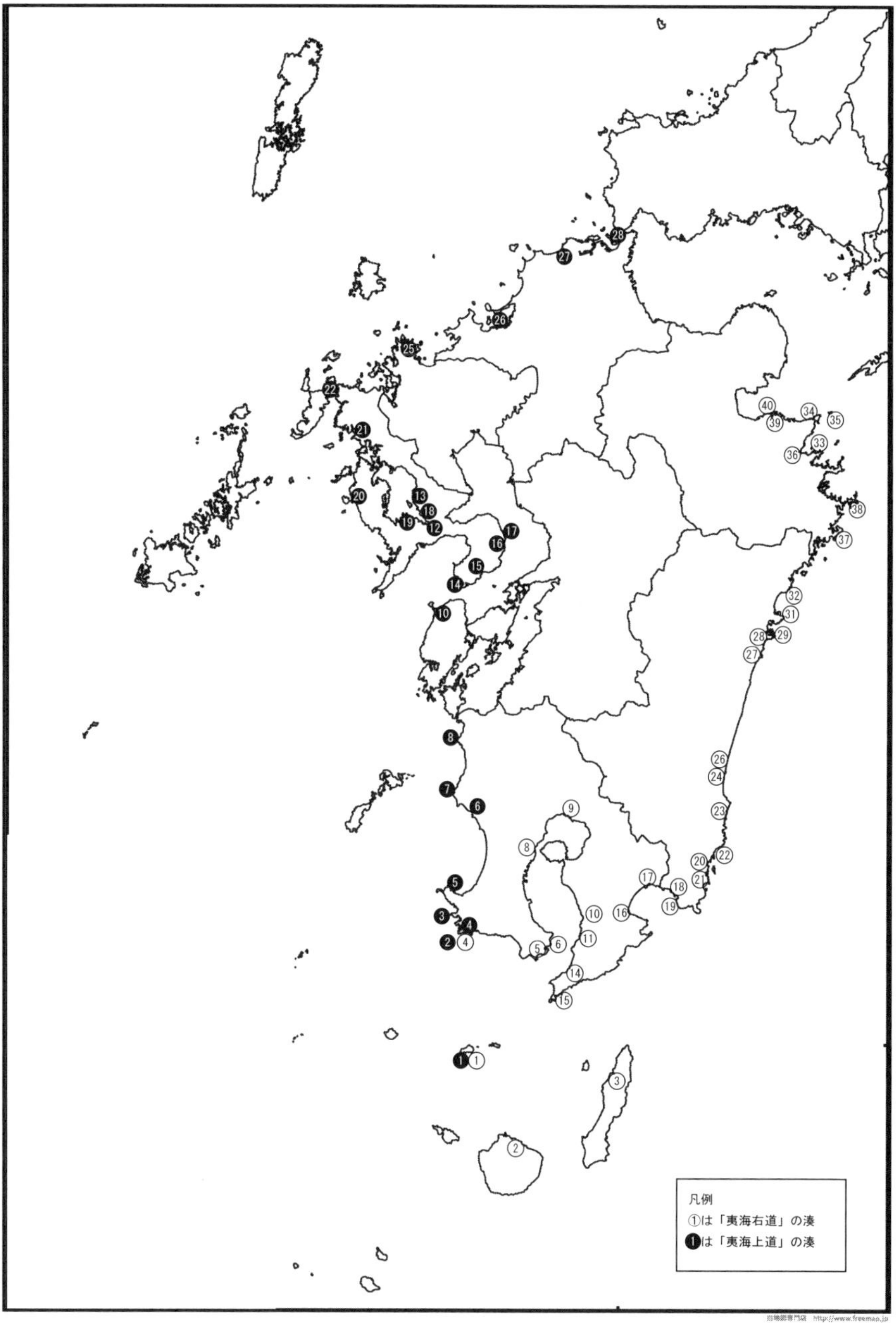

図１　日本一鑑にみえる港

大阪湾に入り、淀川を遡上し、桂川から京へ入る航路。

現在地名	備考
三島村大字硫黄島	
屋久島町宮之浦か	宮之浦には江戸時代、鹿児島藩の屋久島手形所(後、手形奉行所)、異国船番所、異国船遠見番所、津口番所、船改所が置かれ、屋久島の中心的な港であった。なお、異国船番所・異国船遠見番所は長田村(屋久島町永田)と栗生村(同町栗生)にも置かれた。
西之表市西町などか	中世、赤尾木津と呼ばれた湊か。1543年、いわゆる「鉄砲伝来」の際、種子島氏は漂着した中国船を赤尾木津に曳航させている。
南さつま市坊津町坊	
指宿市山川町入船町・金生町など	中世、山川湊とよばれた、天然の火口港。
指宿市湊・大牟礼などか	現在の二反田川河口を中心とし、江戸時代、湊浦と呼ばれた湊か。
不明	
鹿児島市	『日本一鑑』所載の「滄海津鏡図」において、「種山」の右隣「鹿児島」とある。
霧島市隼人町神宮	
鹿屋市古前城町か	中世、鹿屋院中村に「古世城」あり。現在の古前城(こせんじょう)。「古世城」をコセキと呼んだか。
鹿屋市高須町	
不明	
不明	
南大隅町根占川南か	中世、現在の雄川河口にあった根占湊のことか。
南大隅町佐多馬籠大泊	
肝付町波見か	現在の肝属川河口にあった波見浦のことか。
志布志市志布志町志布志	現在の前川河口にあった湊。
串間市西浜・南方か	現在の福島川河口にあった櫛間湊のことか。
串間市大字本城	
日南市南郷町外浦	
日南市南郷町目井津	
日南市油津	
宮崎市内海	
宮崎市赤江	現在の大淀川河口右岸にあった湊。
不明	
宮崎市佐土原町下田島	現在の一ツ瀬川河口にあった徳之渕湊。現在の下田島徳ヶ渕付近。
日向市美々津町	
日向市日知屋か	現在の塩見川河口にあった湊か。同地は土持氏一族塩見氏の支配するところであり、そのため「土持」と表記されたものか。
日向市細島	
不明	「細島より20里」とされ、日向国内であることは間違いない。
延岡市赤水町	
延岡市東海町	
臼杵市大泊津久見島	竹島は津久見島の古名。
大分市佐賀関	
大分市佐賀関高島	
臼杵市臼杵	
佐伯市蒲江蒲江浦	

表1 『日本一鑑』にみえる九州の湊・地名

A－夷海右道：大隅半島から日向灘を北上。豊後水道に入った後、四国の太平洋側を通り、紀伊水道を北上し、

国名	番号	地名〔別称〕	寄語	注記(抜粋)
薩摩	①	硫黄島	イフウカシマ	孤山。硫黄を産するを以って、故に名づく。(中略)人烟6、70戸。以って暫く、東北風を避け停すべし。
大隅国	②	屋久島	ヤクシマ	孤山。人烟頗る多し。鯫魚＜トヒイヲ＞を産す。舟行、南風の時、停さず。
	③	種島	タネノシマ	孤山。人烟頗る多し。牛馬等獣を産す。佳魚＜イヲ＞を産す。(中略)港、礁多く停泊に堪えず。(中略)惟し、上田＜ウラタ＞港より西風を避くべし。
薩摩国	④	棒津	ホリ	其の名、入唐道。停すべし。
	⑤	山川津	ヤマカ	内曲に停すべし。
	⑥	袖臼〔揖宿〕	イフスキ	
	⑦	種山	タネヤマ	
	⑧	鹿島	カシマ	今、薩摩司牧(地方長官)の島津、之に居す。
大隅国	⑨	宮内	ミヤウチ	大隅司牧、之に居す。
	⑩	喝食	コセキ	内曲、転ず。
	⑪	高洲	タカス	
	⑫	下津〔島津〕	シモツ	
	⑬	茂戸	モコカシマ	
	⑭	根島	ネツミ	
	⑮	大泊〔大門泊〕	ヲトマリ	停すべし。
	⑯	月浦津〔膽月・肝属〕	キモツキ	
日向国	⑰	志布志	シフシ	
	⑱	小島	クシマ	海曲にあり。港、僅かに舟通じ、水は浅く、潮、退けば、舟、膠して、泊まり難し。
	⑲	千湊〔血野湊〕	チノヌミナト	湊口、停すべし。湊内、舟、膠して、繋泊に堪えず。
	⑳	門浦〔戸浦〕	トノウラ	港、大にして、停すべし。
	㉑	目井	メヰ	
	㉒	油不郎	アフラ	港、小さきも、西北風を避け停すべし。
	㉓	内海	ウチウミ	港、小さきも停すべし。
	㉔	赤井	アカヰ	
	㉕	伯	ヲチ■コ	
	㉖	徳潭	トクノフチ	
	㉗	耳	みみ	停すべし。
	㉘	土持	ツチマチ	
	㉙	細島	ホソシマ	港、大にして、東南風を避け停すべし。
	㉚	佐伯	サキト	
	㉛	垢水〔赤水〕	アカミツ	停すべし。
	㉜	東海〔遠海〕	トウミ	停すべし。
豊後国	㉝	竹島	タケノシマ	停すべし。
	㉞	坂関	サカセキ	佳魚＜タナイヲ＞を産す。長さ2尺ばかり。その味、甚だ甘し。
	㉟	高島	タカシマ	大友司牧修理大夫、閑僻しこれに居す。
	㊱	臼杵〔臼杵庄〕	ウスキ	
	㊲	釜江	カマヱ	内曲に停すべし。小舟を用う。

津久見市四浦	
大分市長浜町	
大分市勢家沖	

京へ向かう航路。

現地名	備考
三島村大字硫黄島	
南さつま市坊津町坊	
南さつま市坊津町久志	
南さつま市坊津町泊か	
南さつま市笠沙町片浦	
いちき串木野市湊町か	市来(イチキ)の本来の読みは「イチク」であり、「伊地久」は、中世の市来湊(現八房川河口一帯)のことと考えられる。
薩摩川内市港町京泊	
阿久根市波留	現在の高松川河口部を中心とした湊。
不明	
苓北町志岐か	「曲内の山、志木と曰う」とあり、現在の志岐川河口、富岡湾に面する、江戸時代、志岐浦と呼ばれた湊か。
不明	
諫早市か	現在の諫早市を中心とした伊佐早荘内の湊か。
大村市水主町などか	現在の内田川が大村湾に注ぐ河口部の湊か。
南島原市口之津町丙	口之津。島原半島南端、早崎瀬戸に向かい南に開く入江。
南島原市北有馬町戊	有馬氏の本拠地日野江城(有馬城)の膝下、現有馬川河口の湊。江戸時代に「有馬浦」とみえる。
島原市高島・弁天町	中世、島原氏の拠点であった浜の城北側、現大手川と音無川の河口に形成された入江。
島原市三会町・洗切町	現中野川と西川河口一帯の湊。
大村市日泊町か	江戸時代、津田川内浦・日泊浦・溝陸浦の三浦があった三浦村のことか。
諫早市多良見町船津鹿島か	大村湾奥南側、諫早市多良見町船津沖に位置する鹿島のことか
西海市大瀬戸町瀬戸樫浦郷	江戸時代初期、オランダ商館一行は長崎を出港後、瀬戸を経て、平戸に入っていた。
佐世保市相浦町か	戦国期、松浦総領家の松浦丹後守家が本拠とした飯盛城南に位置する相浦(相神浦)のことか。
平戸市崎方町・浦の町付近	平戸瀬戸に東に開く鏡浦(平戸浦)に形成された湊。
不明	
不明	
唐津市呼子町呼子殿ノ浦か	現江頭川河口、天然の入江に発達した呼子浦のことか。
福岡市博多区など	玄界灘に北に開く博多湾内に点在した湊の総称。
蘆屋町船頭町などか	現遠賀川河口に発達した葦屋津のことか。
下関市中之町・唐戸町	

	㊳	四浦	ユノウラ	
	㊴	古河	フロカワ	即ち府内なり。
	㊵	澳濱	ウキハマ	澳、浅く、舟、膠し、繋泊に堪えず。府内へ陸行するにおよそ5,6里。皆、曲道をなす。

B－夷海上道：棒津までは夷海右道と同じ。棒津から九州西岸を北上し、下関を通って、瀬戸内海を東進し、

国名	番号	地名〔別称〕	寄語	注記(抜粋)
薩摩国	❶	硫黄島	イフウカシマ	
	❷	棒津	ホリ	
	❸	久志〔豊津〕	クシ	
	❹	門泊	トマリ	
	❺	片浦	アトラ	
	❻	伊地久〔伊筑〕	イチク	
	❼	今日泊〔京泊津〕	ヤトマリ	
	❽	阿久根	アクネ	
肥後国	❾	小野瀬	コノノセ	
	❿	天草	アマクサ	曲内の山、志木＜シキ＞と曰う。曲内の海、白川湊＜シラカワミナト＞と曰う。港、大いに四風を避け停すべし。
肥前国	⓫	軍瓦〔戸坂浦・江坂浦〕	トノサカクウラ・イチサカクウラ	
	⓬	井沢〔伊佐草〕	イサワ	
	⓭	大村津	ヲムラツ	海、蠣蝗(カキ)を産す。中間、珠あり。
	⓮	口野津	クチノツ	
	⓯	有馬	アリマ	島、老山より脈発し、陰則ち■ありて之に連なる。潮、長じて小舟通るべし。潮、退きて、人跡渉るべし。
	⓰	島原	シマハラ	
	⓱	三江	ミエ	
	⓲	三浦	ミノウラ	
	⓳	河島	カワシマ	二山、門の如し。港、大なり。停すべし。
	⓴	瀬戸	セト	港、中なり。停すべし。
	㉑	松本	マツラ	古の入唐道たり。松本の湖、週遭(周囲) 500余里。湖海西山、山上に廓(みせ)、多し。人、客舎＜アセ＞を目にす。一に廿日市＜ハツノイチ＞と曰う。
	㉒	平戸	ヒラト	孤山。今、豊後＜フコ＞に隷す。港口、松浦＜マツウラ＞。停して、東北風を避けるべし。本山、曲転す。右股、交趾＜コチ＞と曰う。裏港、松原＜マツハラ＞。四風を避けるべし。平戸司牧、居する所なり。交趾西日＜シセキ＞、観音庵あり。神誕の際間、神虎を見ることあり。人畜を啗いて、松浦の間に隠れる。今、唐人厲鬼祠あり。
	㉓	長野	ナカノ	
	㉔	今津	イマツ	
	㉕	廓〔呼戸〕	コト	
筑前	㉖	博多津	ハカタツ	停すべし。
	㉗	足屋	アセヤ	
長門	㉘	阿開間関〔阿加摩関・赤坎関〕	アカマセキ	

港湾都市 博多

大庭 康時

1 中世港湾都市博多の歴史的前提

北部九州は原始以来、朝鮮半島（以下、半島と略す）との深い交流を持っていた。日本における水稲耕作の導入が、板付遺跡（福岡県福岡市）や菜畑遺跡（佐賀県唐津市）などを嚆矢とすることはいまさら説くまでもないだろう。しかし、古代史・中世史を通じて、福岡市の博多が示した圧倒的な存在感は、北部九州の他の港湾から隔絶している。そこで、中世港湾都市博多を論じるにあたって、博多が絶対的な存在感を放つにいたった歴史的な前提について考えたい。

まず、邪馬台国を語る上での基本的な史料として有名な、魏志倭人伝をひも解こう。魏志倭人伝は、半島の楽浪郡から邪馬台国にいたる道程について語る。邪馬台国の所在地については、喧々諤々諸説乱立することは周知の通りであるが、奴国までは異論はないようである。すなわち、半島の狗耶韓国を発した後は対馬国、壱岐国、末盧国、伊都国、奴国とつづいていく。魏使は、壱岐国を出ると末盧国にいたったのである。末盧国は、唐津市近辺に比定されている。ここでは、最短距離で九州本島にわたっており、壱岐から博多（奴国）に直行する海路は採られていない。

五三六年、危急に備え米穀を備蓄するため、博多湾岸に那津官家《なつのみやけ》が設置された。また、推古朝のころから天智朝にかけては、筑紫大宰《つくしのたいさい》の名が見える。九州統治の軍事権と外交権をゆだねられたとされる筑紫大宰の居所は明らかではないが、福岡平野あたりと考えられている。博多湾岸地域

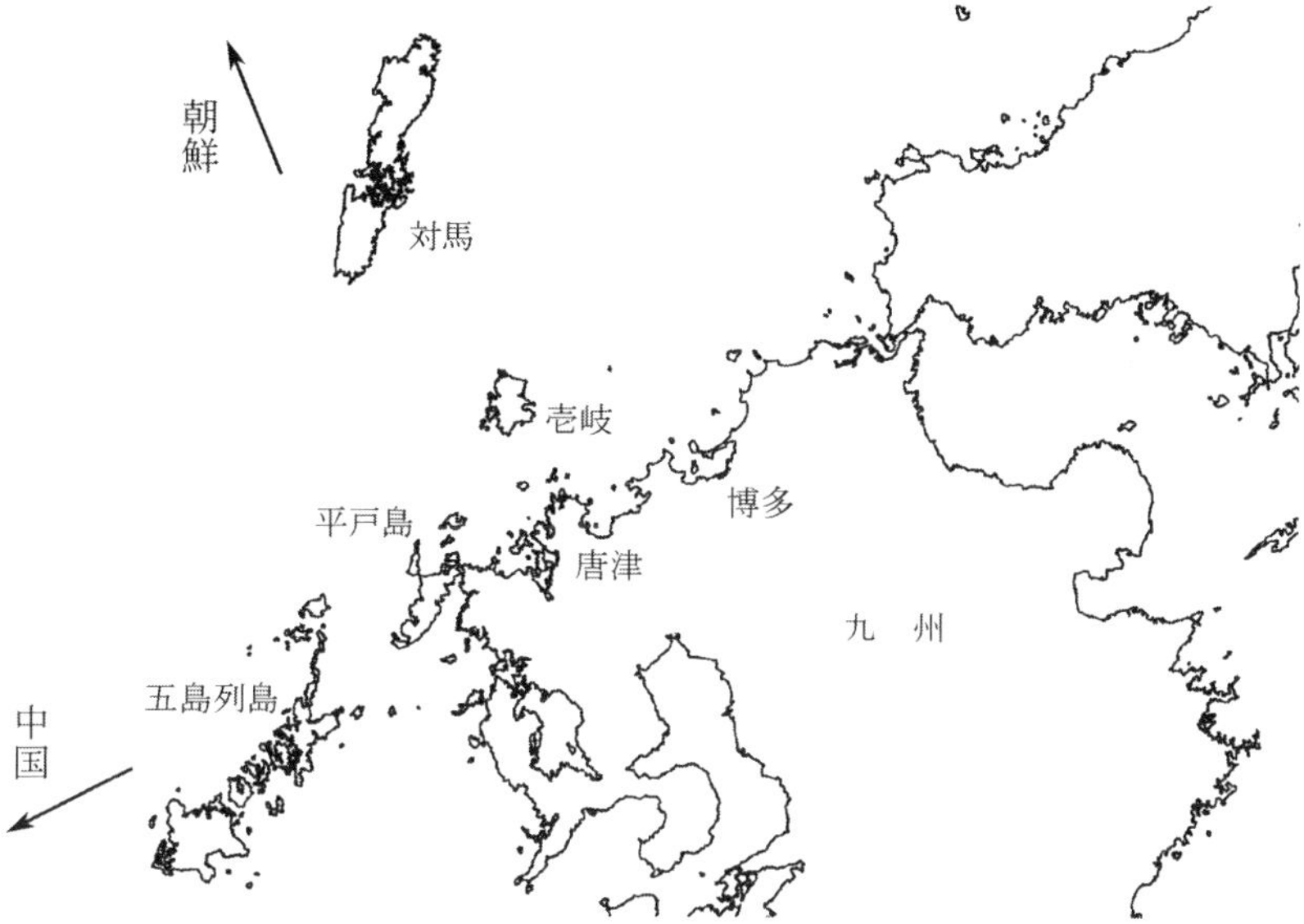

図１　北部九州沿岸部地図

に大和朝廷の直接的な出先機関がおかれたことは、博多の北部九州他地域に対する優位を確立する上で、第一歩といえる。しかし、六世紀前半に半島に出征した大伴狭手彦は唐津から発したと伝わるし、六〇三年大軍を率いて半島にわたる準備をしていた聖徳太子の弟久米皇子は、志摩郡にあって渡海を果たさずに病没した。これらは、必ずしも博多が半島への発着地として、唯一的な位置付けを獲得していなかったことを物語る。

六六一年、滅亡に瀕した百済を救援するため、自ら大和を発した斉明大王は、博多津に磐瀬行宮（改称して長津宮）を構えた。斉明は間もなく、内陸に入った朝倉橘広庭宮に移って没するが、後を引き継いだ中大兄皇子は長津宮に戻り、半島に大軍を送った。この半島派兵は、白村江の戦いで倭軍が唐・新羅軍に大敗を喫したことから、失敗に終わる。中大兄皇子が率いる朝廷は、直ちに大和に還り、対馬から大和に至るルート上の要害に古代山城を築き防御を固めた。一方、六六四年の郭務悰、六六五年の劉徳高から六七一年にかけて唐・新羅の使者の来航が続くが、朝廷は基本的に上京させずに筑紫で饗応した。これが筑紫館《ちくしのむろつみ》（鴻臚館）の前身とされる。おそらく、この際の防戦体制構築の一環として、筑紫の大宰は福岡平野の内陸部に引き移って大宰府が成立し、海辺の対外交渉施設として筑紫館が、博多湾に臨む丘陵上に営まれたのであろう。すなわち、福岡平野に大王の宮が置かれ、対外交渉施設が作られたことで、戦後の唐や新羅の使節が博多湾を目指して来航するようになり、外交拠点としての博多の位置が、唐津など北部九州沿岸の、他の諸港湾を圧倒するものとなったということができる。

さらに、律令体制下において大宰帥が外交・帰化を職掌とし、筑紫館（鴻臚館）が外交使節の収容場所として機能するに及んで、博多湾は対外交渉における独占的な地位をさらに強固なものとした。中世都市博多は、貿易拠点としての鴻臚館を引き継ぐことで誕生した都市である。

2　港湾都市博多の成立

(1) 鴻臚館から博多へ

鴻臚館跡の発掘調査は、一九八七年から二〇一二年まで、福岡市の平和台球場跡地一帯で実施された。その結果、鴻臚館の客館に相当するエリアの概要が明らかになった。その詳細は、福岡市から刊行された『鴻臚館跡二五』（発掘調査成果の総集編）［福岡市 二〇一九］に譲ることにして、鴻臚館跡最末期について関係する部分のみ記す。鴻臚館跡の最末期である第Ⅴ期はおおむね一〇世紀後半から一一世紀前半にあたる。建物遺構は大規模な削平のため不明だが、自然地形の谷に手を加えた堀で南と北の施設に分かれ、南館には、溝による区画がなされていた。北館の北側は、急激な斜面で砂浜に落ち、波打ち際となる。

この時期の白磁には、外底部に墨書を持つものが散見される。これまで、「綱」・「呉」・「鄭」などの中国人関係墨書が知られている。第Ⅴ期には、来航した宋商人の鴻臚館滞在期間が六年から八年程度と、長期化する傾向にある［渡邊 二〇一二］。この間、宋商人は鴻臚館の施設内で生活し、子供なども誕生したようで、定住性が高まっていたと言える。

鴻臚館の廃絶は、一一世紀中頃である。鴻臚館跡の発掘調査では、一一世紀後半に下る遺物はほとんど出土しない。

また、史料には、永承二年（一〇四七）に大宰府が「大宋国商客宿坊」に放火した犯人を捕縛したという記事が残っており（『扶桑略記』永承二年一一月九日条）、時期的に符合することから、この火災で鴻臚館は焼け落ち、廃絶した可能性が考えられる。

写真１　博多遺跡群出土墨書陶磁器

一方、鴻臚館とは入海一つを隔てた東側の砂丘上に位置する博多遺跡群においては、一一世紀後半になると遺構や出土遺物が激増する様相が見られる。鴻臚館跡で見られ始めた墨書陶磁器は、一一世紀後半から一二世紀において博多遺跡群を特徴づける出土品となる。一二世紀の博多においては、「博多唐房《とうぼう》」とよばれる宋人が定住するマチが成立していた(1)。

すなわち、一一世紀に入って宋商人らの定住性が増して貿易拠点化していた鴻臚館が廃絶したために、それが博多に移り、宋商人らが定住・集住し、自活しつつ貿易を行う拠点としての港湾都市博多が誕生したのである。

(2) 博多における中国人居住

このようにして、宋商人の居住のもとに都市化を遂げた博多であるが、出土遺物には博多を特徴づけるいくつかの要素がある。

①墨書陶磁器　博多遺跡群からは、中国陶磁器の外底部や体部下位に文字や花押を墨書したものが、しばしば出土する。墨書陶磁器は、記載内容から七種に分類されている［佐伯 一九九六］。

a　**「綱」銘墨書**　中国人の姓名の後に「綱」という字を続けたり、「綱司」もしくは単に「綱」と書くもの。

b　**人名**　中国人の姓や名を記したもの。

c　**花押**　花押のみを記したものと、人名などと組み合わせたものがある。

d　**数字**　漢数字のみを墨書したものと、これに碗や皿を数える単位である「口」をつけ、「二十口内」などと書くものがある。

e　**用途を記したもの**　「僧器」、「そうき」は、寺社で僧侶が用いた器であろう。前項の「口内」を伴う数字と一緒に書かれていることが多く、僧侶用の器としてひとまとめに買い込まれた積荷に書かれたものと思われる。「寺」や「堂」の墨書も、寺院での用途に供されたものであろう。

f　**漢字**　人名以外の漢字墨書もしばしばみられる。墨書の意図を特定しかねるものもある。

g　**その他**　以上のほかに仮名文字を記したもの、記号などがある。

これら墨書陶磁器は、一一世紀後半から一二世紀代のものが大多数を占める。

a〜cは、博多における中国人の存在を直接に物語る史料として重要である。aは、かつて綱首の私物であることを示すと考えられた。しかし、現在は、中国で船積みする際に、積荷の所属を表すために書かれた荷札的な墨書と理解されている［亀井　一九八六］。b・cについても同様に商人もしくは船員の積載貨物の識別記号として書かれたと考えられる。

すなわち、墨書陶磁器は、博多に暮らす宋商人の貿易活動を跡付ける資料ということができる。

②**商品化前の陶磁器**　陶磁器の中には、窯道具を挟んで重ね焼きされたままの状態をとどめる資料もある。窯道具である「ハマ」も出土している。これらは、宋商人が、生産地で窯から出された状態のまま買付し、日本国内に持ち込んだのち、一点一点外して商品化したものであろう。

同様の遺物として、蓋と身が解けた釉で張り付いてしまった開かない合子も出土している。これは、蓋と身をつないでいる釉をやすりで擦り切れば、容易に外すことができる。すなわち、商品化直前の状態である。

③**輸入陶磁器一括廃棄遺構**　輸入陶磁器の一括廃棄遺構が、点々と出土していることも看過できない。14次調査出土の白磁を主とした一括廃棄は、砂丘前面の泥質土からの出土で、輸入時に破損した白磁碗などを波打ち際に一括廃棄し

写真２　輸入陶磁器一括廃棄遺構

たものと推測されている。56次調査のＳＫ028は、木箱に白磁碗を主とした陶磁器を入れて廃棄したもので、それぞれの陶磁器は大なり小なり破損しており、商品チェックで疵が見つかったものを集め、廃棄したものとされる。79次調査１８２７号遺構は火災で焼けて売り物にならなかった陶磁器を一括廃棄したもので、被災前は倉庫に収められていたのであろう。

これらはいずれも一二世紀前半の事例であるが、このほかにも一二世紀代を中心に同様の一括廃棄遺構が点々と出土している。商品チェックと倉庫での備蓄が行われていたことがわかる。

④陶器の壺・甕類の出土　博多遺跡群からは、水注、四耳壺など酒器として用いたものにとどまらず、大型の壺・甕類が多数出土する。日本国内を全般的にみて、大型甕や壺が普通に出土する遺跡は、稀である。これらは、そのものが商品なのではなく、輸入品の容器としてもたらされ、博多で荷揚げされたのちに、そのまま水甕などとして使用されたと考えられる。

日宋貿易の輸入品は、陶磁器にとどまらない。様々な医薬品(薬草)、香料、顔料、書籍、絵画など、多岐にわたる。他の遺跡をはるかに凌駕する大型壺・甕の出土は、博多における荷揚げが積み荷の一部にとどまるものではなく、積み荷全般が下ろされたこと、すなわち、博多が貿易の最終的な目的港であったことを示している。

⑤宋人の身辺を彩った陶磁器の出土　一二世紀を中心に、白磁や青白磁、青磁の小物が出土している。水滴、筆架、灯火器、香炉、人形、仏像等々。これらは全国的にはほとんど出土しないものであり、商品として輸入されたとは考えにくい。おそらく、博多に住む宋商人の身の回りを飾った品々であろう。

このように、博多遺跡群出土の輸入陶磁器からは、博多が宋商人らの営業拠点であったこと、彼らが身の回りを宋風に飾ろうとした、あるいは宋での生活スタイルを博多に持ち込んでいたことがうかがわれる。博多はまさに宋商人が活躍する舞台として、都市化を遂げたのである。

3　交通・流通拠点としての博多

(1) 港

博多の基盤地形は、未発達な砂丘である。博多遺跡群は、大きく三列の砂丘からなるが、発掘調査で確認した砂丘の最高所は、たかだか標高四㍍程度にすぎない。

博多の西には、ラグーン地形があり、そこに那珂川や比恵川(御笠川旧流路)が流れ込んでいた。博多は、ラグーンに流れ込んだ河川が、博多湾に出るそのすぐ内側に位置している。

これまでの発掘調査で、中世初頭の港は、内陸側砂丘(以後、博多浜と仮称する)の西斜面と考えられてきた。これは、先述した第14次調査の白磁一括廃棄遺構が波打ち際への廃棄であったことによる。さらに、第14次調査地点から一〇〇㍍ほど南に位置する第221次調査において、港湾施設の一部と考えられる石積遺構が出土した。確認しただけで延長三五㍍以上、幅は一・二㍍でほぼ一定している。内陸側は平坦な整地面に続くが、ラグーン側は、自然石の平らな小口面を見せて三段程度積み上げ、高さ四〇～六〇㌢の垂直な石垣とする。石積みの裾からラグーンへは、緩やかな傾斜面で下っていく。内陸側の平坦面には、顕著な遺構は確認できず、広場状を呈していたと考えられる(未報告、新聞報道に公開した資料による)。一一世紀後半から一

写真３　第 221 次調査出土港湾関連遺構

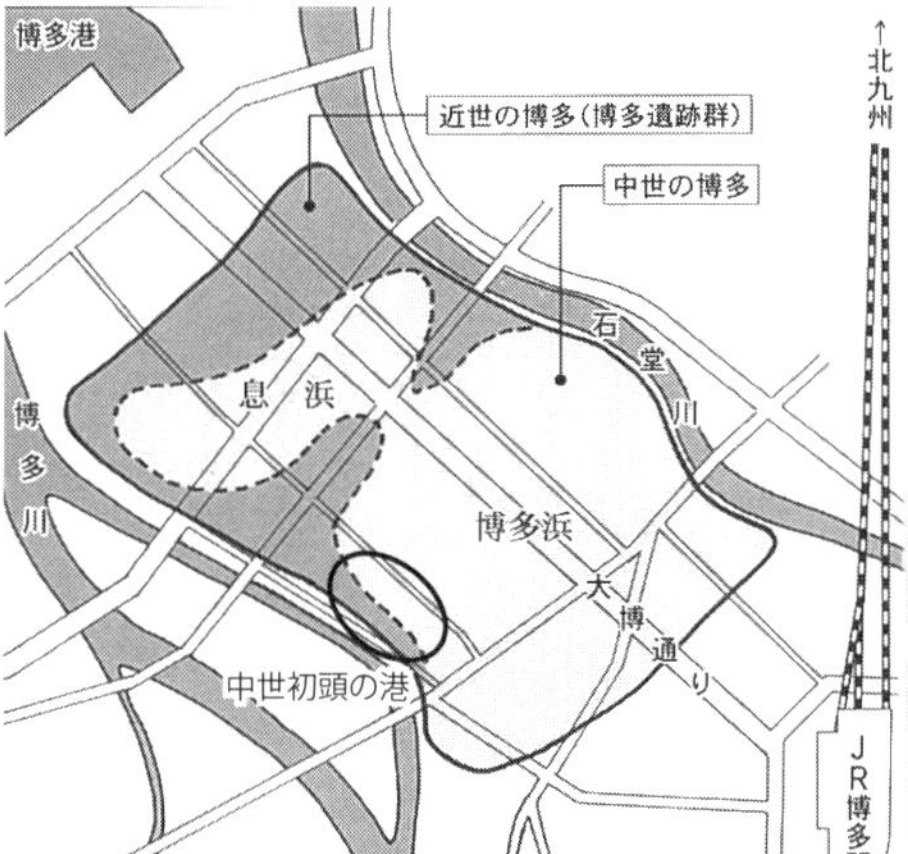

図２　博多遺跡群の位置

二世紀前半に機能したとみられることから、鴻臚館から博多に貿易拠点が移ってきた当初の港湾関連遺構である。

博多湾は、湾の中ほどでも水深が七㍍程度、能古島や志賀島の岸壁際で一〇数㍍と全体に浅く、大型船は島影や湾の中ほどに停泊したと考えられる。港との往来には艀《はしけ》を用い、艀は港の砂浜に乗り上げて着底し、おそらく杭にもやったであろう。積み荷は船から担ぎ下ろされ、石積遺構内側の広場に荷揚げされたと思われる。一二世紀前半は、いまだ大宰府による貿易管理が続いていた時期であり、荷揚げ場では、大宰府の役人による検領が行われたに違いない。

石積みの前面からは硫黄が出土した。近辺の発掘調査では、金のインゴット（箸状）、水銀なども出土している。いずれも日宋貿易の主要輸出品である。この周辺では、宋に向かう帰り荷の積み込みも行われたのであろう。また、豊前系土師器椀、吉備系土師器椀や畿内産瓦器(楠葉《くずは》型)も出土している。楠葉型瓦器はともかく(2)、豊前系土師器椀や一二世紀代の吉備系土師器椀は、博多の他の調査においても出土は稀である。おそらく、瀬戸内海から豊前を通過して、国内流通の航路が、博多湾まで直接に伸びていたのであろう。すなわち、一二世紀前半代までの博多の港は、大宰府に管理された空間であるとはいえ、対外交通を閉鎖的空間で遮断的に管理したのではなく、国内流通とも結節していたと考えられる。

一二世紀後半以降、この港湾遺構は使用されなかったようで、一三世紀後半には西大寺系律宗寺院である大乗寺が創建された。おそらく、港湾機能は沿岸の他地点に移動したのであろう。特に大乗寺が創建された鎌倉時代後期は、博多浜西岸で大規模な埋め立てによる陸地化が進んだ時期であり、あるいはこの時点で港湾機能が海側の砂丘(史料では「沖浜《おきのはま》」と呼ばれており、以後この名称を用いる)に移った可能性もある。

沖浜は、南北朝初期にはすでに港湾機能をもち、室町時代には対外交渉の拠点として栄えた。一五世紀後半には、瀬浜新左衛門・綱場太郎衛門・道安・林左衛門・宗家茂・信盈・佐藤信重・布永重家らの沖浜商人が知られており、博多における朝鮮貿易はこれら沖浜商人によって占められていた[佐伯 一九八七]。

沖浜の西端付近に当たる第89次・96次調査において礫敷き遺構が出土した。礫敷き遺構は、砂丘の傾斜面に沿って、転石や円礫を隙間なく敷き並べたもので、89次調査地点から96次調査地点まで、弧を描いて一五〇㍍にわたって続いていた。護岸遺構として報告されているが、基底部の標高は〇・一～〇・五㍍であり、最も水で洗われる高さには施工されていないことから、護岸とは考えにくく、荷揚げ等の足場を固めたものと考えたい[大庭 二〇一八]。また、礫敷き遺構の西端から船着き場と考えられる平坦な石敷き遺構を検出している。一六世紀後半の遺構で、一六世紀末から一七世紀初頭まで機能し、その後埋め立てられている。博多の都市景観は、一五八七年の豊臣秀吉による町割り(太閤町割)と、近世初頭の黒田氏による埋め立てで一変

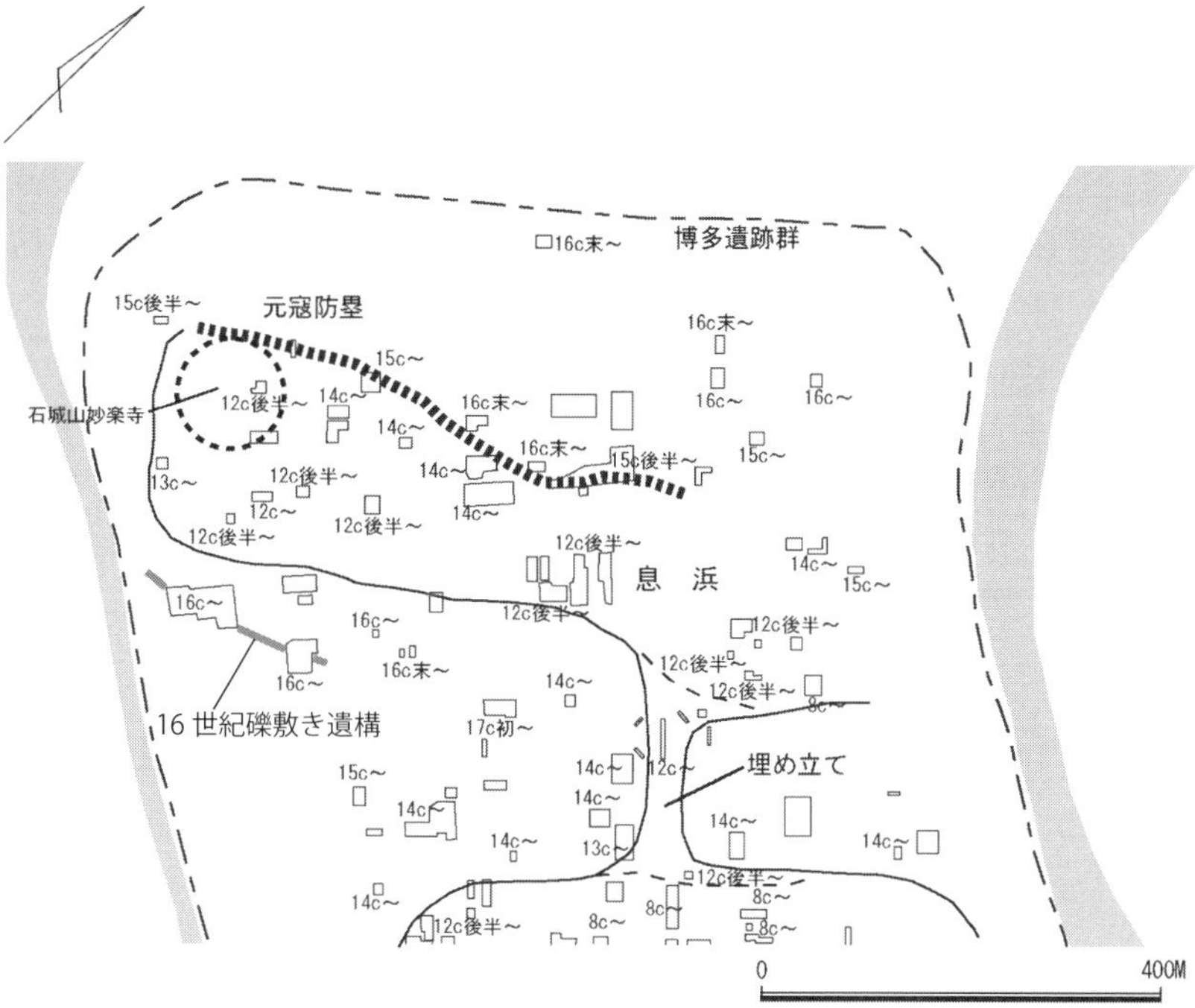

図3　博多遺跡群北半部の遺構の初見（埋め立ての進行。マチの拡大を示す）

しており、この礫敷遺構は、中世博多最末期の港湾関連遺構ということができる。

(2) 遺物に見る貿易システムの変化

一一世紀後半から一二世紀前半にかけて、博多遺跡群から出土する輸入陶磁器の器種・器形は極めて多彩である。白磁碗をとっても、いろいろな器形の碗が出土する。倉庫の火災で被災し一括廃棄された79次調査、1827号遺構の白磁碗を見てみよう［大庭 二〇〇四］。表1は、1827号遺構出土白磁碗を消費地遺跡出土の白磁碗と比較した結果である。56次調査SK0281は、商品チェックで破損品をはねて廃棄したと考えられている遺構で、いわば流通に乗る直前の様相を示していると考える。大消費地であり、博多における貿易を管理していた大宰府の事例として、大宰府条坊跡64SE220井戸枠内出土遺物をとりあげた。そのほか、博多遺跡群に隣接した港湾都市遺跡である箱崎遺跡、港湾ではないが重層した生活面を持つ吉塚祝町遺跡第1次調査を取り上げてみた。これを一見すれば、第79次調査1827号遺構がいかに特殊か、一目瞭然である。同時に他

表1　第79次調査1827号遺構出土白磁と消費地遺跡出土白磁の比較

生産地	調査地点／分類	博多79次 1827号遺構	博多56次 SE0281	大宰府条坊 64次SE220	箱崎遺跡	吉塚祝町1次
磁州	I	○				
	II	○				
広東	0	○	○	○	○	○
	I	○				
	II					
	III	○				
福建	A	○	○	○	○	○
	B－1	○				
	B－2	○			○	
	C－1	○	○			
	C－2	○	○	○	○	○
	E	○				

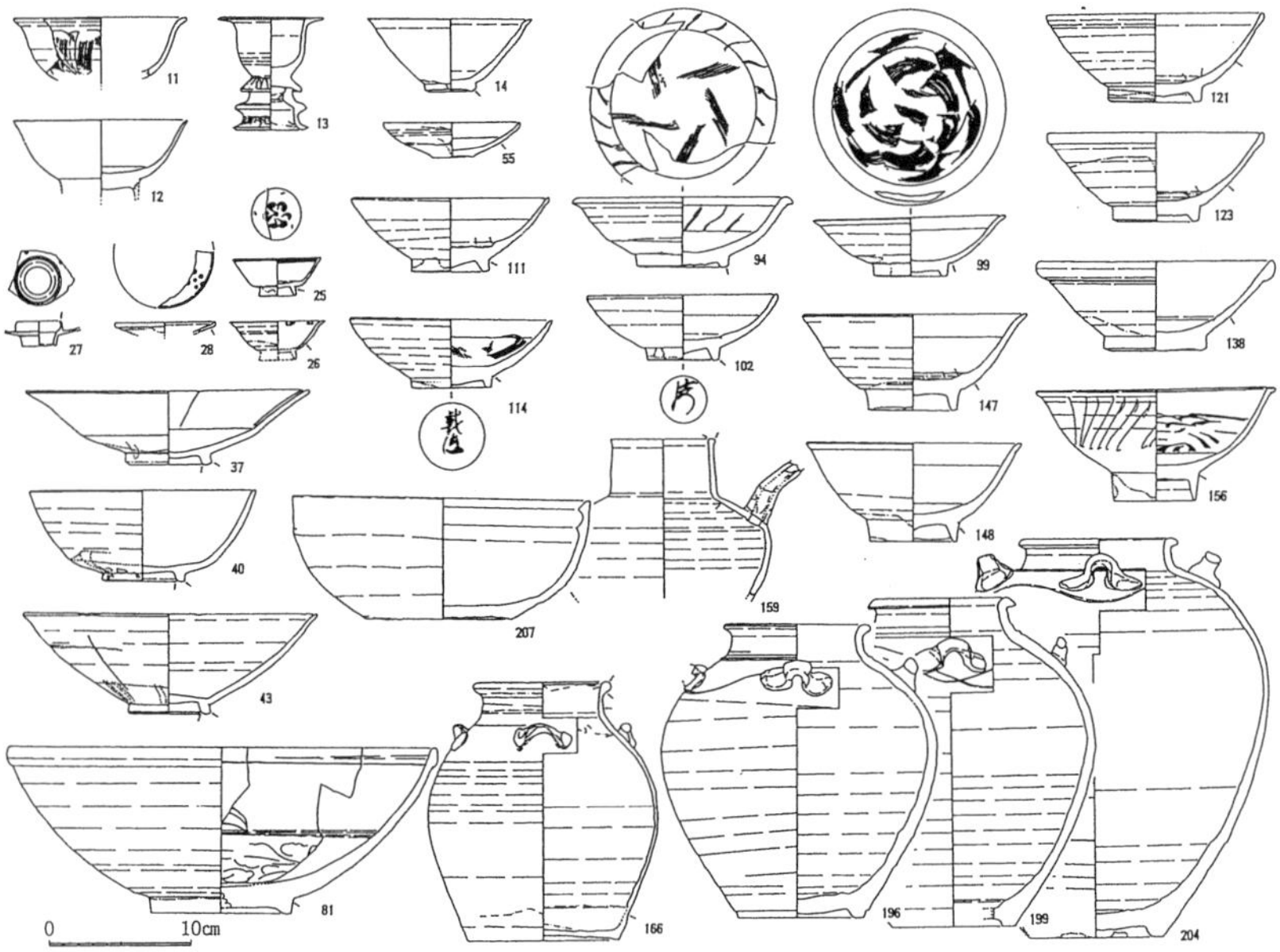

図4　第79次調査1827号遺構出土陶磁器

の事例にほとんど相違点がないことに気づく。すなわち、一二世紀前半の博多には、実に多様な白磁碗が荷揚げされ、宋商人の倉庫に収められたが、日本人の嗜好に合わなかったのか、国内的な需要がなく、流通に乗らなかった形態のものが発生したに違いない。

鴻臚館貿易の段階においては、貿易品は、来航した宋商人が運んでくるものであった。貿易船が来航すると、大宰府による臨検が行われ、積み荷のリストが京上される。朝廷では朝議にかけ、商船来朝への対応が決定し、京から大宰府に使者が下る。使者は、朝議の決定を伝えるとともにまず朝廷が購入する品目を示して先買いする。次に大宰府など地方官が交易し、その後広く交易が許されるという段階を踏む。したがって、持ち込まれた商品に対する需要は、博多で臨検して商品リストが作成された後に発生した。鴻臚館から貿易拠点が移動した当初の博多においても、同様の手続きが踏まれたのであり、必ずしも国内需要に合致した商品が荷揚げされるとは限らなかった。唐物であればなんでも需要があり珍重された、という訳ではなかったのである。1827号遺構の白磁碗は、そのことを如実に物語っている。

一二世紀後半になると、このような流通に乗らない器形は、減少する。大宰府の貿易管理は一二世紀前半までは続いたとされるが［山内 二〇〇三］、一二世紀後半になって管理されなくなると同時に、国内需要に合わない陶磁器は姿を消していく。おそらく、大宰府が撤退したことによって、宋商人と国内商人との直接的な接触が、貿易の前提に座ったのだろう。依然として、貿易行為そのものは宋商人の手によったが、あらかじめ国内需要を踏まえた商品の選別が行われるようになったに違いない。

一三世紀にはいると、博多から出土する陶磁器に個性が見られなくなる。全国どこでも見られる陶磁器しか出土しなくなるのである。同時に輸入陶磁器の出土量が若干鎮静化する感がある。この時期、西園寺公経が銅銭一〇万貫を輸入したように（『民経記』仁治三年七月四日条）、権門が貿易に直接関与するようになる。[3] それまでは、持ち込まれた珍奇な海外の物産を買い集め所有することが権威であり、富であったものが、貿易からその利潤を得ることを目的に、博多綱首に投資するようになったのである。おそらく貿易の規模は拡大し、消費地における貿易品の需要も拡大したであろうことは想像に難くない。権門の荘園に直接入港する機会も増えたに違いなく、貿易港としての博多の地位は、相対的に低下したと考えられる。

一三世紀後半の二度のモンゴル襲来は、博多綱首による博多の貿易システムに大きな打撃を与えた。宋の滅亡で博多に住む宋商人は、大陸に足かがりを失った。加えて、臨戦態勢下で貿易船の往来は一時的に断絶した［榎本 二〇〇七］。ほとんどの宋商人は博多にとどまって、日本人商人に転身していったのではないだろうか。

鎌倉時代末期の寺社造営料唐船の時代になっても、貿易船の運営を請負い、実際に操船にあたったのは、博多綱首の後身である博多の船頭であったとされる［村井 二〇〇五］。この段階の貿易船の実例は、韓国新安沖の海底から出土した新安沈没船である。一三二三年に元の慶元を出港し博多を目指した東福寺造営料唐船であったと推定されている船で、大量の中国陶磁器や銅銭、香料などを満載していた。新安沈没船には、青磁酒海壺や花生など日本国内でいわゆる威信財とされる陶磁器も積載されていたわけだが、実は博多において威信財の出土は、小片が見られる程度で目立たない。確実に博多で荷揚げされたはずだが、それら希少品、高級品は大消費地へと運び去られたのだろう。その一方で、出土する陶磁器において輸入陶磁器が大部分を占める状況は変わらず、国産陶器は少なく、たとえば天目茶碗はほとんどすべて中国産である。中国からの豊富な輸入陶磁器に裏付けされた生活スタイルがあった、と言うことができる。

一五・一六世紀においては、朝鮮陶磁器の出土が目立つ。もちろん中国陶磁器ほどの量はないが、一二・一三世紀において出土陶磁器のわずか一％未満にとどまっていた朝鮮産陶磁器は、一六世紀には一〇％を占めるほどに増加する［小畑 一九九三］。その背景には、言うまでもなく日朝貿易の隆盛がある。対朝鮮貿易は対馬を介したものだが、沖浜商人を中心に多くの博多商人が受職人、受図書人となって朝鮮王朝に入朝し、貿易を行った。

沖浜から博多浜北部においては、ベトナムやタイなど東南アジア陶磁器の出土がみられる。博多から出土する東南アジア陶磁器は、ベトナム陶磁器が一四世紀後半から一五世紀初頭、タイ陶磁器が一五世紀代に属する［大庭 一九九九］。あたかも、明の海禁下における琉球の中継貿易の消長と軌を一にするようである。沖浜商人の道安や佐藤信重は、琉球国使として朝鮮に入朝しており、琉球―博多―朝鮮をつないだ博多商人の活動が看取できる［佐伯 二〇〇三］。博多で出土する東南アジア陶磁器は、おそらくは、琉球を介した南海貿易によってもたらされたものであろう。

4　博多遺跡群出土遺物に見る技術導入

対外貿易の窓口であった博多に上陸したものは、輸入された文物にとどまらない。禅宗も、全国に先駆けて博多に上陸した外来文化の一つである。本節では、主に技術面に注目して、博多の出土遺物から考えてみたい。

(1) ガラス生産

一二世紀から一三世紀にかけて、博多では特徴的なガラス坩堝が出土する[比佐 二〇〇八]。中国陶器の水注を転用したもので、内面には溶けたガラスがべったりと付着している。水注は被熱しており、火にかけて中のガラスを溶かしたことは明らかである。また、頸部から口縁にかけてガラスが流れた痕跡をとどめる破片もあり、器を傾けて中のガラスを流し出した形跡が見られる。

また、多彩なガラス製品も出土している。ガラスの小壺と蓋、皿のような容器片、象嵌に使ったのか扁平なガラスピース、小玉、棒状製品(簪の一部?)等々。

これらのガラスは、分析の結果、カリウム鉛ガラスであることが判明した。中国宋代に登場した、クリスタルガラスである。国内的には、古代に生産された鉛ガラスとは全く異なり、宋からもたらされたことは明らかである。また、ガラスに含まれる鉛の同位体比分析では、一一世紀後半から一二世紀前半では中国産鉛が使われているが、一二世紀後半になると対馬産

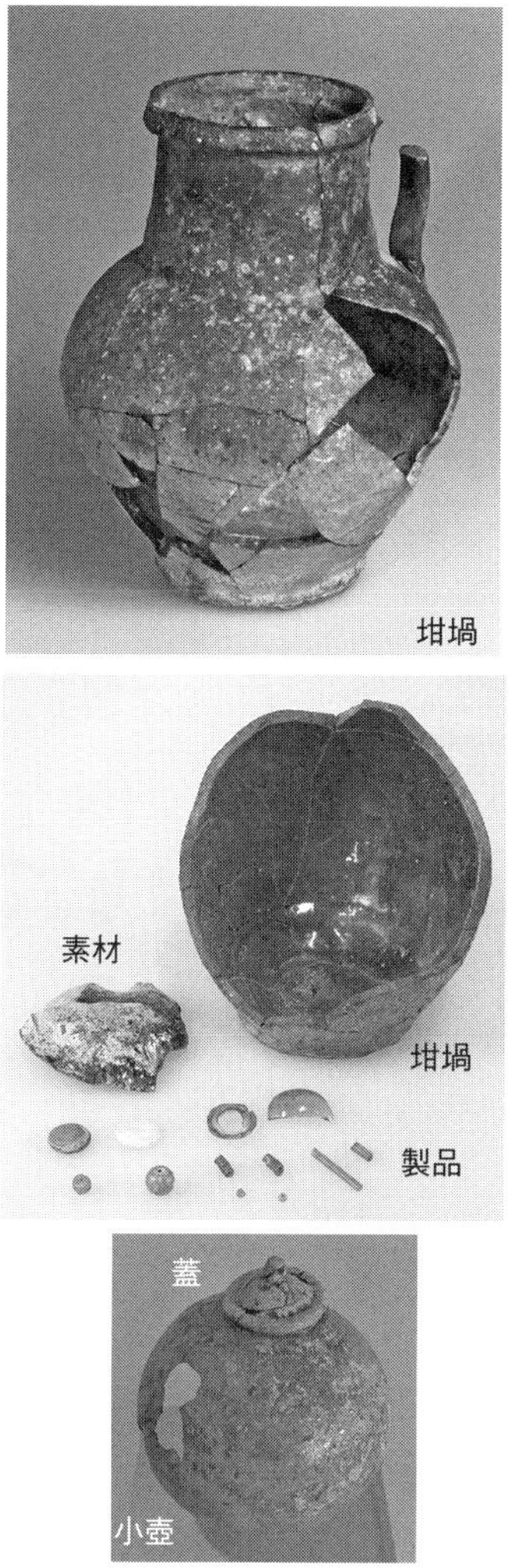

写真4　博多遺跡群出土のガラス生産関連遺物

の鉛に代わっている。すなわち、ガラスそのものの国産化も進んでいた［降旗ほか 二〇一四］。

ガラス器の生産技法も多様である。小壺やその蓋は、宙吹きで作られていた［藤原ほか 二〇一二］。容器片には、ガラスを鋳型に吹き込んだ型吹きによるものもある。ピースは、鋳型の上にガラスを置いて過熱し、溶かしたものだろう。小玉は鉄芯にらせん状に巻き付け、カットして作っていた。棒状の製品は、溶けたガラスを引っ張ったもので、捩りながら引っ張ったものもある。宙吹きや型吹きは、古代以来のガラス生産技術にはないもので、ガラスがカリウム鉛ガラスであることと合わせて、宋からもたらされたことは明らかである。

これらのガラスやガラス製品の生産技術は、一四世紀以降、博多遺跡群から姿を消してしまう。全国的にも、戦国時代以前のガラス生産は遺跡・遺構が知られておらず、国内生産の形跡は見出しがたい。すなわち、一二〜一三世紀に博多で行われたガラス生産は、博多の内にとどまり、技術の継承も拡散もなかったということになる。おそらく、博多の宋人社会の範囲内での生産にとどまったのであろう。

(2) 石硯生産

博多遺跡群において石硯が出現するのは、一一世紀後半である。以後、中世に属すると思われる石硯は、管見の限り少なくとも四七七点を数える（二〇一四年時点）［大庭 二〇一四］。硯石の産地としては中国の端渓、歙州、日本国内の赤間（下関）、若田（対馬）、鳴滝（京都）、その他産地不明などが見られる。滑石や砂岩などの軟質石材を用いた硯も少なくはない。加工が容易であることによるのであろう。また、木製の硯（形態としては石硯のコピー）も、わずか一点であるが出土している。

石硯は唐代に現れ、五代から北宋・南宋代にかけて形制を整えた。この段階で、端渓、歙州などの硯石産地が採掘を開始している。

博多遺跡群から出土する一二世紀前半以前の硯は、基本的に中国製の硯であろうが、一二世紀前半には早くも山口県下関周辺で産出する赤間石を用いた硯が出土している。また、五代から北宋にかけての硯が出土しているが、これらの多くが生産に近い時点で搬入されたものではないことは、博多が都市化したのが北宋から南宋にかけての時期であることから明らかである。しかし、出土遺構から年代を探る限り一三世紀初頭までに集中しており、いわゆる博多唐房の時代に該当する。これはすなわち、博多における石硯の搬入が、宋商人らの手によるものであることを示している。

さて、一二世紀前半に出現した赤間石は、一三世紀後半には博多遺跡群出土硯における比重を増し、一四世紀以降は、四〇％程度を占めるにいたる。

日本産硯の全国的な出土状況を見ると、石硯の国内生産は、鎌倉時代あたりで大きく全国展開しているように思われる。日本国内にそれだけの大きな硯需要が潜在していたとすれば、石硯が宋から導入された早い段階から硯工が来日し、国内生産を開始したと考えても、あながち無理はないだろう。すなわち、博多唐房の時代には、ガラス生産に見られるように、製品としての石硯のみならず、作硯技術も博多に上陸していたと考えられる。

博多津に来航した宋商人には、中国南部の福建・広東の出身者が多いとされる。広東には、最高とされる硯石の産地である端渓がある。硯工もまた広東から来たとすれば、端渓の硯工が来日した可能性は捨てがたい。端渓石は輝緑凝灰岩であり、赤間石もまた輝緑凝灰岩である（最近では赤色頁岩とされる）。もちろん、赤間石は、湿潤感のある石質や石紋の豊かさなどにおいて、端渓には及ばないかもしれない。しかし、その後全国的に赤間硯が広がったことを見れば、赤間石が硯石材として好適であったことは疑いない。一見したところの近似した印象を含めると、端渓の代替品として赤間石が選択された感は拭えない。そう考えると、わが国の石硯生産は、宋商人に伴われて、博多に来航し根付いた端渓の硯工によって、硯石材として赤間石が選ばれてスタートした、と言うことができるのではないだろうか。

(3) 銀精錬技術

時代は下るが、一六世紀にその産出銀が世界を席巻したという石見銀山は、博多商人である神屋寿禎によって発見されたと伝えられている。寿禎はまた、天文二年（一五三三）に灰吹き法という灰を使った銀精錬技術を朝鮮から導入し、それによって産銀量と銀の品位は飛躍的に向上したとされる。石見銀山遺跡では鉄鍋を用いた灰吹き遺構が検出されているが、博多遺跡群からは土製の灰吹き坩堝が出土している［沓名 二〇一三］。

灰吹き法は、瞬く間に全国の鉱山に広まった。また、鉱山のみならず、消費地においても銀や金の品位をあげるために灰吹きが行われたようで、大友氏の豊後府内においても灰吹き坩堝が出土しているし、史料からは肥前の竜造寺氏においても灰吹きが行われたことがうかがわれる。博多における灰吹き坩堝の出土は、銀の輸出に先駆けて行われた可能性と、豊後府内同様に消費の場面で銀の品位をあげる必要から行われた可能性の両方が考えうるが、いずれにしても博多商人が最先端技術導入の窓口として機能したことは間違いない。

中国では元以来銀が通貨として用いられていた。明の洪武帝は金銀貨幣の使用を禁止し、通貨は紙幣に切り替えられたが、明代中期以降は秤量貨幣としての馬蹄銀が主要な通貨となっていた。博多においては、かつて元の銀錠が出土した［岡崎 一九六八］。また、神屋氏は、遣明船の船頭を輩出した一族であり、寿禎も入明した経験を持つ［佐伯 二〇〇八］。銀の貨幣としての価値を知っていたことが、銀山開発や産銀量を飛躍的に伸ばす新技術導入の背景にあったとみても大過ないだろう。

ガラス生産技術は、博多にもたらされたのち、ガラス素材の国内生産にこぎつけながらも、博多から出ることはなく、博多綱首の時代の終焉とともに消えていった。一方、石硯生産技術は、同様に博多にもたらされた後、遅れることなく、国内に好適な石材を見出して定着し、全国に広がっていった。その違いの主たる要因は、国内需要の大きさであったと思われるが、宋人技術者側にその技術を日本人に伝える意思がなかったという可能性も否定できない。いずれにせよ、博多が技術導入においても窓口であったことを物語っていると言えよう。そして、東アジア規模の経験知が技術導入の背景となりえたことを、灰吹き法の導入が示してくれている。

結　語

八一〇、八一一、八一二…八一六…八一八、八一九…鄭

便番号である。順に福岡市中央区、旧粕屋郡内の市町村、福岡市博多区・東区…大野城市…太宰府市、福岡市西区・糸島市と、福岡市から次第に周辺に連なっていく。ちなみに長崎県壱岐市は八一一、対馬市は八一七である。なぜ長崎県の離島が福岡市の間に挟まっているのか。郵便物の配送ルートの便によることは、言うまでもないだろう。壱岐・対馬に送る郵便物は、博多港から送り出されるのである。

かつて、壱岐・対馬の住民の間には、長崎県ではなく福岡県に編入されたいという希望が強かったと聞いたことがある。まさに壱岐・対馬を往来するヒト、モノの流れが博多を指向していたのである。距離的には、伊万里や唐津のほうが博多よりも近い。それにもかかわらず、博多を指向するところに半島―対馬―壱岐―博多という古代以来の交流ルートの根深さがみてとれる。

寧波から東シナ海を一気に横断し五島、平戸をへて九州北海岸を東上し、糸島半島を回りこんで博多湾に入る大洋路は、日中交流の大動脈であった。その終着点は博多であるが、博多は大宰府ひいては京都を後背地として有していた。博多に鎮西探題が設置された後は、これに鎌倉が加わった。後背地として常に中央を戴いていたことが、博多が他の港湾に対して優位を保ちえた、そして中世を通じて国内最大の貿易都市としての地位を失わなかった理由であろう。

(1) 博多唐房については、かつては一一一六年の史料「筑前国薄多津唐房」(『両巻疏知礼記』・『観音玄義疏記』奥書)しか知られていなかったが、近年相次いで唐房史料が見出されている[山内 二〇一二]。一方、林文理は、博多唐房をエリアとしての中国人居住区ではなく、博多にあった中国人の居宅とする見解を提示した[林 二〇一八]。主として史料解釈の相違に基づく議論であるが、いずれにしても博多に少なくない数の中国人(宋商人)が暮らしていたことを否定するものではない[大庭 二〇一九]。

(2) 博多遺跡群においては、ほとんどの調査地点で楠葉型瓦器が出土しており、二〇一七年以前の調査で、管見の範囲内でも、六七八点以上を数える。

(3) 榎本渉は、権門が日宋貿易のパトロンとして姿を現すのは、一二世紀末以前としている[榎本 二〇〇七]。

有明海の世界——中世前期を中心として——

中山　圭

はじめに

九州最大の内海。有明海を一言で表現すると、この言葉が適切ではないだろうか。南北約八五キロ、東西幅は最大約四〇キロの極端に細長い逆「く」字形の有明海は、福岡・佐賀・長崎・熊本の各県にまたがり、日本最大の干満差をもつ海としても著名である。この干満差が生み出す干潟の景観やムツゴロウなどの独自の生態系が、「有明海らしさ」であろう。

有明海の沿岸部は筑後川や菊池川、嘉瀬川などの河川が運ぶ土砂によって遠浅となり、佐賀平野や菊池川河口の玉名付近には平野が広がっている。一方、その南端は天草諸島が支えており、岩がちな地勢もあって平野は狭い。有明海は、天草諸島によって南の八代海と隔てられ、天草付近の水道を使って船舶は往来していたのである。

この内海は、沿岸域の地域間交流だけでなく、外との交流・交易ルートでもあり、開かれた海でもあった。本章では有明海の代表的な遺跡の調査により得られた見解をもとに、内海をめぐる交流史を特に中世前期（一一世紀後半から一三世紀代）に焦点を当てて素描してみたい。

1　有明海の湊

有明海の海外交流を示す史料として有名なのは、肥前国神埼荘への宋船来着を記した『長秋記』の記事である（長承

図1　有明海沿岸遺跡分布図

表1　『籌海図編』の各港

客舎＝嘉瀬	佐賀市嘉瀬町・嘉瀬川流域・肥前
法司奴一計＝蓮池	佐賀市蓮池町・筑後川流域・肥前
鉄来＝寺井	佐賀市諸富町寺井津・肥前
言奴気子＝榎津	福岡県大川市・筑後川流域・筑後
什嗟加＝瀬高	福岡県みやま市瀬高町・矢部川流域・筑後
嗟加什＝高瀬	熊本県玉名市高瀬・菊池川流域・肥後
開懐世利＝川尻	熊本県熊本市川尻町・緑川流域・肥後
昏陀＝本渡	熊本県天草市本渡・小松原川流域・肥後

写真１　島原半島から望む有明海

二年(一一三三)八月一三日条)。宋船が「神崎御庄領」へ来着したというのだが、宋船来着地を有明海に面した神埼荘の当地であるとする説[森 一九四八、服部 二〇〇五他]、神埼荘「領」として博多に倉敷地があったという説[五味 一九八八、山内 一九八九他]に議論が分かれていて決着をみない。

もう一つ、肥前国杵嶋荘から久安四年(一一四八)に鳥羽院へ孔雀を献上したことを示す『御室相承記』(仁和寺門跡の歴代記録)の記事もある[服部 二〇〇三]。『本朝世紀』には、久安三年に「大宰府博多津、宋朝商客渡孔雀及鸚鵡於本朝」ともあるから、宋商が孔雀の輸入に関与しているのは確かだが、博多津来航としか記しておらず、「杵嶋荘現地で貿易が行われたか否か疑う余地がある」と疑問を呈する見解もある[渡邊二〇〇六]。

宋船が確実に有明海に入航したことを史料では明確にできないが、有明海沿岸各地に拠点的な港湾が展開していたことは、一六世紀に成立した『籌海図編』の記述にあって、中国語の漢音で多くの有明海沿岸の港が記されている。

この『籌海図編』に記された地名を現在の地図でみると(図1・表1参照)、多くの港は大河川の下流にあっても、沿岸にはなく河口からやや奥まった内陸に位置していることがわかる。

中世の汀線は不明なのだが、干満の差が激しい有明海では、満潮時の潮流を利用して河口から船で遡上し、内陸まで達していたと考えられる。一方、干潮時には岸辺に船を寄せることはできなかっただろう。地図に落とした港湾の比定地が中世前期までさかのぼる確証はないが、やや奥まった内陸の河川沿いや潟湖に中世の港湾遺跡が置かれるのは、さして珍しいことではない。平底の船体を持つ和船(在来の船)が着岸して、荷揚げもできる場所に中世の湊は築かれるのである。

遠浅の有明海を往来するのは地元の和船が主役で、竜骨をもったＶ字船体の宋船は喫水が三㍍もあるため［石井一九八九］、陸地に近づくと座礁の危険があって沖合に投錨せざるを得ない。博多でも宋船は能古島沖・志賀島沖の水深一〇㍍以上の沖合に投錨しているというから［大庭二〇一九］、有明海でも事情は同じではなかったか。とすれば、中世前期の有明海でも沖合の碇泊なら、宋船の入航は可能だろうが、宋船が有明海に入航したとする確実な史料がない［渡邊二〇〇六］。

では、有明海沿岸の発掘でみつかる中世遺跡の情報から、沿海の交流史はどのように描けるのだろうか。遺跡から出土するモノ資料にこだわりながら考えてみよう。

2　有明海沿岸の遺跡

(1) 筑後川流域周辺

蓮池上天神遺跡（佐賀市蓮池町）　一二世紀後半〜一三世紀代を主体とする中世遺跡で、調査面積の割に出土量が多く、また輸入陶磁器の割合が高いとされる［徳永一九九八］。白磁碗皿・小壺、龍泉窯系青磁碗皿、同安窯系碗皿、褐釉陶器瓶という遺物組成の中に、「上五内」と墨書された白磁碗や大和型瓦器椀がみつかっている。
枝ケ里一本松遺跡（神埼市神埼町）　一二世紀後半から一四世紀前半が主体となる遺跡で、一五〇〇平方㍍の調査面積で約二万点の遺物が出土し、うち三〇〜四〇％が輸入陶磁器である。その内訳は白磁合子・同四耳壺、褐釉陶器鉢・同四耳壺、無釉陶器捏鉢、磁竈窯系黄釉鉄絵盤、高麗輪花托などである。この組成は筑後川流域周辺では突出しており、神埼荘の港湾機能をもっていた可能性が指摘されている［徳永一九九八］。残念ながら報告書は未刊。
この他、神埼荘内の遺跡では、荒堅目遺跡・熊谷遺跡・仁比山護国寺跡で楠葉型瓦器椀が出土しているが、遺構が伴わず評価は難しい。
佐賀県内の墨書陶磁器　徳永貞紹によると、中世前期の有明海沿岸からの出土事例は、大西屋敷遺跡（佐賀市鍋島町）で三点、本村遺跡（同久保泉町）一点、筑後川流域の小杭村中遺跡・三重二ツ寺遺跡（同市諸富町）から各一点、田手二本黒

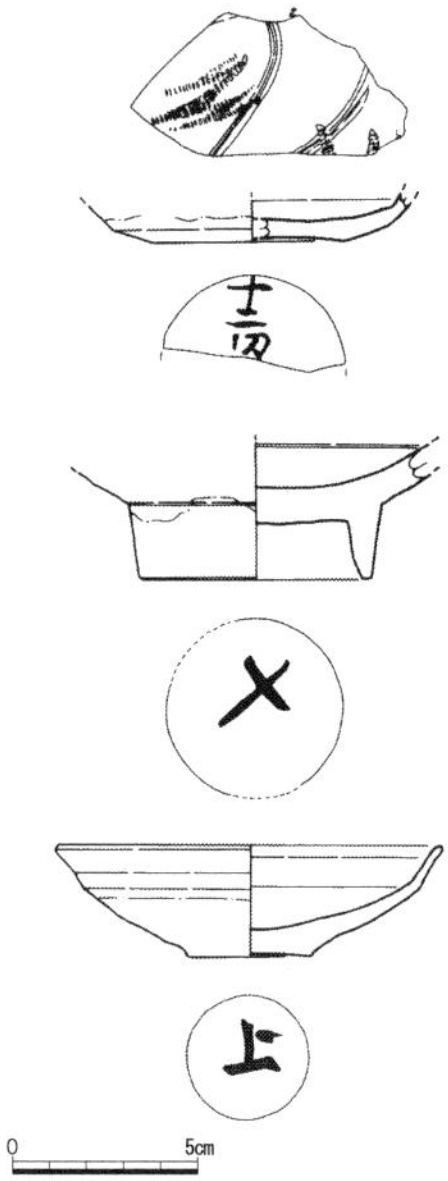

図2　社遺跡出土
墨書陶磁器

木遺跡（神埼郡吉野ケ里町）一点、みやこ遺跡（武雄市橋町）一点の計八点がある［徳永 一九九六］。さらに蓮池上天神遺跡一点と、社遺跡（小城市）で「十二内」「上」「十」の三点の墨書陶磁器が報告されている（図2）。このうち小杭村中遺跡の墨書陶磁器は「許」と読める可能性があり、中国人名を示したものかもしれない。墨書陶磁器の出土は、筑後川流域と支流沿岸、嘉瀬川流域に限定され、みやこ遺跡は杵嶋荘の想定地に近い場所にある。

(2) 島原半島と菊池川流域

伊古遺跡（長崎県雲仙市瑞穂町）　島原半島北岸に位置する伊古遺跡の中世遺物は、河川に一括投棄されていた。遺構は全く確認できないが、出土した遺物全体の割合をみると、総数一万五〇七一点のうち土師器が約六〇％、瓦器と瓦質土器をあわせて約二〇％、輸入陶磁器は一三％である。そのほか中世須恵器（一・四％）や滑石製石鍋（二・五％）もある。輸入陶磁器は青白磁合子のほかに高麗青磁・高麗陶器・白磁壺・小壺・陶器四耳壺も出土し［柴田 二〇一二］、中世須恵器は東播系が中心で、全体的に瓦器の比率が高いのが特徴と言えようか。

輸入陶磁器の時期は一一世紀後半〜一二世紀前葉に盛期があり、一三世紀代の龍泉窯系青磁碗はわずか三点しかない。有明海の中部西岸に置かれた交易拠点が近くにあったと考えられるが、遺構が伴っていないので周辺の調査に期待したい。

菊池川河口採集陶磁器（玉名市高瀬）　有明海東岸に注ぐ菊池川は、古来より肥後北部の穀倉地帯を支え、中世には肥後国守護菊池氏の所領を貫く交通の大動脈であったと考えられる。

河口から内陸に五キロほどさかのぼった高瀬大橋周辺では、おびただしい量の陶磁器が採集されていて、近年概要が把握された［田上 二〇一七］。約二六〇〇点の採集陶磁器は、一一世紀後半〜一三世紀前半が主体で、ピークは一二世紀中頃〜後半とされ、わずかに建窯系天目もある。一方、一四・一五世紀前半の粗製白磁（ビロースクタイプ）も一定量あって、一五世紀後半〜一六世紀代の青花はさほど多いとは言えない。壺甕類がほとんどなく、碗皿類が中心である。

墨書陶磁器も一一世紀後半〜一二世紀後半の白磁二点、青磁碗二点以上があり、一点の墨書は「王■」か「寿」の字と考えられている［服部 二〇一四］。人名だろうか。

菊池川沿いの高瀬にこれほどの陶磁器が散布しているのは、周辺に港や消費地があったことを予想させる。高瀬周辺は一二世紀の鳥羽院政期に成立した玉名郡大野別符に含まれるので、菊池川の河川交通と有明海の海上交通をつなぐ結節点だったと指摘されている［小川 二〇一六］。残念ながら中世前期の遺跡が確認できないため評価は難しいが、採集遺物のもつ意味は重いだろう。

深堀遺跡（長崎市深堀）　有明海の動向と関わるわけではないが、長崎港の南に位置する鶏口部を抑える海上交通の要衝、深堀を紹介しておきたい。戦国末期の領主深堀純賢が中国船等を頻繁に襲撃していたため、海賊禁止令違反が適用されて秀吉に処断された事件など、要衝としての重要性は長崎開港の一五七〇年以降に増した印象が強い地域である。しかし、深堀遺跡は中世前期の資料も多く、白磁・龍泉窯系青磁碗、同安窯系青磁碗等とともに、南宋期の中国系瓦である押圧波状文軒平瓦の瓦当片が一点出土している（図3）。

図3　深堀遺跡出土押圧波状文軒平瓦

包含層の出土で一点のみなので評価は難しいが、博多と南さつま市だけであった南宋期中国瓦が九州西岸でもみつかったのである。中国瓦を含む瓦の出土はわずか三点で、しかも一点は一七世紀頃と見られるカトリック教会のための十字文瓦であることから、建物に葺かれたと断定できるわけではないが、長崎開港以前から九州西岸にも中国と関わる資料がみつかったのは重要だろう。

(3) 白川流域

二本木遺跡（熊本市）　現在の熊本駅の発掘でみつかった二本木遺跡は、古代肥後国府の所在地とされるが、中世でも輸入陶磁器の出土量は、県内の他遺跡を圧倒的に凌駕すると評価されるほどである〔原田・金田 二〇〇九〕。注目の遺構は中世の井戸跡で、完形の青磁碗皿四三点が一括で出土した（図4・5）。時期は一二世紀中頃～後半で、意図的に埋納されたものと考えられている。

博多遺跡群でみつかる一括大量廃棄の土坑は、商品にならない粗悪品が捨てられるが、埋納であれば性格は異なる。しかしながら、多量の同じ陶磁器を埋納する例は、博多遺跡群を除けば類例は少なく、大量の輸入陶磁器が二本木遺跡に集積され、消費されていたからこそ井戸に埋納できたことは疑いない。いわば多量の陶磁器を消費できる環境があったわけである。

陶磁器の組成は、菊池川河口の高瀬で表採されたものとも似ている。龍泉窯系青磁碗・同安窯系青磁碗をはじめとする一二世紀後半の輸入陶磁器の量が有明海沿岸で増大していた可能性を示唆している。

さらに未報告であるが、二本木遺跡では「綱司」銘の墨書が記された白磁碗（写真2）が出土している。高台が欠けているため時期は絞れないが、一二世紀後半の可能性が高

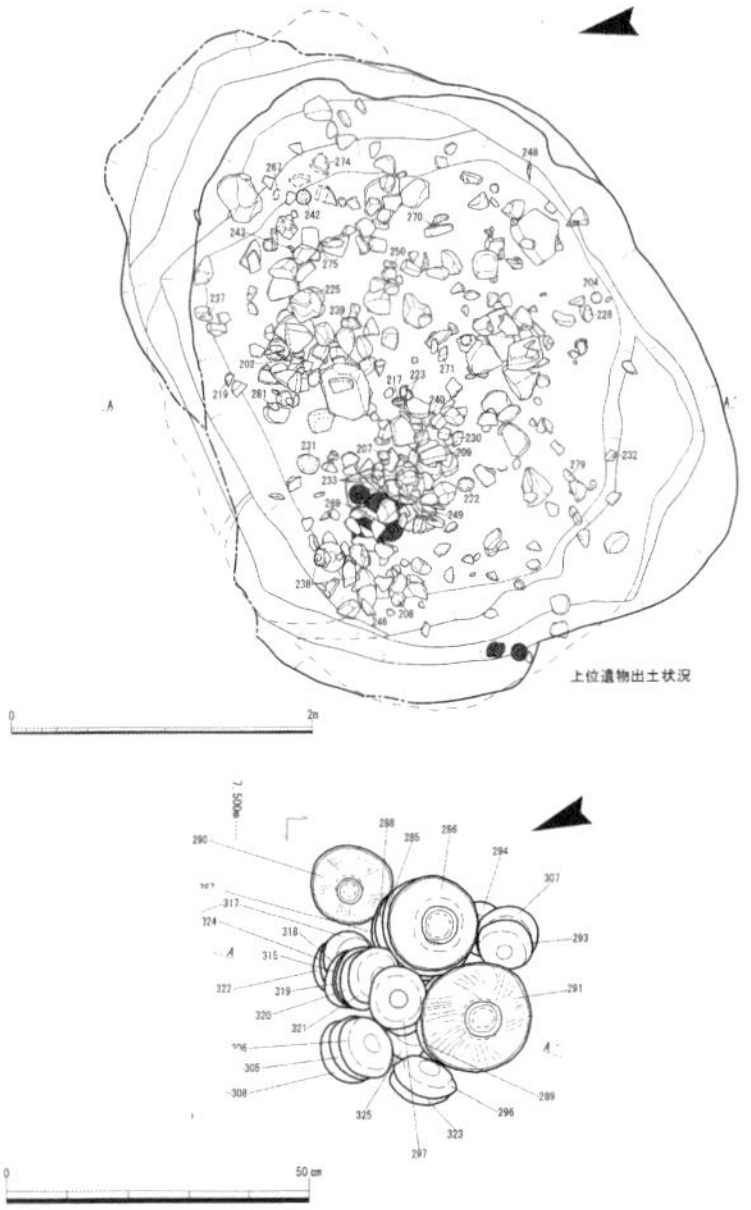

図4　二本木遺跡 32LSE01
井戸跡 埋納遺構平面図

写真2　二本木遺跡出土
「綱司」銘墨書陶磁器

図5　二本木遺跡 32LSE01 出土陶磁器

いという〔美濃口 二〇一二〕。「綱司」銘陶磁器は、博多遺跡以外では楼階田遺跡（長崎県松浦市）、白井川遺跡（長崎県大村市）にも一点ずつ出土しており、有明海沿岸の中世交流史を考える上で貴重な資料である。

二本木遺跡周辺は、現在も熊本平野の中心であるが、中世の都市的様相を備えた一大消費地であったのだろう。今後、遺跡全体の研究が進み、実態が解明されることを望みたい。

祇園遺跡・二本木前遺跡（阿蘇郡南阿蘇村）　この両遺跡は南郷大宮司（阿蘇氏）の館跡と考えられている。その立地は肥後国の内陸深く、阿蘇山南麓の南郷谷にあって、海とは無縁な場所にある。阿蘇を起点として西へ流れる白川は、肥沃な熊本平野を潤しつつ、有明海へ注いでいるが、両遺跡は白川の源流付近に沿っている。

出土した輸入陶磁器は、完形の磁州窯系鉄絵壺、磁竈窯系二彩盤、緑釉盤、黄釉盤、青白磁梅瓶、白磁水注・同四耳壺、白象嵌の高麗青磁碗などの奢侈品があり、国産品にも古瀬戸の卸皿や瓶子などがある。実に多彩な品々が見られるが、特に高級品とされる白磁・青白磁合子は三〇点を数え、出色の出土と言えよう。

とくに磁竈窯系盤は同一個体の破片が多いようだが、黄釉八四点、緑釉九二点、二彩一一点もある。出土量は博多遺跡群・大宰府以外では群を抜いていると考えられ、希少性の高い輸入陶磁器が阿蘇氏の拠点に搬入されていたことがわかる。磁竈窯系緑釉盤はやや時代が下る宇土城跡（宇土市）でも複数出土しており〔川口・中山二〇一二〕、大村湾内での遺跡（寿古遺跡・白井川遺跡・伊木力遺跡）では出土が稀有な磁竈窯系盤は、有明海南岸に広く搬入されていたことは指摘できそうである。ちなみに奄美大島の倉木崎海底遺跡でも一四点が確認されている。南からの搬入ルートが想定できるであろうか。

祇園遺跡では、墨書陶磁器が二三点あり、二本木前遺跡でも二点出土している（図6）。祇園遺跡での出土数は、単独の遺跡としては博多遺跡群に次ぐ数量である。調査面積はわずか約一五〇〇㎡であるから、出土の密度はきわめて高い。

祇園遺跡の墨書は「十」「上」が多く、「一上」「大」なども見られる。「綱」銘や中国人の姓名を示すものはみあたらないが、二本木前遺跡の墨書も判読できるのは「十」であ

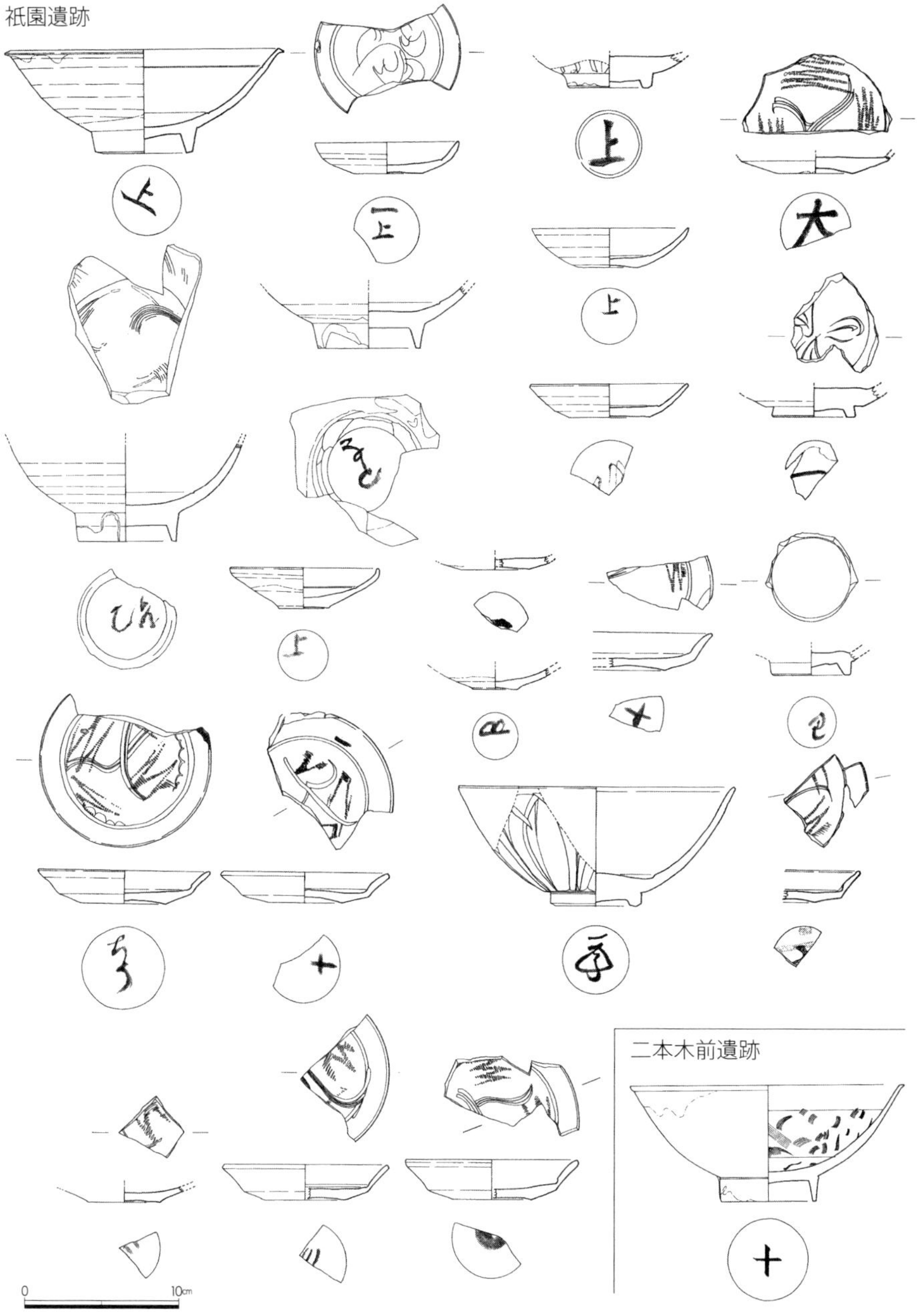

図６　祇園遺跡・二本木前遺跡出土墨書陶磁器

表2　熊本県内出土の墨書等磁器一覧表

市町村	依拠河川	遺跡名	青白別	器種	分類	分類細分	墨書銘	所属時期
玉名市	菊池川	菊池川河口採集	白磁	碗	Ⅴ		王■？寿？	C～D期
玉名市	菊池川	菊池川河口採集	白磁	碗	Ⅴ		不明	C～D期
玉名市	菊池川	菊池川河口採集	青磁	碗	同安Ⅰ		不明	D期
玉名市	菊池川	菊池川河口採集	青磁	碗	同安Ⅰ		不明	D期
南阿蘇村	白川上流	祇園遺跡	白磁	碗	Ⅴ	4	上	C～D期
南阿蘇村	白川上流	祇園遺跡	白磁	皿	Ⅷ	1a	一上	D期
南阿蘇村	白川上流	祇園遺跡	青磁	碗	龍泉Ⅱ		上	E期
南阿蘇村	白川上流	祇園遺跡	青磁	皿	同安Ⅰ	2b	大	D期
南阿蘇村	白川上流	祇園遺跡	白磁	碗	Ⅴ		花押？2文字	C～D期
南阿蘇村	白川上流	祇園遺跡	白磁	碗	Ⅴ		花押？2文字	C～D期
南阿蘇村	白川上流	祇園遺跡	白磁	皿	Ⅵ	1b	上	C期
南阿蘇村	白川上流	祇園遺跡	白磁	皿	Ⅷ	1a	破片不明	D期
南阿蘇村	白川上流	祇園遺跡	青磁	皿	龍泉Ⅰ	1a	破片不明	D期
南阿蘇村	白川上流	祇園遺跡	白磁	皿	Ⅵ	1a	上	C期
南阿蘇村	白川上流	祇園遺跡	青磁	皿	同安Ⅰ	2b	破片不明	D期
南阿蘇村	白川上流	祇園遺跡	白磁	皿	Ⅵ	1a	花押？	C期
南阿蘇村	白川上流	祇園遺跡	青磁	皿	同安Ⅰ	2b	十	D期
南阿蘇村	白川上流	祇園遺跡	青磁	碗	同安Ⅰ		不明	D期
南阿蘇村	白川上流	祇園遺跡	青磁	皿	同安Ⅰ	2b	花押？	D期
南阿蘇村	白川上流	祇園遺跡	青磁	皿	同安Ⅰ	2b	十	D期
南阿蘇村	白川上流	祇園遺跡	青磁	碗	龍泉Ⅱ	b	字？孚？	E期
南阿蘇村	白川上流	祇園遺跡	青磁	皿	同安Ⅰ	2b	破片不明	D期
南阿蘇村	白川上流	祇園遺跡	青磁	皿	同安Ⅰ	1b	破片不明	D期
南阿蘇村	白川上流	祇園遺跡	青磁	皿	同安Ⅰ	1b	破片不明	D期
南阿蘇村	白川上流	祇園遺跡	青磁	皿	同安Ⅰ	2b	破片不明	D期
南阿蘇村	白川上流	二本木前遺跡	白磁	碗	Ⅴ	4	十	C～D期
熊本市	白川下流	二本木遺跡	白磁	碗	Ⅴ？		綱司	C～D期
熊本市	白川下流	二本木遺跡	青磁	皿	同安Ⅰ	2b	不明	D期
天草市	小松原川	浜崎遺跡	白磁	碗	Ⅴ		大	C～D期
天草市	小松原川	浜崎遺跡	青磁	碗	龍泉Ⅰ	2b	不明	D期
天草市	小松原川	浜崎遺跡	青磁	碗	同安Ⅰ	1b	不明　3～4文字	D期
天草市	小松原川	浜崎遺跡	青磁	皿	龍泉Ⅰ	2b	花押？	D期
天草市	小松原川	浜崎遺跡	白磁	碗	Ⅵ？		不明	C期？
天草市	小松原川	浜崎遺跡	青磁	碗	龍泉Ⅰ	4b	○記号	D期

った。社遺跡(小城市)の事例も含め、「十」は陶磁器の梱包単位を示す可能性がある。陶磁器の年代から一二世紀後半頃と推定される。

祇園遺跡の墨書陶磁器の特性は、出土点数の多さだけでなく、立地にある。博多以外の遺跡では二〇点以上の出土点数は出色であり、内陸部での出土を考えれば、博多での検品チェックを受けずに消費地まで持ち込まれた可能性がある。

祇園遺跡出土の墨書陶磁器は、一二世紀中葉~後半のものがほとんどで(表2参照)、白川の下流域にある二本木遺跡の一括埋納陶磁器や「綱司」銘陶磁器も、ほぼ同時期と捉えられる。有明海の沖合に浮かぶ宋船から艀船で白川河口まで運搬・集積したものを川船で運んだのか、あるいは陸路を使って搬入したと考えるのが自然だろう。二本木遺跡では多彩な陶磁器や墨書陶磁器が出土するから、この遺跡が中継点・結節点となって内陸の祇園遺跡まで運ばれたと想定しておきたい。

(4) 天草諸島

浜崎遺跡(天草市) 有明海の最南部は、天草諸島の下島と島原半島で狭められた早崎海峡で東シナ海に通じている(図1)。浜崎遺跡(天草市本渡)はこの有明海南端の出入り口にあり、下島から八代海に抜ける本渡瀬戸を扼する場所に立地している。

建物跡などの遺構は未確認で、遺跡の性格も島嶼の拠点集落と想定されるがよくわからない。遺物は主に溝遺構から出土している。

土師器や在地系瓦器碗、滑石製石鍋、東播系須恵器のほか、輸入陶磁器の青磁・白磁の碗皿を中心に出土する。少数だが青白磁合子、磁竈窯系黄釉盤五点、褐釉四耳壺などもある。全体の組成は島原半島の伊古遺跡に似るが、滑石製石鍋や瓦器の比率は伊古遺跡が高く、一方、黄釉盤は伊古遺跡では出土しない。

注目したいのは、博多で非流通品とされる福建産の白磁碗(図7左)[大庭二〇〇四]と器形が似たものがあることで(図7右上)、仮に同じ白磁碗であれば「博多で撥ねられ流通しない商品」が搬入されていたことになる。同じ器形と

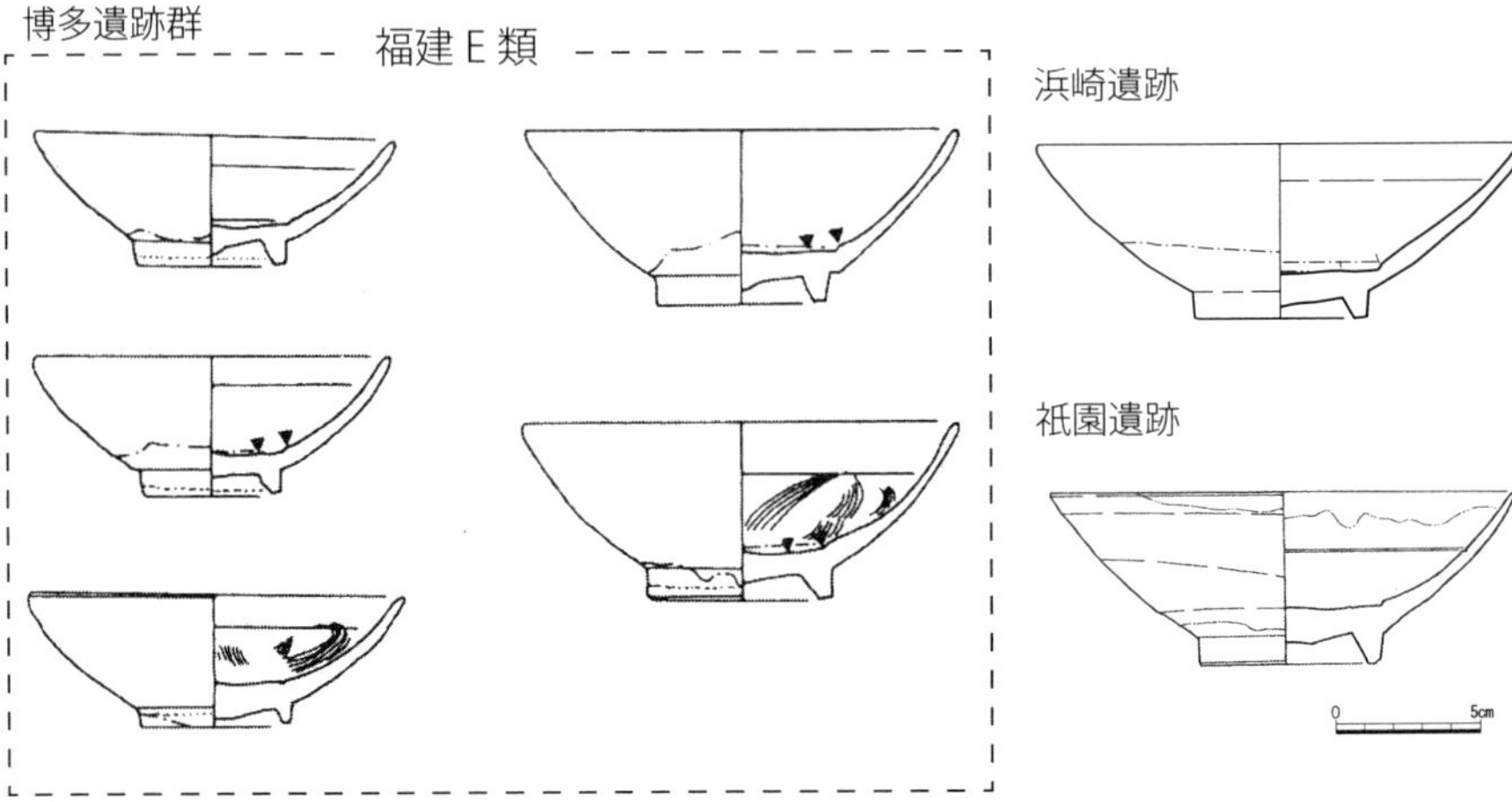

図7　福建系碗白磁比較図［大庭 2004］（点線内）

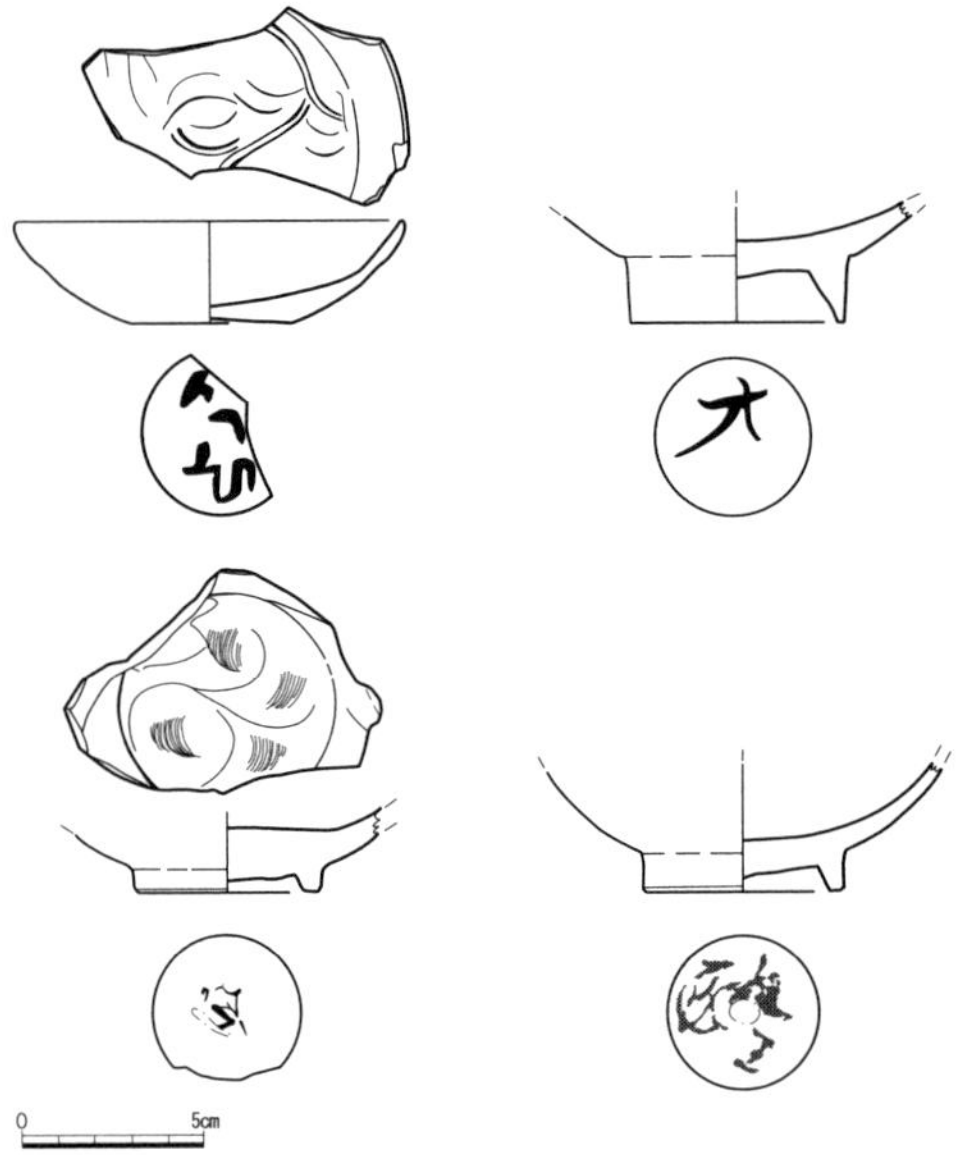

図8　浜崎遺跡出土墨書陶磁器

考えられる白磁碗は祇園遺跡からも出土しているため（図7右下）、博多で破棄されて国内流通に乗らないはずの粗製品が、有明海南部の西と東に分布していることを示す。

墨書陶磁器は六点あって、判読できるのは「大」銘と花押と考えられるものである（図8）［中山二〇一八］。一二世紀前半代の可能性を持つ器もあるが、時期認定が確実な資料は一二世紀中頃～後半である。「大」字銘は、博多でも多数出土しており、中国福州市屏山遺跡にも見られるから、中国で記された墨書であろうか。

最近になってようやく有明海全域にまで墨書陶磁器の分布範囲が広がることがわかってきたが、奄美諸島の与路島でも「荘綱」銘の墨書陶磁器が一点だけ採集されている(図9)。「荘」が中国人名であれば、「荘グループ所属商品」を示すことになるのだろうか。出土資料ではないから慎重でありたいが、与路島が宋船の航海ルート上にあったのか、たまたま漂着したものなのか、議論が分かれるところである。

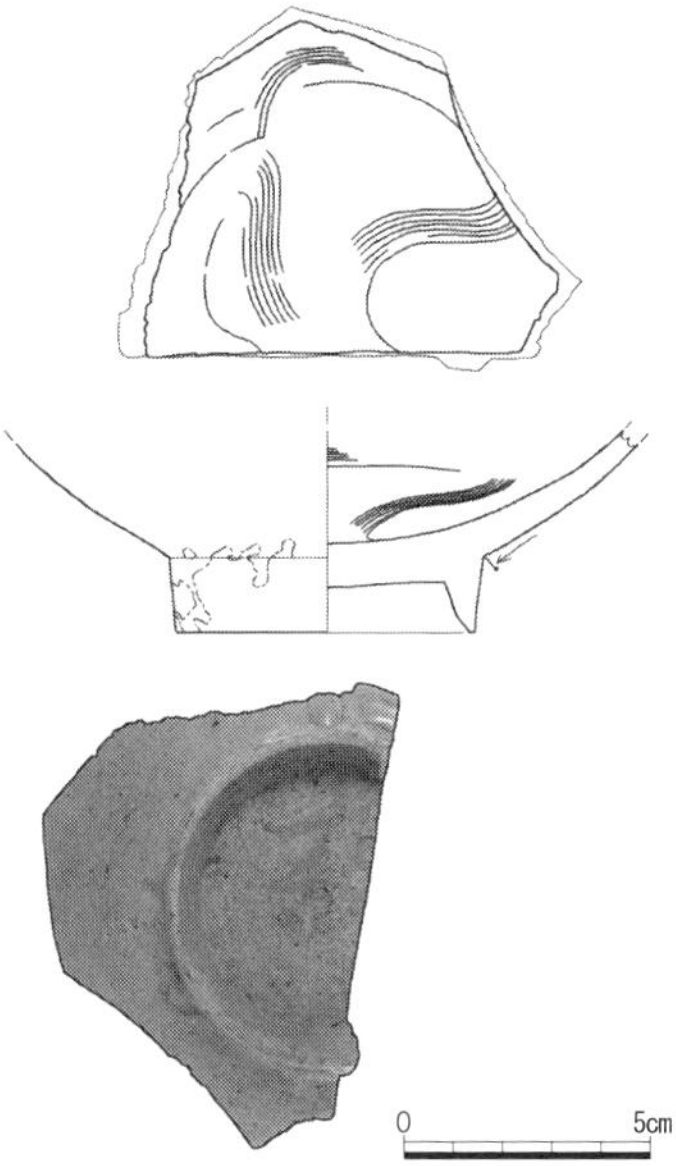

図9　与路島採集墨書陶磁器

カムィヤキA群の可能性が高い破片が浜崎遺跡で一点出土しているのも重要である。口縁部が欠けているため、年代特定は困難だが、一一世紀後半〜一三世紀前半までの年代観である[新里 二〇〇四]。カムィヤキの分布は大村湾岸の竹松遺跡が北限で、「中・南部九州が分布から欠落」していると指摘されていたが[大庭二〇一七]、浜崎遺跡のカムィヤキはこの分布を補い、有明海内部への南島産製品の流入を示している。

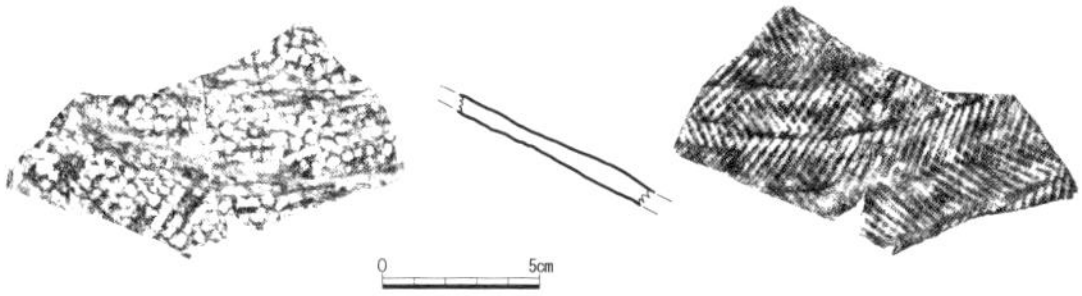

図10　浜崎遺跡出土カムィヤキ破片

3　有明海の地域間交流

輸入陶磁器ばかり検討してきたので、国産の土器・陶磁器から有明海内での地域間交流の足跡も少し紹介してみよう。

浜崎遺跡では在地産と思われる瓦器椀が出土する。浜崎遺跡の在地系瓦器椀は「天草型瓦器椀」とされ(図11上)[森

一九九二、美濃口 二〇〇六］、天草諸島内でも浜崎遺跡以外では見つかっておらず、浜崎遺跡の所在する本渡地域で生産されたと考えられる。

天草型瓦器椀の分布は、大村湾沿岸の白井川遺跡、島原半島の伊古遺跡、有明海と大村湾に挟まれた諫早御屋敷遺跡から数点ずつ出土しているのに対して（図11）［柴田 二〇一二］、浜崎遺跡では肥前南部型の瓦器椀が出土するのである。本来、在地で消費される瓦器椀が両地域で相互に出土しているのは、地域間の交流を示す可能性が強い。とりわけ、離島の天草下島にある浜崎遺跡に肥前南部型の瓦器椀が搬入されるのは、船を使った人の移動に伴うものとしか考えられない。

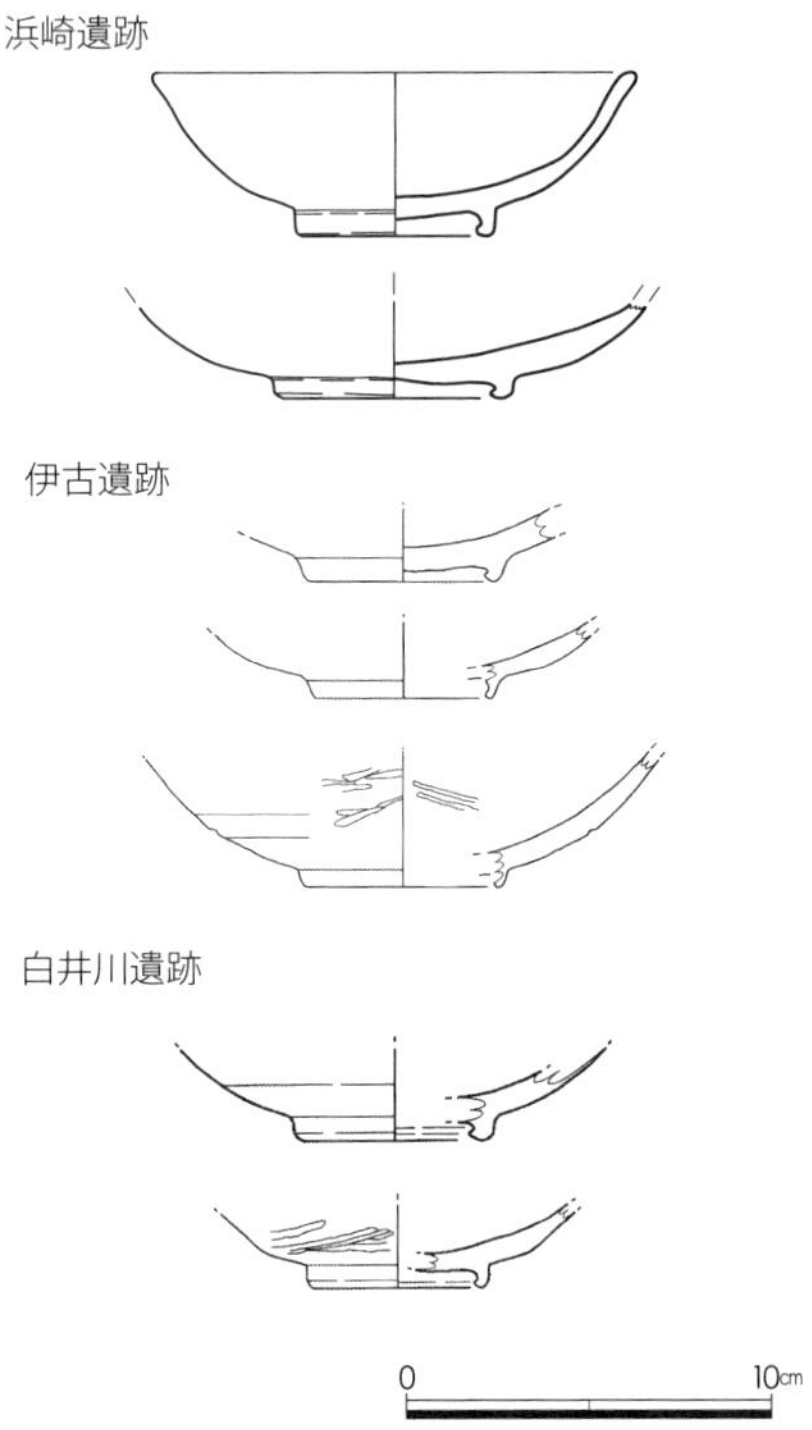

図11　浜崎遺跡・伊古遺跡・白井川遺跡の天草型瓦器椀

天草下島と島原半島北端や大村湾沿岸を結ぶ船舶の往来には、何らかの目的があったはずだが、天草下島の人々が有明海を北上するのは滑石製石鍋の入手が推測されるとの指摘もある［柴田 二〇一二］。一方、天草で産出される商品には砥石があって、中砥である天草砥は鎌倉や青森十三湊まで供給される広域流通品であったという［汐見 二〇〇二］。残念ながら報告書の実測図やモノクロ写真では砥石の産地がわからず、天草砥が有明海沿岸にどれほど分布しているのかを明らかにすることはできない。

国産の搬入品としてよく知られるのは一二世紀代の東播系須恵器で、有明海沿岸の遺跡でも通有に出土し、畿内からのモノの動きを教えてくれるが、一三世紀代に入ると熊本県荒尾市で生産される樺番城系須恵器が有明海内の遺跡で数量を増してくる。その分布は有明海内の中世前期の遺跡に濃密で、生産地が有明海内の流通に適していたことを示している[美濃口 二〇〇六]。樺番城系須恵器が東播系須恵器を駆逐するような状況があったのかどうかは、今後の検討が必要である。

時代は下るが、天草諸島の戦国期の城館遺跡では、広域流通品とされる備前焼擂鉢の出土が極めて少ない。代わりに樺番城の系譜をひくと考えられる在地系の須恵質擂鉢が多い。同様の色調や硬度で格子叩きを持つ甕も多い。生産地は明瞭ではないが、有明海沿岸に濃密に流通していたのは間違いないであろう。天草の城館では在地系の製品が容易に入手できるため、備前系擂鉢が入る余地がなかったのであろう。九州では、輸入陶磁器が多数出土するため、国産の在地系土器・陶器、狭域流通品の分析が等閑視される傾向にあるが、今後は在地系の焼き物も含めた上で地域相や時代相を捉える必要があるだろう。

おわりに

最後に指摘できたことを再整理しておこう。

①有明海沿岸の中世前期の遺跡は、海に面した沿岸でなく、やや内陸の河川の中・下流域に立地している。内陸への物資搬入を意識していたのだろう。

②菊池川河口の採集資料や熊本市二本木遺跡では、輸入陶磁器の多さが目立つ。二本木遺跡では一二世紀後半の四〇点を超える一括埋納遺構があり、この時期に輸入陶磁器の消費量が増大している可能性が高い。

③墨書陶磁器が熊本県内各地の遺跡から出土し、特に二本木遺跡では「綱司」銘の墨書陶磁器がみられ、白川を遡った内陸の祇園遺跡でも二〇点を超える出土がある。墨書陶磁器の時期はほとんどが一二世紀中葉～後半で、②の様相と符合する現象である。

④浜崎遺跡・祇園遺跡では、「博多以外に流通していない福建系白磁」があったが、博多遺跡群の資料は一二世紀前半であり、墨書陶磁器の動向よりやや早い。

⑤磁竈窯系盤が有明海沿岸に一定量分布していることがわかった。③④の現象と併せて考えれば、博多を経由しない物資の搬入が想定でき、大庭康時が指摘する「小規模な交易拠点が点在していた」ことを有明海でも確かめら

れた［大庭二〇一九］。
⑥浜崎遺跡でのカムィヤキの出土は、南島と有明海をつなぐ海上交通を想定させる。
⑦地域間の交流は実態を把握できるほどの考古資料に恵まれないが、有明海の内水面交通は間違いなく盛んであっただろう。今後の課題である。

祇園遺跡の二〇点を超える墨書陶磁器や多量の磁竈窯系製品は、周辺の遺跡と比べて突出しており、博多を経由せずに有明海に入航してきた宋船の影響を考えることもできる。「綱司」銘墨書陶磁器を出土した二本木遺跡が宋船の積荷を下ろす荷揚げ地の役割を担ったと想定することも可能だが、今後の出土遺物や遺構の分析を待たなければならない。いずれにしろ、宋船の有明海入航を考古学で検証するには、船体遺跡の発見が望まれるが、いまのところ中国船が装備していたことが確実な碇石も沿岸部には確認できない。将来の水中考古学の進展に期待したいところである。

さて、有明海沿岸の各地と博多遺跡群を比べると、遺物の出土量・質ともに博多は桁違いである。本章では有明海沿岸の「小規模交易」の可能性を探ってみたが、有明海にはさまざまな船が行き交い、宋船も入航していた可能性はあると考えている。しかし、どこをめざして宋船が入るのか、ハブ港的な拠点が有明海にあったのか、荷揚げされた物資がどのように各地に流通していくのか、現時点では全く不明である。深堀遺跡で出土した中国系瓦や二本木遺跡の「綱司」銘墨書土器を評価して「中国商人居留区」の存在を想定することも選択肢の一つにはなるが、現状の考古情報では慎重な判断が求められるだろう。

中世後期になれば、橋本雄らが指摘するように、一四世紀中葉から一時期、琉球〜高瀬ルートが存在したことがわかる史料が確認されている［橋本二〇〇五］。また、戦国期になると高瀬は補陀落渡海の拠点となり、大友宗麟が高瀬から大砲「国崩し」を輸入したこともあった。また有馬氏による口之津港への南蛮船誘致もあり、有明海は国際的な様相をさらに強める。一方、九州各地を宣教したアルメイダが海賊に襲撃され［鈴木二〇一〇］、島原半島の加津佐や天草諸島の佐伊津などに海賊がいたことが明らかなように（ルイス・フロイス『日本史』）「荒ぶる海」という性格もあった。

中世後期の記録に残るこのような性格を考古学で実証できる遺跡は、管見の限りではほとんどない。佐賀県では千葉氏の千葉城跡、有馬氏の日野江城跡、熊本県では菊池氏の隈府土井ノ外遺跡、名和氏の宇土城跡、天草上津浦氏の上津浦城跡等で発掘調査が行われ、中国や東南アジアの希少な陶磁器が消費されたことが判明しているが、有明海をめぐる中世の都市・港湾の実態はまだまだわからないことばかりなのである。

壱岐・対馬

柴田　亮

はじめに

朝鮮半島まで六〇キロ前後の距離にある対馬では、天候が良ければ北西の沿岸から半島を眺望でき、対馬から南東方向に約八〇キロ向かうと壱岐に至り、そのまま南東に七〇キロほど下ると博多に到達する。現在の高速艇だと一〜二時間もあれば、対馬—壱岐—博多を移動できるこの航路は、日本と大陸を結ぶ主要なルートとして多用されてきた。現在の長崎県域にある壱岐・対馬が、旧国名で壱岐国・対馬国の一国一島の島であったことは、両島が半島と大陸との関係で歴史的に重要視されていたことの証でもある。

中世壱岐・対馬を語るうえで欠くことができないのは倭寇の活動であろう。倭寇に関しては、佐伯弘次による詳細な研究があるため詳しくは述べないが、一五世紀代の朝鮮では壱岐・対馬と松浦地方の三地域は「三島」と呼ばれた。一四世紀中頃から、倭寇は「三島」を中心に活動し、高麗などに甚大な被害を及ぼしたのである［佐伯二〇〇六］。倭寇の歴史に関しては、文献史学の先行研究が蓄積され［李領一九九九など］、宗家文書を利用した対馬宗氏の研究も盛んである［荒木二〇一七ほか］。対して、文献史料が少ない時期では、考古学からのアプローチが有効になるであろう。そこで本章では、考古学の視点から両島の中世遺跡を俯瞰したとき、どのような歴史が描かれるのか探ってみたい。なお、本章では、在地土器の椀・皿・坏という中世的土器様式が九州内で確立する一一世紀後半から江戸幕府成立までの一

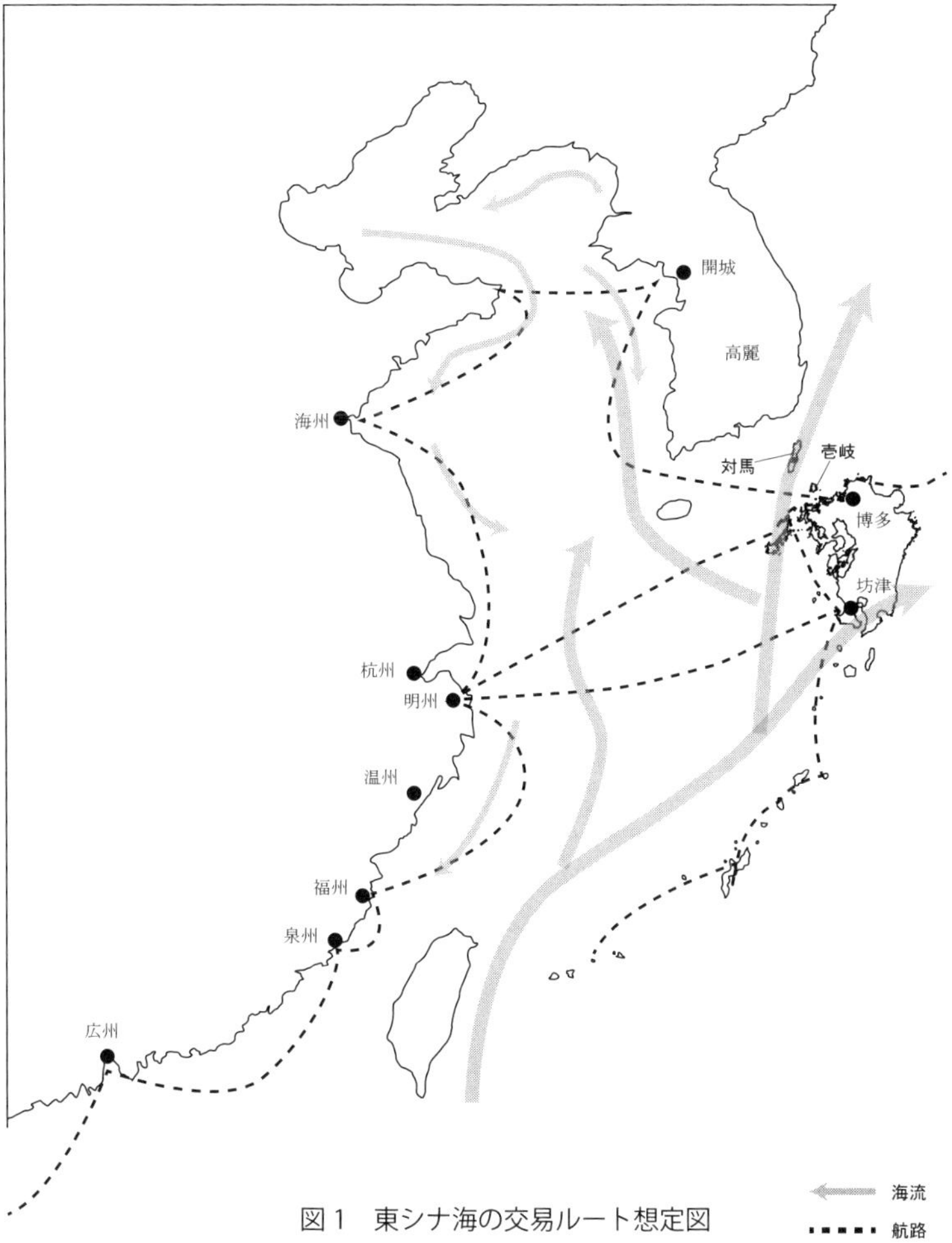

図１　東シナ海の交易ルート想定図

六世紀を中世とする。

1　壱岐

壱岐は、南北約一七キロ、東西約一四キロ、面積約一四〇キロ平米を測る。車で二〜三時間あれば、一周できる広さである。島の起伏は小さく、最も高い山でも二一三メートルに過ぎない。島の中には、いくつかの平野があり、島嶼では珍しい穀倉地帯として知られている。

壱岐は、「一支国」として、弥生時代から古墳時代にかけて、すでに交易に関する重要な役割を果たしていた。弥生時代には、原の辻遺跡が船着き場や祭祀場を備えた交易の

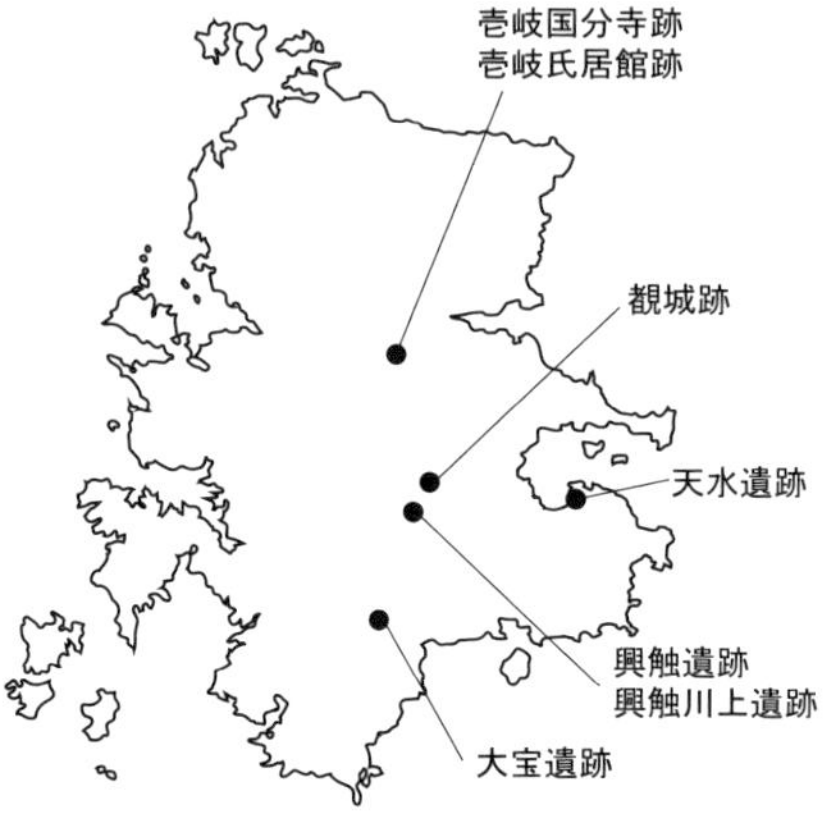

図２　壱岐主要遺跡分布図

拠点として成立しており［宮﨑二〇一二など］、古代には国府や国分寺が置かれていた。壱岐が海上交通の要衝として古代から利用されていたことがわかるが、中世にはその役割がどのように変わっていくのか、遺跡を紹介しながら追いかけてみよう。

興触遺跡・興触川上遺跡（芦辺町湯岳興触付近）　壱岐の東南部には島内で最大の平野となる深江田原がある。この一帯は、弥生時代に一支国の首都として有名な原の辻遺跡が所在するように、古くから壱岐の中心的な場所のひとつであった。興触遺跡・興触川上遺跡は平野北西部の外縁にあって、平野の北から伸びてくる尾根の舌状台地上に展開し、周辺は谷が入り組んだ複雑な地形を呈している。標高はわずか八～一八㍍以内で、両遺跡は出土遺物等に共通点も多く、一つの集落遺跡なのであろう。複数回の発掘調査が実施され、柱穴や地鎮遺構、水田跡などを検出している。遺物では律令期の緑釉陶器や越州窯系青磁などが見られ、一一世紀後半から一二世紀頃の貿易陶磁がまとまって出土する。近年では、土師器の分析も行われており、九州地方の影響をうけていることが明らかになっている［柴田二〇一九］。

大宝遺跡（郷ノ浦町志原南触）　壱岐の南西部を流れる幡鉾川とその支流が形成した河岸段丘上に遺跡は立地する。遺跡周辺には、複数の低丘陵や微高地が広がり、遺跡の背後にも低丘陵が迫る。複数回の範囲確認調査や本調査が実施され、古代から中世の掘立柱建物や溝跡、遺物包含層を確認している。出土遺物には九世紀頃の越州窯系青磁が混じり、古代から大宝遺跡周辺が要衝地であったことが想定できる。中世の遺物では、福建産白磁や龍泉窯系・同安窯系青磁など、一一世紀後半から一二世紀代のオーソドック

図３　観城跡出土東南アジア陶磁器

スなものが主体になるが、青白磁合子といった希少な陶磁器も混じるため、古代から集落は継続していたのであろう。中世後期の遺物には朝鮮王朝期の陶磁器があるが、前代に比べると出土量は減少している。

観城跡（芦辺町湯岳本村触）　壱岐は元寇のあとに、松浦党の志佐、佐志、鴨打、呼子、塩津留の五氏により分治され、『海東諸国紀』（一四七一年成立）によると、一五世紀中頃までは分治が続いていたようである。この五氏のうち、志佐氏の拠点と考えられるのが観城である。壱岐島の中心から南東約二キロに位置する観城跡は、舌状の台地を堀切によって寸断した楕円状の山城であり、曲輪の周囲を堀が取り囲んでいる。近世初頭までの削平によって、一四・一五世紀の遺構をとらえるのは困難なようであるが［長崎県教委編 一九九七］、複数の柱穴群や溝跡が確認されている。

出土遺物は中国・朝鮮・ベトナム・タイ産の陶磁器、瓦質すり鉢・火鉢、土師器、銭貨などで、貿易陶磁と国産土器の割合は三四％対六六％となる。貿易陶磁の内訳は中国七一・六％、朝鮮二六・四％、東南アジア二％で、中国産の陶磁器には粗製品や雷文帯を持つものがあって、主体は一四世紀～一五世紀となる。鎬蓮弁文を持つ一三世紀代の龍泉窯系青磁も含むから［壱岐市教委 二〇〇六］、周辺には一三世紀前後にも集落が展開していたことがうかがえる。観城跡の特徴は、土師器皿が一定量出土することで［川口 二〇〇四］、遺物の様相は本土の中世遺跡に近い。ただし、ベトナム産の陶磁器は長崎県域でも出土事例が少なく、後述する対馬水崎遺跡などで確認されるにすぎない。

壱岐国分寺跡・壱岐氏居館跡（壱岐市芦辺町国分本村触） 島の中央部、標高一〇〇㍍前後の丘陵に遺跡はある。両遺跡は隣接し、式内社国片神社の社務所や鳥居の移転に伴って発掘調査が行われ、柱穴や堀などが確認された。出土遺物に古代の須恵器が含まれることから、概ね古代の遺物が主体になるようだが、土師器皿や坏、一二世紀代の貿易陶磁も認められる。壱岐国分寺跡では、八世紀後半から一〇世紀代の貿易陶磁器が出土し、壱岐氏居館跡も古代から一二世紀頃まで継続していたものと想定できる。

天水遺跡（壱岐市石田町山崎触字川地） 島の南東側に位置し、内海湾の奥まった部分の丘陵上に立地する。遺跡からは炉跡・地鎮遺構等が検出されている。遺物の四〇％以上を占める中近世陶磁器には、ベトナム産をはじめ中国・朝鮮産陶磁器が含まれる。遺跡内からは、地鎮に用いられたと考えられる銭貨も三〇枚出土するが、六二一年初鋳の開元通寳から一六九七年初鋳の寛永通宝までみられることから、古代以降近世まで営まれた小規模集落と考えられる［石田町教委 二〇〇二］。

2 対馬

対馬は、南北八二㌔、東西一八㌔、面積約七〇〇㌔平米を測る。海岸の総延長は九一五㌔に及ぶ。上島と下島からなる対馬は、標高二〇〇〜三〇〇㍍の山々の多くが海岸付近まで迫っており、場所によっては海から訪れた人を拒む姿を見せる。しかし、上島と下島の間に位置する浅茅湾に

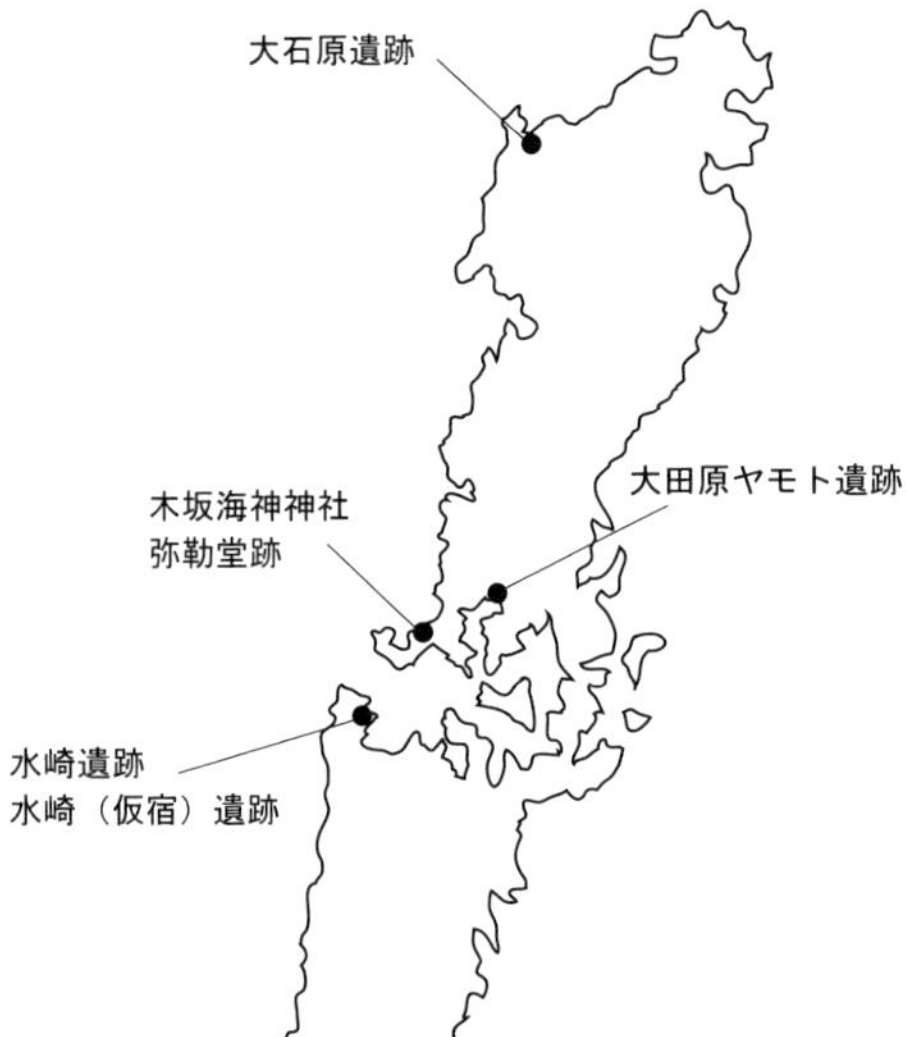

図4 対馬主要遺跡分布図

は複雑なリアス式が広がり、倭寇の格好の住処になっていたことが知られる[佐伯二〇〇六]。対馬は、陸地の九〇%近くを山林が占め、対馬の地質はほとんどが堆積岩からなるため、泥岩や砂岩が多い。これらの保水性が悪い地盤に加えて、対馬において耕地として使用できる面積は、全体の〇・三%しかない。島の土地柄から対馬の人々は『魏志倭人伝』に記されるように、「海物を食して自活し、船に乗りて南北に市糴(＝交易)」しなければ暮らせなかったのである。

図5　木坂海神神社

木坂海神神社弥勒堂跡(上県郡峰町)　対馬中央部の西岸にある神社敷地に含まれる遺跡で、標高一〇〇㍍付近にあるため、神社に至る長い階段を登りきると、海の眺望がさっと開けてくる。発掘調査は神社本殿のすぐ下の狭い範囲で実施され、土師器・瓦器のほか中国産と朝鮮産の貿易陶磁が出土した[峰町教委一九九三]。主体は中国産だが、およそ九世紀から一〇世紀頃の越州窯系青磁がごくわずかに混じり、一一世紀後半から一二世紀の陶磁器が多い。貿易陶磁の器種(質)をみると、椀・皿といった供膳具が主体であり、合子や小壺といった特殊品はほとんど見られない。大型の壺・瓶類のほとんどが高麗産であるのも特徴である。

高麗陶器の時期は一二世紀が主体で[主税二〇一三など]、高麗青磁もみられるが、高麗陶器の分布が限定的であることや、出土数の全体に占める割合が非常に少ないことから[柴田二〇一八]、陶器自体が商品ではなく、高麗の人々が対馬を訪れる際のコンテナ(容れ物)としての用途であったと考えられる。当時の商人はほとんどが宋商人であることや、高麗の在来船(平底の船体)が遠洋航海に耐えないと明言している史料が残っていることはすでに指摘されており[榎本二〇一〇]、出土する高麗陶器が貿易品でないことを示唆している。

この他、特徴的なものは、土師器を燻すことで瓦質に仕

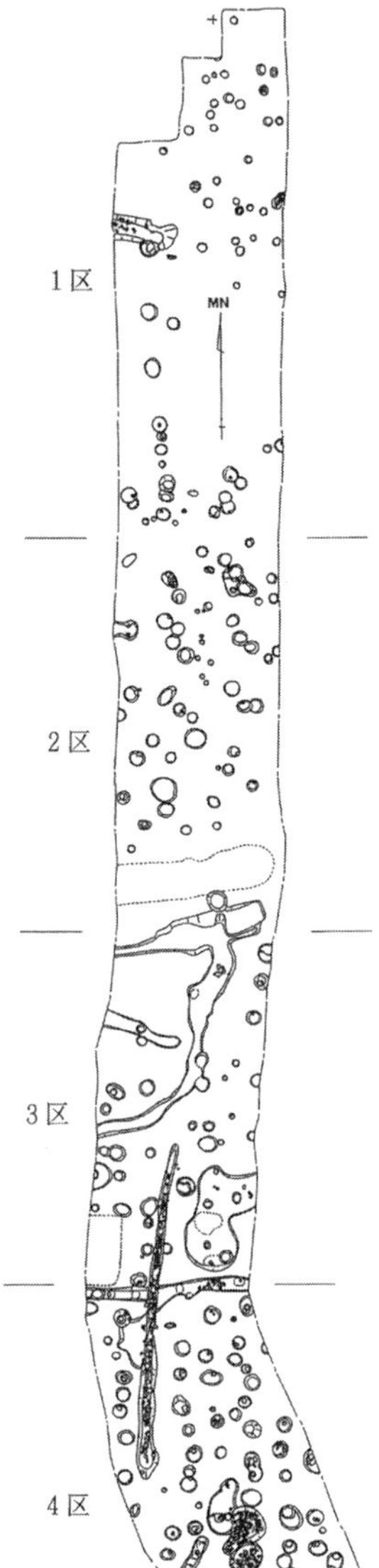

図６　大石原遺跡遺構図
（長崎県教委 1996）

上げた瓦器椀がある。製作技術は全体的に簡略化の傾向にあり、技法自体は九州本土と共通点が多いものの、器形はバラエティに富む［柴田 二〇一八］。出土点数が限定的であることを踏まえると、九州本土から対馬を訪れる人々が携えてきた可能性が高い。

大石原遺跡（上県町佐護字屋敷畑）　対馬北端付近、中山川右岸の細長い扇状地に所在する。この扇状地は対馬でもっとも広い平野であり、平野の両脇には山々が連なるため、遺跡はやや奥まった印象を受ける。大石原遺跡では一二〜一三世紀頃の遺構・遺物を確認しており、掘立柱建物一〇棟、土坑・溝など複数の建物から構成される遺跡で、発掘で掘立柱建物が検出されたのは大石原遺跡が最初である［上県町教委 一九九六］。遺物には華南産白磁や龍泉窯系・同安窯系青磁、高麗青磁、朝鮮産無釉陶器、土師器、東播系須恵器鉢などもあり、建物の規模や遺物の組成から、在地の有力者に関わる遺跡とみてよかろう。

遺物の比率をみると、貿易陶磁が主体であって、貿易陶磁と在地土器の割合が八対二となる。また貿易陶磁の割合は、中国産と朝鮮半島産は約一対一だが、遺物総量での比較になるため、時期ごとに細分化する必要があるものの、朝鮮半島産陶磁器の多さは注目できる。大石原遺跡で特筆すべきは、畿内産瓦器椀が出土する点で、和泉型瓦器椀のⅢ期（一二世紀後半〜一三世紀第４四半期頃）に相当するという［橋本 二〇一八］。畿内産瓦器椀は中央の権門（荘園領主）に関わる遺跡で出土する傾向にあり、朝鮮半島に最も近い遺跡での出土となる。畿内産瓦器椀の出土と朝鮮半島産陶磁器の多さは、大石原遺跡一帯に割拠した在地の領主が、中央の権門に関わる経済活動と結び付いていたことを想定できる好例となろう。

図７　水崎遺跡遠景

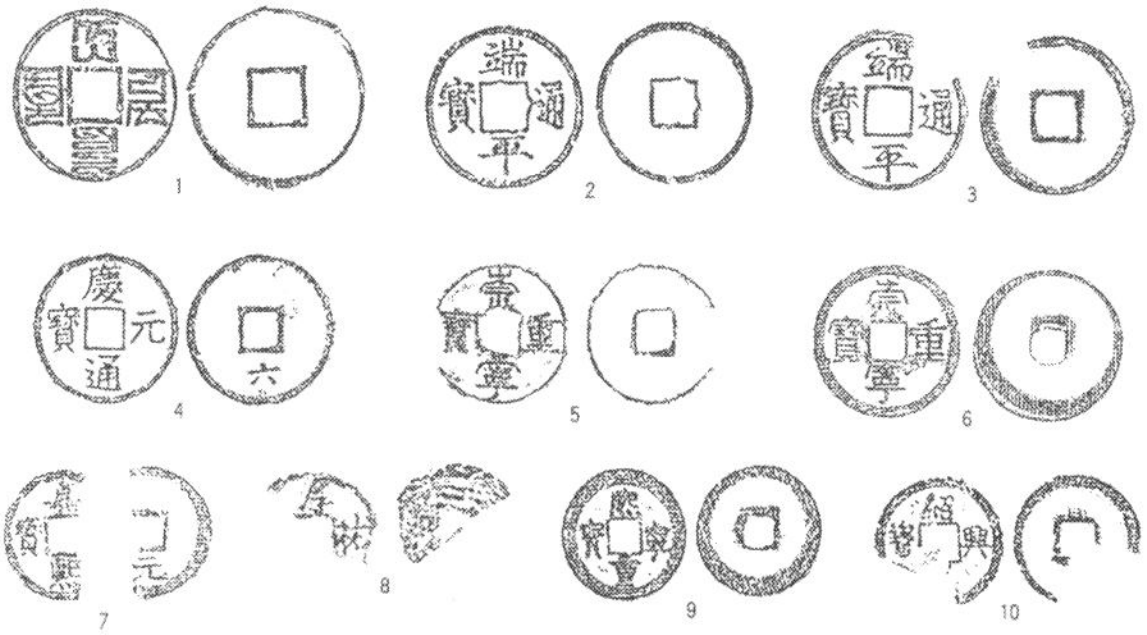

図８　水崎遺跡出土大型銭（美津島町教委 2001）

水崎遺跡・水崎（仮宿）遺跡（上県郡美津島町）　対馬の倭寇である早田氏の拠点とされ、下島の北西、浅茅湾に面した尾崎浦に遺跡はある。先述のとおりリアス式海岸が広がる浅茅湾は、海深に起伏のある遠浅の海で、複雑に入り組んだ地形を熟知した地元の人間でなければ、湾に出るとたちまち船を座礁させてしまうであろう。一四一九年の応永の外寇の際は、尾崎浦が真っ先に朝鮮軍に襲撃され、家や船が焼き尽くされたというが、発掘調査でも一四世紀後半から一五世紀前半を主体とする土層から焼土や炭化物が多くみられたのは当時の戦火の残滓であろう［美津島町教委 一九九九］。

出土する陶磁器は、中国や朝鮮、東南アジア産のものがあり、朝鮮産が七〇％以上を占める。中国産では雷文帯を持つ龍泉窯系青磁や小型袋物、馬上坏が含まれるが、商品的性格を想定できる出土状況ではない［川口 二〇〇四］。このほか、瑪瑙製石帯の出土も特殊で、日本での出土事例は少ない。この石帯の入手方法は、倭寇による略奪や朝鮮からの支給品、あるいは朝鮮への輸出品であったという三つの解釈が可能で、未だ結論をみないが東南アジアからもたらされた可能性も指摘されている［川口 二〇〇四］。また、銭の出土も特徴的である。中国銭が流通する中世では、なかでも大型銭（一文を示す小平銭の二倍以上の価値を与えられた銭）が博多・大宰府・琉球などでまとまってみつかることから、貿易都市や大型の港湾都市での商行為の決済手段として用いられていたと考えられている［小畑 二〇〇八］。水崎遺跡で出土した五五枚の銭うち一四枚が大型銭で、希少なパスパ文字の大元通寳を一枚含んでおり、倭寇の拠点で商行為が行われたことを示唆している。

3　考古学がみた中世の壱岐・対馬

壱岐・対馬の発掘成果を概観してきたが、中世の環東シナ海における日本を取り巻く対外情勢を踏まえて［榎本 二〇〇七］、中世壱岐・対馬を考えてみたい。これは中世の肥前西部の歴史的な展開は環東シナ海の情勢と不可分であると想定されるからである［柴田 二〇一九］。

一一世紀後半頃、宋代の中国では海外貿易の増収をめざして、貿易管理制度を整備するために市舶司を明州に設置し、日本と高麗の交易窓口を明州に一本化した。日本では、宋国の認可を受けた宋商人が博多に居住しながら交易を担う住蕃貿易［亀井 一九八六］が始まり、日本に流通する陶磁器の総量も一一世紀後半から一二世紀にかけて激増の一途をたどる。ただし、その住蕃貿易時代の壱岐・対馬から出土する貿易陶磁は、椀や皿といった供膳具が大多数を占めており、合子・壺などの希少品が極めて少ないという傾向が認められる［柴田 二〇一九］。このことは、壱岐・対馬が貿易港として機能していたわけではなく、貿易船の経由地としての側面が強かったことを示していると考えられる。対馬大石原遺跡から畿内産瓦器椀が出土するのは、対馬が独自に貿易体制を築いていたのではなく、京都とも関わる交易活動と連動していたことを示している。つまり壱岐・対馬は貿易品の集散地ではなく、日本の貿易経路上の要衝・中継地としての役割を果たしていたと考えられる。発掘でも陶磁器の一括廃棄遺構や特殊な建物跡は検出されず、在地集落の痕跡が主体となることも、この説を補強していると思う。

壱岐・対馬の特徴は、地政学的な条件のもと、一般に流通しない遺物が持ち込まれることである。高麗との関係は一つのメルクマールで、朝鮮半島統一の翌年となる九三七年に高麗は日本に牒状を送るも、公的な外交関係は拒絶されてしまうが、壱岐・対馬を通じての交流は多様な形で行われたようである[石井二〇一〇]。たとえば、対馬木坂海神神社に伝世する高麗青磁の梅瓶といった希少品は、公的な外交関係がなくとも高麗との交流があったからこそ、対馬にもたらされたとしか考えられない。

周知のとおり壱岐・対馬は刀伊の入寇(一〇一九年)や文永・弘安の元寇(一二七四年・一二八一年)で甚大な被害を受けているが、こうした緊張状態の中にあっても、一一世紀から一三世紀にかけての中国・朝鮮産の陶磁器が出土することからすれば、多様な交流は続けられていたことをうかがうことができる。

一三世紀中頃から一四世紀にかけて、九州では貿易陶磁を出土する遺跡が減少するようになる[新里二〇一八]。この現象は、幕府や有力な神社といった需要者主体の貿易へと変化した結果と理解されており[田中二〇〇八]、国内の貿易構造の転換期といえる。すなわち、中国商人の都合でもたらされた品々が国内に流通していた時代から、日本側の消費者ニーズにあわせた貿易商品の流通という構造の転換である。もちろん一二七〇年代に宋国を滅ぼしたモンゴル帝国との緊張関係も忘れることはできない。

壱岐・対馬でも九州本土と同じく、この時期の中国産の陶磁器量が減少するが、一四世紀頃から倭寇が活発化すると、壱岐覩城跡では朝鮮産の陶磁器が出土遺物全体のうち二六%、対馬水崎遺跡では七〇%を占めるように、朝鮮との頻繁な交流がうかがえるようになる。また、東南アジア産の陶磁器が出土することも興味深い。一四世紀以降になると、中国産陶磁器の搬入ルートに、中国の福建・広東あたりから琉球列島を経由して、九州方面へと北上するルートが新たに確立する[新里二〇一八]。壱岐を拠点とした志佐氏や対馬を拠点とした早田氏は、東シナ海の貿易を担う中で、琉球とも交流したことが知られるが、東南アジア産の陶磁器は琉球を介して入手したと考えられている［長崎県教委 一九九七］。

住蕃貿易の時代には、博多と琉球列島を結んだ交易が活発であったことが知られ［山里 二〇一二］、近年では長崎県大村市竹松遺跡から、一一世紀～一二世紀頃の徳之島産のカムィヤキが出土することが明らかになった［川畑・堀内 二〇一六］。カムィヤキの評価は慎重を要するが、出土点数が極めて少ないこと、大村湾沿岸地域は博多と琉球列島を結ぶ経済活動の影響を受けている地域であることから［柴田 二〇一五］、東シナ海を中心とした一連の交易の中で、大村湾内にごく一部が流入したものと解される。これに比べれば、一四世紀以降に見られる壱岐・対馬の陶磁器の出土状況は、両島が貿易に密接に関わっていたことを示しており、両島の主体的・能動的な状況が想定できる。

図９　豆酘所在内院宝篋印塔

一四世紀から一五世紀の貿易・交易に関係する人の動きは、石造物の分布でも看取できる。対馬・五島列島・平戸には、一四世紀頃から関西地方の花崗岩や福井県日引石（安山岩質凝灰岩）を用いた中央形式塔が分布することが知られる［大石 一九九九］。また、西彼杵半島西彼町からは、「海夫」銘の入る五輪塔の地輪も出土している。この地輪は一五世紀前半から中頃のもので、大石一久は海夫が石塔を立てる階層にまで成長したことを指摘している。中央形式塔が対馬などに持ち込まれたのは、広範囲に活動した海夫の活躍があったのであろう。ではこの海夫とは、どのような集団で構成されていたのであろうか。ここでは金銅仏に着目することで、その一端をみてみよう。

対馬の金銅仏を分析した狭川真一は、壱岐・対馬の渡来仏の多くが被熱している点と、金銅仏のほとんどが小型である点に着目し、一五世紀頃に始まった朝鮮での排仏政策によって火傷を負った仏像が、壱岐・対馬に亡命してきた僧侶によって携えられて渡来したのではないかと述べている［狭川 二〇〇四］。また、大型の金銅仏も一定量確認されること、対馬では大型の金銅仏が各郡の良港にうまく配分されたような分布状況にあることを踏まえ、小型の金銅仏とは別の搬入ルートがあったことも指摘した。大型の金銅

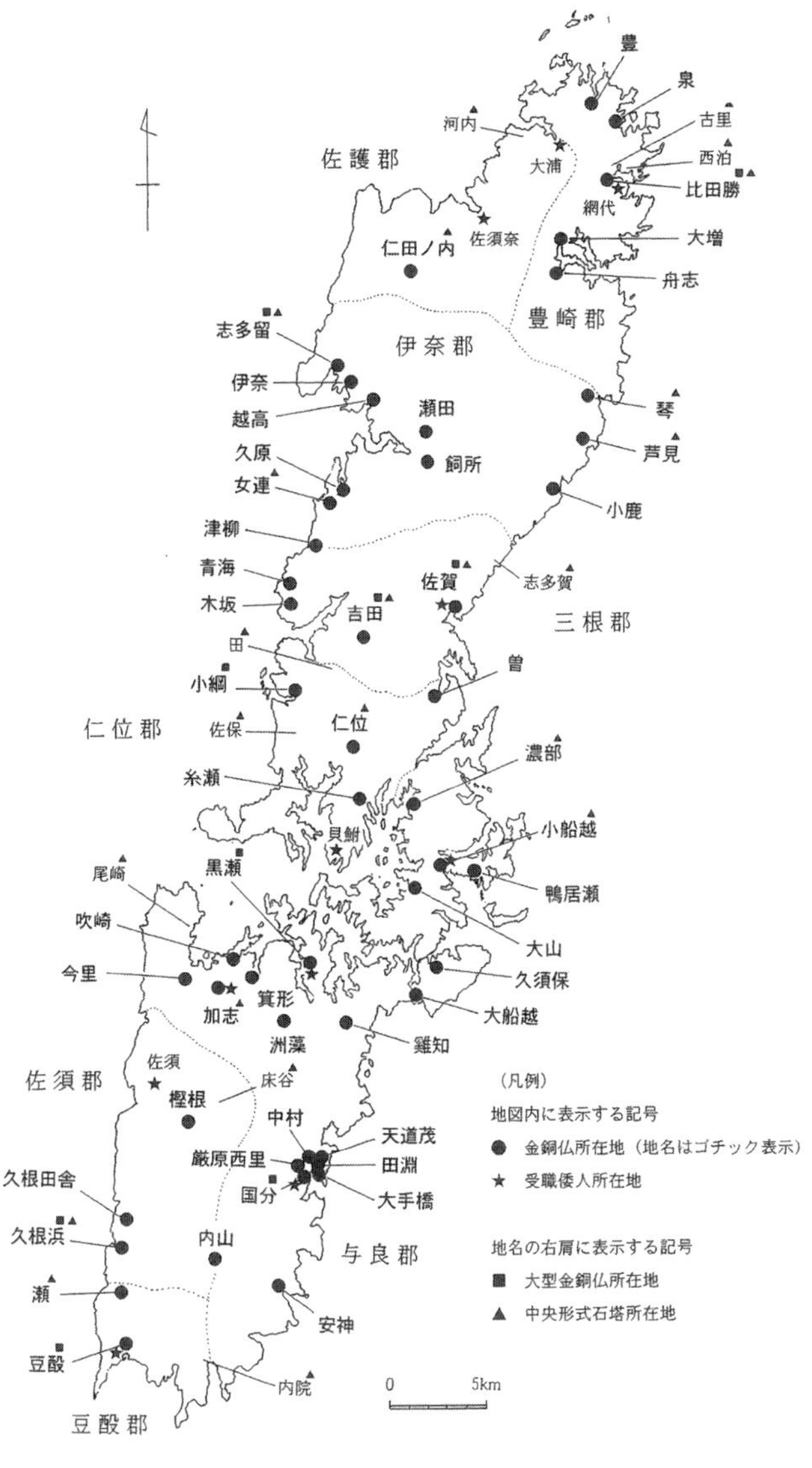

図10　金銅仏分布図（狭川 2004）

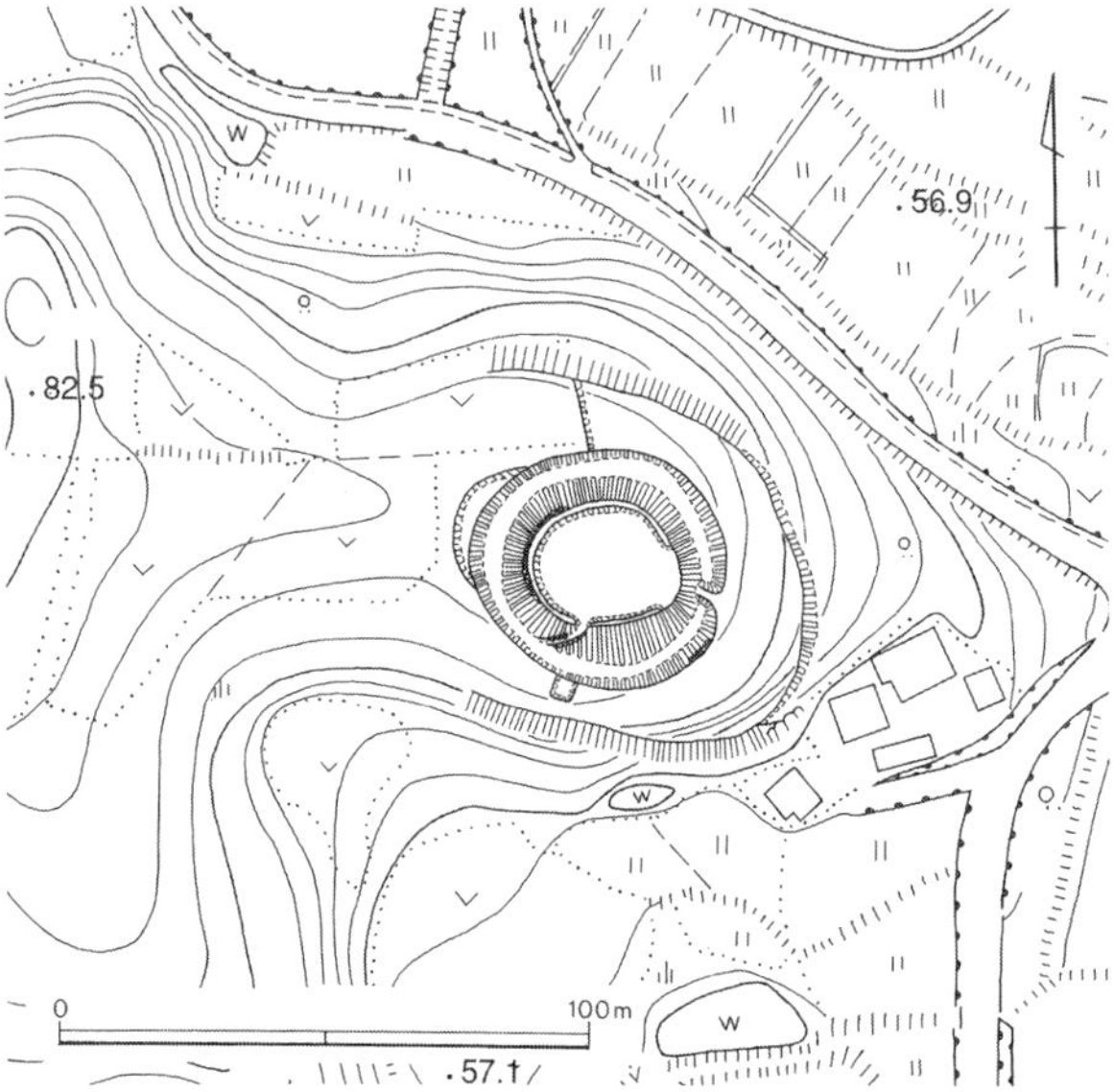

図 11　高津城跡縄張図（佐志氏）（長崎県教委 2011）

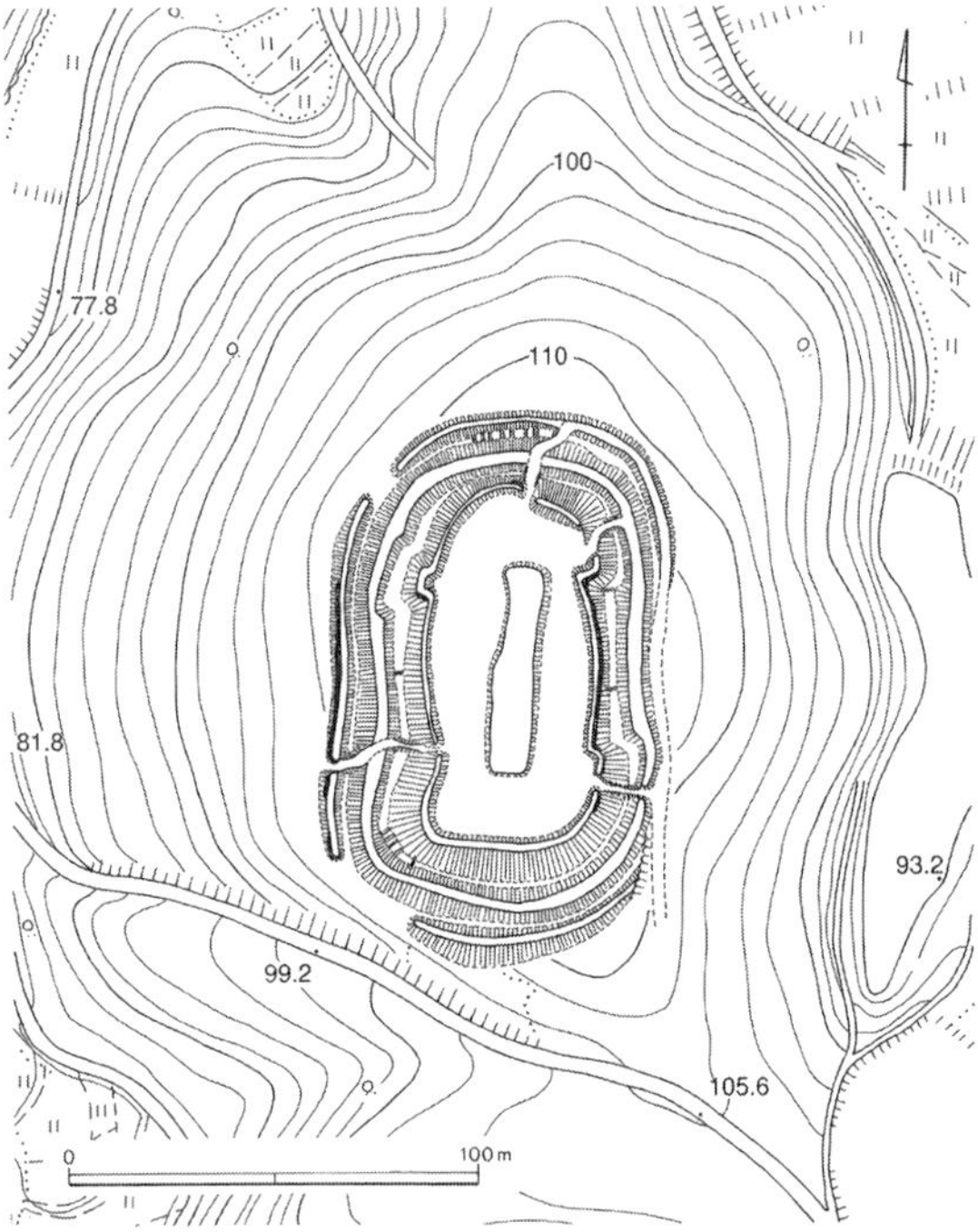

図 12　生池城跡縄張図（塩津留氏）（長崎県教委 2011）

仏を運んだ階層については、小型化した石塔群の分布と大型金銅仏の分布が類似する点から、『海東諸国紀』に記載のある「受職倭人」になった在地領主が担ったと想定するのである。

狭川の指摘した一連の視点は、高麗と対馬の関係だけでなく、対馬島内の在地社会における諸集団の関係を想定できることも重要である。金銅仏の分布に偏りがなく、良港ごとにみられるのは、在地の社会集団に図抜けた勢力がなく、均質であったことを暗示している。壱岐も状況は同じであって、一五世紀頃の壱岐の山城は、曲輪を円形に造成し、横堀で囲繞する特徴的な形状が共通して認められ、その分布は松浦半島北部まで確認される。城の規格や規模には突出するものがなく、山城を築いた集団の力関係に大きな差異を見出しにくい[林 二〇一四]。時期によっては集団ごとのパワーバランスに多少の変容はあっただろうが、比較的均質化した社会集団が割拠していたことがうかがえる。

壱岐と対馬の違いが、対馬に平地が少ないことは先に述べた。今でこそ対馬には縦断する国道が整備されているが、津浦間を移動しようとすると、海伝いでは車が進めない場合があり、国道に出てから再度津浦に入りなおす必要がある。現在ほど道路が整備されていない中世では、津浦間の移動の主流が船であったのは確実で、東シナ海をめぐる外洋航海だけでなく、小さな船による狭い範囲の活発な動きも見落とせない。対馬の住人も同規模の社会集団が割拠していて、小形の船を使った往来が盛んであったと思われる。

対馬の尾崎・仮宿地方の出土品を検討した佐伯弘次は、水崎遺跡の出土品は倭寇などの経済活動以外に、さらに広範な人的交流によっても入手された可能性を指摘する[佐伯 二〇〇四]。この指摘は、壱岐・対馬の歴史を考えるにあたって極めて重要で、環東シナ海域で展開する中世の経済活動や社会情勢の中に、壱岐・対馬の在地社会を見据える必要があることを示唆している。

発掘調査で出土する貿易陶磁でいえば、一一世紀後半から一三世紀頃のものは、器種・量ともに貿易港的な出土状況ではなく[柴田 二〇一九]、経由地としての側面が強い。また、壱岐で九州地方の影響を受けた土師器が出土し、対馬で畿内産瓦器椀や北部九州の製作技法を用いた瓦器椀が確認されていることは、壱岐・対馬ともに中世日本の枠組みの中にあることの証左になる。しかし、倭寇が活発化する一四世紀以降になると、東南アジア産陶磁器や銭による決済を示唆する大型銭が出土するように、貿易の要衝地としての性格が目立ち始める。

壱岐・対馬は、その特異な立地を背景に激動する中世社会に即応して、実に多様な顔を見せる。この多様性は、日本の中世を考える上で、九州・本土の分析だけでは見えてこない重要な視点を与えてくれる。今後、発掘調査の成果を積み上げて、多角的な視点を持って分析を試みていく必要があろう。

九州西北岸と五島列島
——国内外の文物が行き交う海域——

松尾　秀昭

はじめに

九州西北岸と五島列島を地図でみてほしい。複雑な地形をした海岸線と大小さまざまな島が浮かんだこの海域をたくさんの船が行き交っていた情景は容易に想像できるだろうし、当時の生活や生産の基盤となるほどの平野が極めて狭いことも、漠然としたイメージとして抱けるのではないだろうか。

この地域の人々には、今から約四万年前に中国・朝鮮半島を経由して渡ってきた航海者としての記憶がＤＮＡに刻まれているかのように、縄文時代には朝鮮半島の人々との交流により、多種多彩な文様をもつ縄文土器を成立させ、この地域で産出される黒曜石を国内外へと持ち出すなど、広範な活動が認められる。そして、弥生時代になると先進文化とともに、多くの渡来人の流入をいち早く受け入れた地域でもある。

ところが、その後の古墳時代の集落遺跡は極めて限定的で、その詳細は不明な点が多く、近年の発掘調査により明らかになりつつある竹松遺跡（大村市）を除くと、奈良〜平安時代後期までの遺物は出土するものの、生活様相を復元するには、今後の発掘調査の充実を待たなければならない状況である。

この「空白の期間」は今後の課題だが、古代末・中世になると、さまざまな文物を受け入れた動きが活発になり、遺跡で出土する貿易陶磁器はその広域の交流を示す代表的な

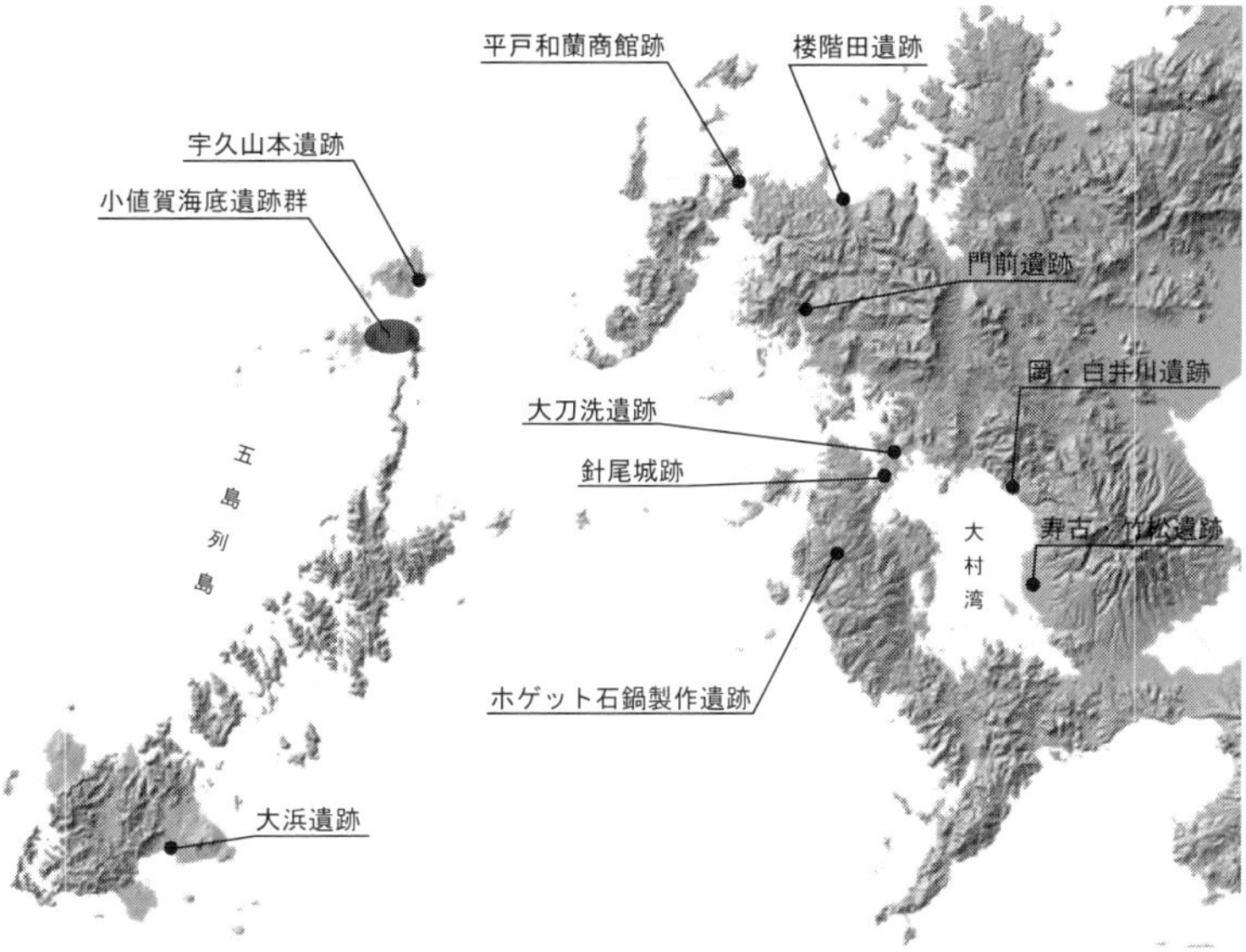

図１　西北九州と主要遺跡位置図

遺物になるだろう。ただ、紙類や織物、植物、香辛料といった品々が貿易船によりもたらされていることは古記録に確認できるので、大型の甕などは有機物の容器として利用されたあと、貯蔵具などとしてリサイクルされ、他の遺物とともに出土していることを考慮しなければならない。

　貿易陶磁器の甕に限らず、遺物が持ち込まれる経緯は一様ではなく、ましてや持ち込まれた先の遺跡内での使われ方や用途には相違がある。西北九州の特徴である入り組んだ海岸線には、当時、津々浦々で小さな集落が営まれ、それぞれに特有の文化が形成されていたと考えられているので、本章では地域差にこだわってこの海域をさらに小地域に分け、特徴的な遺跡を紹介しながら、九州北西岸と五島列島の人々が担った役割を考えてみたい。

1　各地域の概要

①最西端の海域～五島列島～

　対馬暖流が北流する五島列島西方の海域は、季節風にのった外洋船が東シナ海を往来する「アジア世界に通じる海の十字路」といわれている。そして、五島列島の中でも小値賀島は、大宝二年(七〇二)に再開した遣唐使船の航路上にあり、かつ国内寄港地として重要な位置にある。このことは、縄文時代以来から継続されていた朝鮮半島との交流ルートに加え、五島列島を南下し東シナ海を横断する航路が確立したことで、さらに多くの文物を受け入れる窓口としての性格も付加されることを意味する。また、遣唐使を遣わしたこの時代、海上交通の安全祈願は必要不可欠である。ましてや大宝二年の遣唐使船は、白村江の戦い以来の正式な国交回復を目的としたものであり、この前後に新たな渡唐航海の成功を願って、鳥居や社殿をそなえた畿内と同じスタイルの神社が相次いで創建された。国家的政策のもとで航路が確立していたことがうかがい知れる。

大浜遺跡(五島市浜町大浜)　五島列島南部の福江島にある大浜遺跡は、縄文時代後期以降の遺物が確認されているが、弥生時代までの環境変化により海岸線に沿って砂丘が広がる地形に変わっている。その砂丘の後背地に遺跡はあって、八世紀初頭から一二世紀を中心とした遺物が多く出土し、周辺遺跡の中でも特異な状況を示している。発掘調査では、海岸砂丘の後背湿地(沼地)であったことから遺構は確認されていないが、一二世紀以前の国産土器と貿易陶磁器が沼地へ投げ込まれた状態で出土している。国産土器と貿易陶磁器は概ね三：七の割合で出土し、貿易陶磁器は白磁碗を主体としながらも、高麗青磁など初期貿易陶磁器が多いこ

写真１　大浜遺跡出土遺物
１墨書土器　２円形透し器台
３・４緑釉陶器　５～８印花文土器

とに大きな特徴がある。古代の畿内産緑釉陶器や新羅印花文陶器、越州窯系青磁等の出土品をみると、遣唐使船が廃止された九世紀以降に寄港地としての重要性が後退しているかのようであるが、一一世紀からは九州の全体的な傾向と符合するように爆発的に貿易陶磁器が増加してくる。地理的特性を利した在地豪族の活発な動きに起因するのであろうか。

写真２　宇久島内採集遺物

宇久山本遺跡（佐世保市宇久町平字山本）　五島列島の最北端にある宇久島のうち、南東部の海岸線に近い標高約二〇㍍の微高地にある。建物跡などの遺構は発掘調査で確認されていないが、一二～一五世紀の国産の搬入品や貿易陶磁器が出土している。この宇久島の海域は東シナ海の横断または南下する航路の結節点にあたるため、島内の海岸線近くでは多くの遺物がいまでも採集できる。

発掘調査で出土した資料の中には、一三世紀前後の豊後・瀬戸内地域で生産された瓦質釜、一六世紀と考えられる防長系三足鍋など、限定的な調査にも関わらず長崎県内の本土にある遺跡では稀少な遺物が出土する。本土では、陸路や沿岸航海によるモノの間接的な物流も想定されがちであるが、六〇㌔も離れた離島への稀少な国産品の搬入は、貿易船によってもたらされる品々の獲得を目的に、本土側の有力者がこの島を訪れ、入手する機会を拡大していたことを示すと考えられる。

小値賀海底遺跡群と沖ノ神島神社（小値賀町前方郷・野崎郷）　小値賀諸島では継続的な海底遺跡の調査が行われ、前方湾海底遺跡で一一～一四世紀の国産土器と中国産陶磁器が出土し、山見沖海底遺跡でも一七世紀前後のタイ産陶器（四耳壺が主体）が一〇〇〇点以上出土している。この周辺海域では、これまでに一七本の碇石が確認されており、小値賀諸島が国際貿易港である博多に向かう日宋・日明貿易の貿易

写真３　海底遺物

写真４　前方湾海底調査「碇石」

船の寄港する重要な島であったことを証明している。

　なお補足しておくと、中国の貿易船は、竜骨と隔壁をそなえた大型帆船で、宋代の船の例でいえば船体の長さ約三〇㍍前後、幅一〇㍍前後、喫水三㍍以上、積載量二〇〇トン前後といわれている［石井 一九八三、木村 二〇一九］。これほどの大型船は水深五㍍以上なければ座礁の恐れがあるので、寄港するにも着岸はせずに沖合に投錨して碇泊するとされている。そのため必然的に碇石は大きくなり、確認された一七本の碇石も長さ二〜三㍍、重さ約一〇〇㌔を超えるものでもあった。小値賀島の周辺海域のように風よけできる小島があり、水深のある場所でなければ、中国船は寄港できないのである。

　また、沖ノ神島神社（野崎島）と地ノ神島神社（小値賀島）には一二〜一六世紀までの石造狛犬や湖州鏡、白銅鏡、中国陶磁器等が奉納されており、海域を往来する人々にとって重要な信仰対象であったと考えられている。

②多島に富む海域〜玄海灘・佐世保湾〜

海岸線の近くにまで山が迫り、狭い平野が沿岸のあちこちに見られる玄界灘・佐世保湾では、その狭隘な海辺の平野に遺跡が点在している。古くから海に生活の糧を求めてきた人々の営みは、弥生時代から近世までの複合遺跡がいくつも確認されていることで証明できるが、一一世紀中ごろになると貿易陶磁器が爆発的に増加する。中国の貿易船と接触することでもたらされたもので、古代の律令制度のもとで整備された公的施設が関係しているのではないかとも指摘されている［杉原 二〇一二］。玄界灘から佐世保湾のあいだには、彼杵郡の郡津、彼杵荘の外港としての門前遺跡だけでなく、海上交通の拠点・寄港地として想定できる遺跡が点々と確認されている。

門前遺跡（佐世保市愛宕町・中里町） 佐世保湾に注ぐ相浦川の下流域、海にほど近い標高約八㍍の河川沿いにある。中世の生活面は確認されていないが、数条の旧河川の腐植土内で古代末・中世前期の遺物が多く出土している。遺物が特に集中している調査区では、一二〇〇〇㎡のなかで約一万一五〇〇点が出土し、密度の濃さは県内でもトップクラスである。遺跡全体で見ると在地産土器が圧倒的に多いが、一〇世紀の防長産・洛北産緑釉陶器二五点、越州窯系青磁一六〇点、一一世紀後半から一三世紀までの畿内産瓦器一五六点、貿易陶磁器七〇四点と、それまでの長崎県内の調査事例と照合しても、極めて搬入品の割合が高いことが特徴である。また、遺跡のそばには円錐形の愛宕山（標高二五九㍍）が聳え、五島列島からも視認できるランドマークだったのではないかと思われる。この立地環境と遺物の出土状況に注目した杉原敦史は、「公的な港湾・官衙施設が考えられる」とし、さらに「彼杵荘の外港と交易港の機能」をもっていたのだろうと想定している［杉原 二〇一二］。ただ残念ながら官衙の施設にふさわしい遺構はまだみつかっていない。

写真５　門前遺跡と愛宕山

楼階田遺跡（松浦市志佐町白浜免字楼階田・日ノ前） 玄海灘に北面する標高約一五㍍の海岸段丘上にあり、松浦氏の拠

写真6　石敷道路状遺構

点の一つといわれているのが楼階田遺跡である。松浦氏は源久を祖とする系図が伝わるものの、本来は松浦・彼杵（一部）・壱岐・五島などに拠点を置いた、系譜を異にする在地領主たちの地縁集団で、平安時代後期には「松浦党」と呼ばれるようになるという［外山 一九八七］。

　発掘調査で確認できたのは、複数棟の掘立柱建物・製鉄遺構・土壙墓などだが、特に興味深いのが石敷道路状遺構の出土である。海岸線から丘陵にかけて約一三〇㍍も延びる道路は、両端を大きな石で区画し、その内部を小礫で敷き詰めていた。極めて計画的に施工された道路は、海岸から延びる先がどこに向かうのかは不明だが、ほかの遺跡の類似性から寺社に通じる参道であった可能性が指摘される［福田 一九八五］。

　出土遺物の時期は、一二～一四世紀が中心と考えられ、出土した約一万二〇〇〇点にも及ぶ中世の遺物は、驚くことに国産土器と貿易陶磁器の割合はほぼ同じで、貿易陶磁器では中国産白磁や青磁が九九％を超えている。在地産土器のほかには、畿内産の楠葉型瓦器も出土している。白磁碗の中には、中国宋代に活躍した貿易船の船主（貿易経営者）を示す「綱司」の墨書銘があって、中国からの船荷がこの遺跡で荷揚げされたことを暗示する資料となる。とはいえ出土したのはわずか一点のみで、博多のように二〇〇点を越すような状況ではない［大庭 二〇一九］。また七～一二世紀に鋳造された中国銅銭（一二枚）の出土も中国との関係を裏付けるものだろうが、博多との遺物量の差は歴然としているので、中国商船が博多に向かう途中で立ち寄る程度であったと考えられる。

平戸和蘭商館跡（平戸市大久保町）　本土と平戸島の間の狭

写真７　平戸和蘭商館出土遺物

い海峡を見下ろすように平戸和蘭商館はある。東アジアで活動するオランダの国内唯一の貿易拠点として慶長一四年（一六〇九）に設置された。発掘調査では、商館設置以前の遺構や遺物が確認され、一二世紀代の中国や朝鮮の陶磁器、一四世紀後半のベトナム陶磁器があり、最も出土量が増加するのは一六世紀〜一七世紀の朝鮮陶磁器である。一六世紀代に遺跡が最盛期を迎えるのは、一六世紀中頃に倭寇として著名な王直が明朝から逃れて平戸島に拠点を置き、日・明間の私貿易を行っていたことがあろう。王直が居住した遺跡はまだ未発見なので、今後の調査に期待したい。

③静寂の海域〜大村湾〜

時として荒波へと変化する東シナ海と、多くの島々が浮かぶ長崎県北部の海岸線に比べて、大村湾は「静寂な海」として知られる。大村湾には早岐瀬戸と伊ノ浦瀬戸の二つの狭い海峡があり、干満による急潮が各海峡で起こり、この海域を安全に航海するには「潮待ち」が必要不可欠であった。その痕跡は地名に残っていて、大村湾側に「津」・「泊」の旧地名があり、現在でも小型船の往来には「潮待ち」が行われている。この厳しい海峡をこえて湾内に一旦入ってしまえば、視野はさっと開けて穏やかな潮流に乗っての航行は可能であろう。しかし、大村湾は海岸線に沿った干潟が発達しているので、上陸には艀船の利用は必須だったと考えられる。中国の大型帆船がこの海峡をクリアできたかはなお検討を要しよう。

大刀洗遺跡（佐世保市江上町）　早岐瀬戸のやや大村湾側の独立丘陵上に大刀洗城があり、その機能の一部を担っていたと考えられる遺跡である。一五〜一六世紀の掘立柱建物や石垣、炭窯など多様な遺構が確認されている。なかでも直径約二五㌢の柱材が遺存していた約一二・五㍍×約六㍍

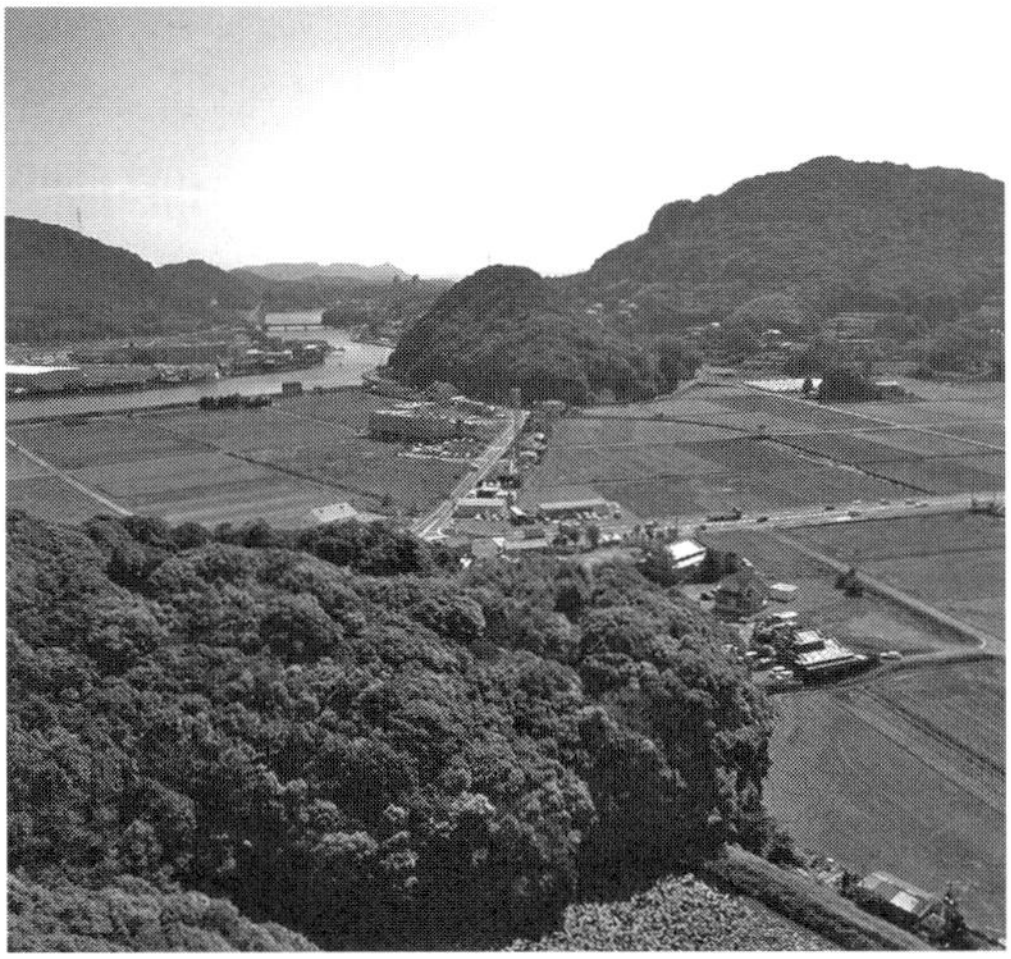

写真８　大刀洗遺跡と早岐瀬戸

の大規模な掘立柱建物は、中心となる建物であったと考えられる。この中心建物の遺構面と柱穴から出土した貿易陶磁器のうち、出土量が目立つのは朝鮮半島産の粉青沙器や良質な象嵌青磁である。半島とのつながりが強いことを示しているが、大刀洗城とセットになるこの遺跡は、佐志方氏の本拠地であったと想定されている。後述する針尾城を築城した針尾氏と交易利権をめぐって針尾島を二分するほどの政治的緊張が起こり、早岐瀬戸を通る船の監視強化と海上交通権の掌握を目的に佐志方氏は大刀洗城を築城したのだろうと考えられる。

針尾城跡（佐世保市針尾中町）　日本三大急潮の一つである伊ノ浦瀬戸に面し、丘陵頂部を平坦に造成した円形の曲輪

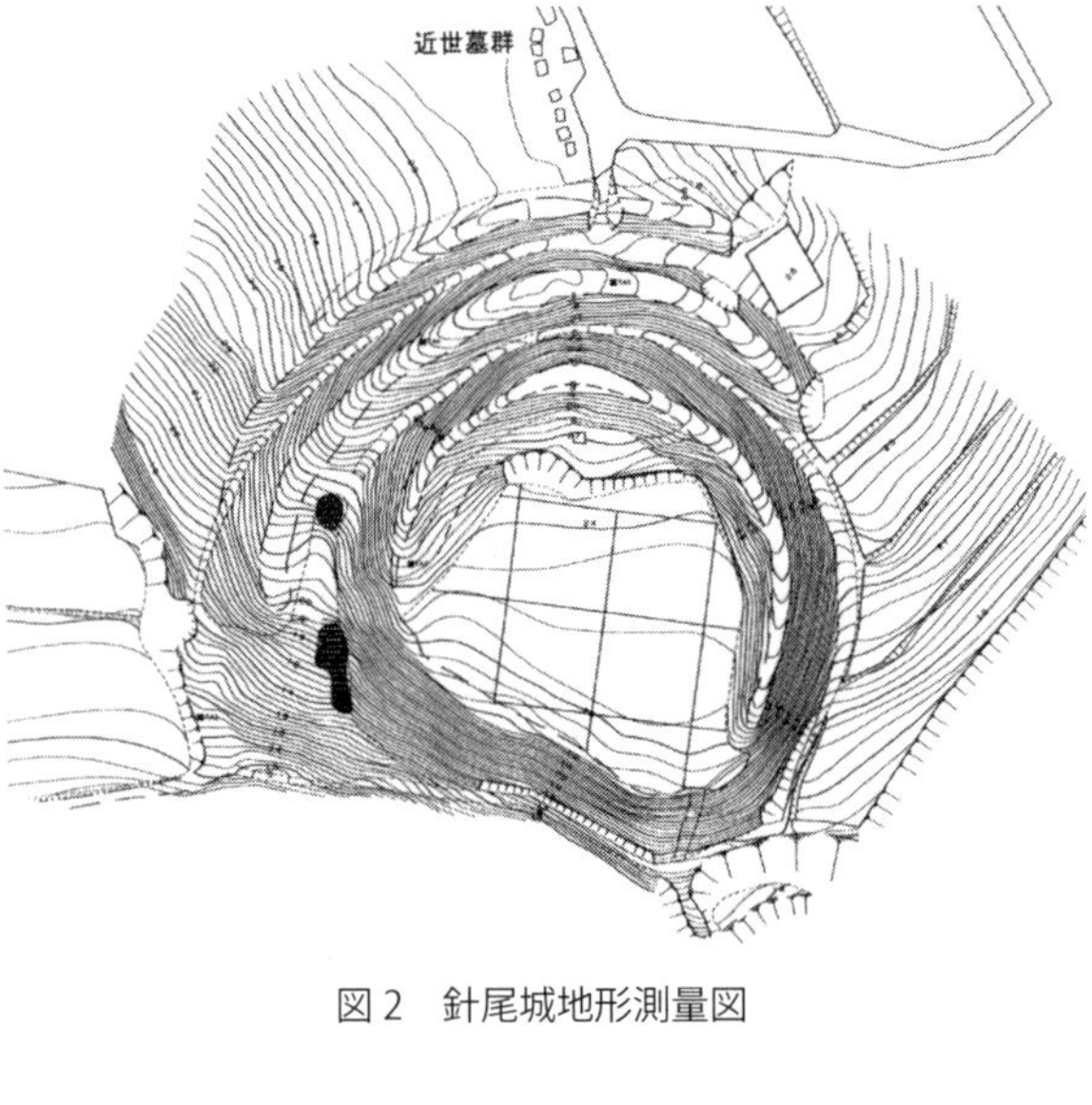

図２　針尾城地形測量図

に主郭が置かれ、二重の空堀で城域を造り出している。主郭以外に目立つ曲輪がない城だが、曲輪の中には六基の掘立柱建物のほか、炭化米が出土した祭祀関連の遺構や青磁皿埋納遺構が検出され、出土遺物から城跡の年代は一六世紀代と考えられている。

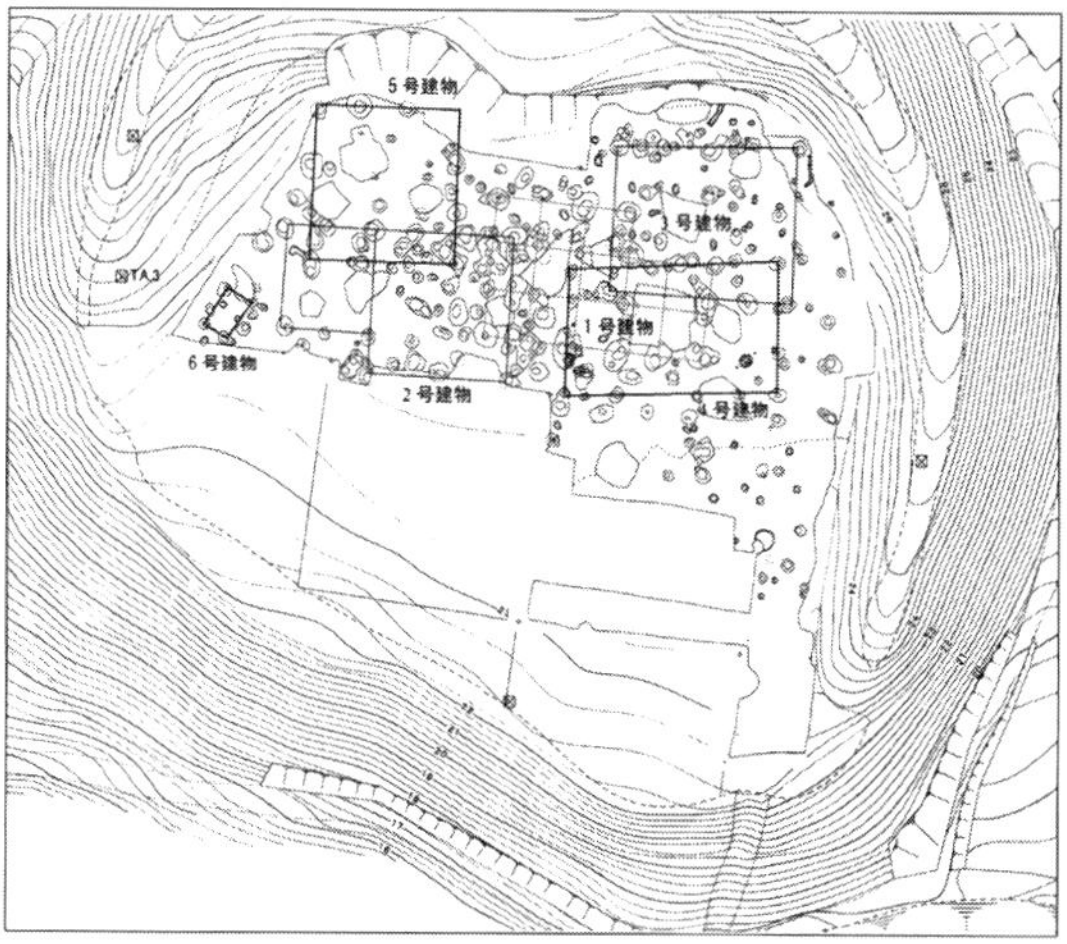

図3　針尾城主郭平面図

中世の土器約四〇〇〇〇点のうち、約三七％が貿易陶磁器であるという高い比率を示しており、出土した貿易陶磁器の主体は中国・景徳鎮産の青花碗・皿で、華南三彩やタイ産陶器も含まれている。特に良質な瑠璃釉皿と青磁輪花皿とともに出土した八角面取瓶は、国内での出土事例はほとんどなく、ヨーロッパの一部に所蔵が限られる。針尾城の特徴は、やはり奢侈品とされる稀少な遺物の出土である。

ポルトガル宣教師ルイス・フロイスが著した『日本史』には、「この(針尾)殿は、大村(湾)の海水が極めて激しい潮流となって入ってくる海峡に城を構えていた」と針尾城跡に関する記録がある。

針尾城は、キリスト教の布教信仰の窓口であった横瀬浦への往来でも必ず通らなければならない航路上にあたっており、大村湾内の海上交通の要に置かれていたのである。ちなみに横瀬浦はキリシタン大名の大村純忠の命により一五六二年に開港したが、一年後に焼き討ち事件にあってしまい、窓口の機能は福田(長崎)へ移っている。

海峡に面した大刀洗遺跡と針尾城跡は、立地の上からも海上交通に深く関与していることが想定される。特に針尾城跡では、稀少な奢侈品の貿易陶磁器を豊富に所有しているから、私貿易で荒稼ぎしたか、もしくは海峡の関所で通行料をとって収益にしていたのかもしれない。

岡・白井川遺跡（東彼杵町蔵本郷岡・白井川）　大村湾の海峡から目を転じ、湾北東部に流れ込む彼杵川の沖積低地に広がる平野を訪れよう。大村湾に面する彼杵川の河口部には岡遺跡と白井川遺跡があり、両遺跡は極めて近い距離にあるため、同一の遺跡として紹介したい。遺跡の前面にラグーンが広がっている白井川遺跡では、中世の遺構は確認できていないが、泥炭層中から一一～一三世紀を中心とした、一五世紀までの国産土器や貿易陶磁器、木製下駄などが出土している。

　出土遺物のうち貿易陶磁器は五八七点で、遺物全体に占める割合は六割をこえ、岡遺跡でも七六〇点の貿易陶磁器が出土している。白井川遺跡では楼階田遺跡と同様に、「綱司」銘の墨書白磁碗が一点出土しているほか、国産土器の中には畿内産の楠葉型瓦器も含んでいた。

　中世の九条家領彼杵荘として営まれた両遺跡は、彼杵川の河口に広がるラグーンを艀船で移動して物資を荷揚げしていたのだろうし、九条家との関わりを示す樟葉型瓦器が出土するのも、この場所が国内流通の拠点であったことをうかがわせる。また、彼杵を所領とした彼杵氏は、一五世紀に朝鮮との交易記録もあって、遺物の年代からすれば、かなり長い期間、交易による経済基盤を維持していたことが想定できるのかもしれない。大村湾に中国船が入航できたかどうか定かでないが、少なくとも在来の和船を主体とした交易は盛んであったことを遺物は物語っている。

写真10　竹松遺跡

寿古・竹松遺跡（大村市寿古町・宮小路）　大村湾の東海岸のほぼ中央部にあり、ともに郡川下流域の沖積低地に立地する。寿古遺跡は官衙の推定地で、有明海側へ抜ける古代官道沿いにあり、古代末・中世前期の貿易陶磁器が大量に出土している。その対岸には、近年、大規模に調査が行われた竹松遺跡がある。古代から中世の区画溝、建物・倉庫群が検出され、現在はまだ整理中だが、八～一四世紀の膨大な貿易陶磁器が出土し、長崎県内で初例となる初期越州窯系青磁も散見されるという。

調査以前には地理学的なアプローチから古代彼杵郡の郡衙推定地の一つと想定されており、官衙らしい遺構は検出されていないものの、硯や石帯、線刻紡錘車などが出土しているので、官衙に関わる施設が存在した可能性は高まっている。前述した門前遺跡同様、古代律令制下の公的施設であったと想定されるこの地で、古代から中世へと時代が変わっても地域内では重要な拠点として、利用され続けていたのは間違いないようである。竹松遺跡の今後の成果報告に期待したい。

ホゲット石鍋製作遺跡（西海市大瀬戸町瀬戸羽出川ドンク岩）

大村湾の西にのびる西彼杵半島は、古代末から中世にかけて西日本を中心に流通した滑石製石鍋の生産地である。製作遺跡は七二ヵ所発見されており、そのうちホゲット石鍋製作遺跡が国史跡に指定されている。石鍋の詳細は後でふれるが、遺跡内には一一ヵ所の工房跡があり、今でも石鍋を製作していた職人たちの息遣いが聞こえてきそうな雰囲気をただよわせている。鍋の形に掘られた痕が石壁にたくさん残っていて臨場感この上ない。

写真 11　ホゲット石鍋製作遺跡

2　貿易陶磁器以外が示す人と物の往来

海域ごとの主な遺跡の概要と貿易陶磁器を中心とした考古情報を紹介してきたが、各地域は直接的か間接的かを問わず、外国船との貿易を行うには好条件の立地にあって、その他の地域との流通経路上に位置するために、大なり小なり貿易陶磁器を入手することができた。ただ、貿易によってもたらされる品々は、陶磁器よりもはるかに多かったはずである。その全てを網羅できれば、豊かな中世史像が浮かびあがることは間違いないが、消費されるが故に遺物として検出することは不可能なので、土器・陶磁器以外にこの海域に搬入された遺物の一部を紹介して、その一助としたい。

①薩摩塔

薩摩塔とは、中国で製作された奉納塔の一種で、福岡・熊本・長崎・鹿児島県などで、これまでに四〇基を超える事例が確認されている。環東シナ海域で活動する中国商人が深く関与しているとされる薩摩塔だが、九州北西岸でも平戸島周辺に一三基が群集し、島南端の志々岐神社には薩摩塔とともに梅園石製の宋風獅子も確認されている。そのほか、宇久山本遺跡や針尾城跡、竹松遺跡など、それぞれの周辺地で薩摩塔が認められる。東シナ海を航海した貿易船にとって重要な寄港地、または安全航海祈願のための霊地に薩摩塔などを立てるのは、航海ルートをダイレクトに示すものと考えられている[大石二〇一六]。

写真12　薩摩塔（佐世保市宇久町毘沙門寺）

②経塚

国内からの文化移入にも目を向けよう。一一世紀初頭には、末法思想の流布と弥勒信仰の融合により日本全国で経塚が造営されているが、九州北西岸でも七ヶ所に経塚が確認できる。いずれも西彼杵半島産とされる滑石を素材とした経筒を外容器として利用しているのが特徴である。経塚が築かれた場所をみると、岬の先端や小島など、海岸線に近い土地が選ばれる傾向にあり、他地域に見られる古代以来の由緒をもつ宗教施設が選ばれているというよりも、海上祈願と関係の深い場所や交流・貿易上で重要な場所に築かれることが多いようにみえる。

経塚を営む思想と文化は京都発祥で、畿内で流行した文化が西海の地まで伝播しているのは、地域の文化形成を考える上で重要な要素である。ただ忘れてならないのは、通常の経塚外容器は銅製品か国産・中国産の陶磁器を使うのだが、地元の滑石素材を利用しているのは、在地のオリジナルである。陶磁器は容易に入手できるのに、滑石が意図的に選択されているのは、文化の移入に対する九州北西岸の個性であろう。経塚造営の主体者は不明だが、在地に縁の深い人物だったのかもしれない。

写真13　滑石製経筒（佐世保市三島山経筒）

写真14　滑石製石鍋（平戸市里遺跡出土）

③滑石製石鍋

滑石製石鍋（以下、石鍋）は、今から約一〇〇〇年前から作られ始め、約五〇〇年前まで使用された調理具の一つで、九州北西岸の遺跡では必ずと言ってよいほど出土する。素材となる滑石は、保温

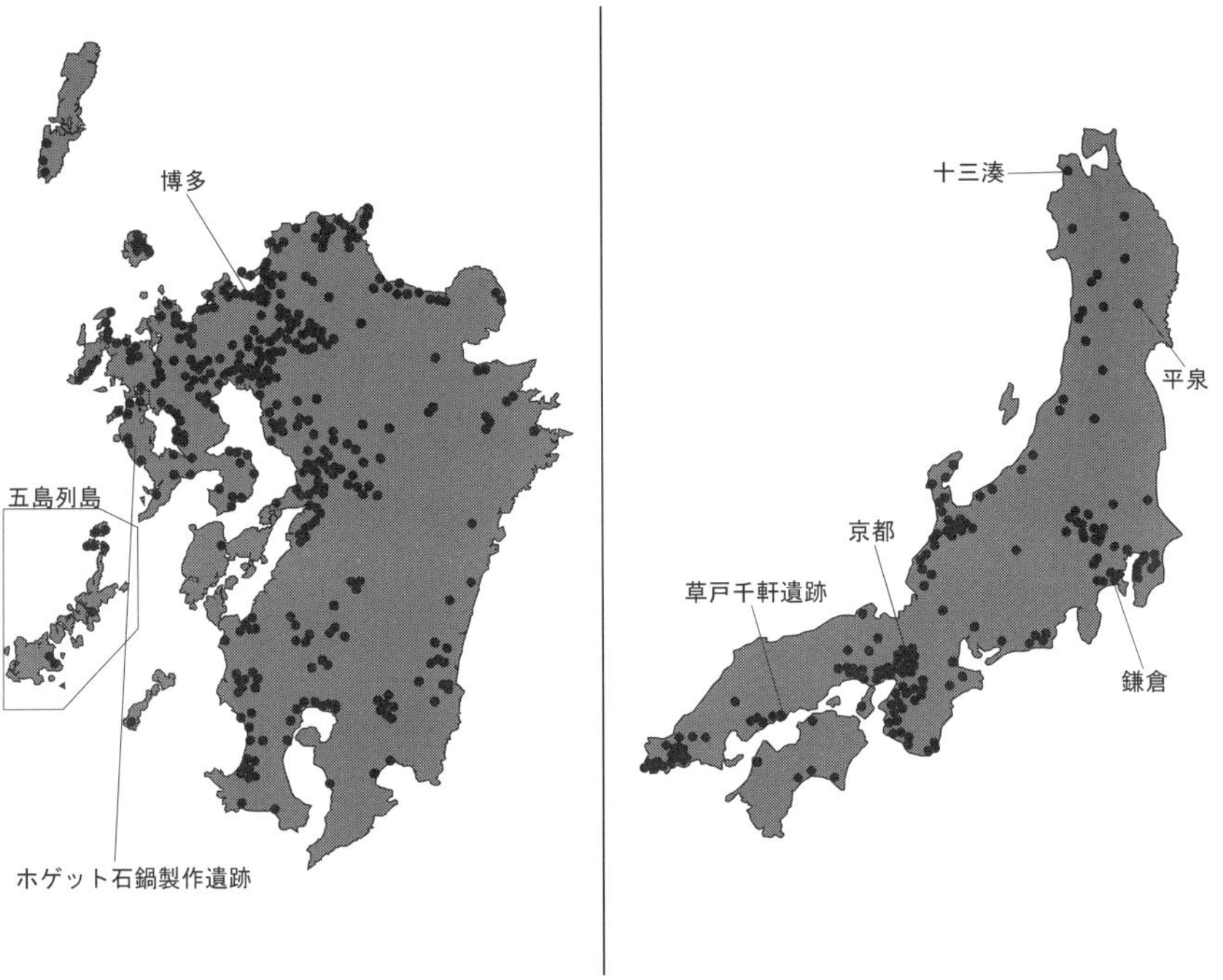

図４　石鍋出土遺跡

性の高さとともに非常に軟質であるという特徴から、主に石鍋素材に利用されてきた。滑石の産地は、長崎県西彼杵半島の他に福岡県、山口県、和歌山県などで確認されているが、なかでも群を抜いて産出量が多いのは西彼杵半島である。日本全国の遺跡で出土している石鍋の大半も西彼杵半島で製作され、持ち込まれたものと推測されている。また、天承元年（一一三一）の東大寺文書には、石鍋四個と牛一頭が同価値であることが記載されており、「滑石製石鍋は古代・中世の長崎県の特産品」と言ってもよい。

西彼杵半島一帯で生産された石鍋の流通は、一度博多に集約されたのち、九州各地（琉球列島を含む）にもたらされた可能性が高いといわれ、「肥前地域が博多と琉球列島、そして東シナ海とを結ぶ流通基地」であるとも評価されている［新里二〇〇二］。ただし、琉球では滑石を混入した石鍋模倣土器はあっても、完形品に復元できる石鍋が出土しておらず、破片にも削った痕などが多く残ることから、土器づくりの材料として滑石が使われていた可能性があるという［池田二〇一九］。商品としての石鍋が琉球に渡っていないとなれば、流通の問題は慎重に検討しなければならない。

中世前期の石鍋の出土分布をみると、都市鎌倉にも散見するが、出土量が多く、中心となるのはやはり九州である。中世後期には関西以西だけでなく、関東や東北にまで分布域を拡げているものの、九州から遠方の地域では、出土する遺跡数は多いにしても、九州で数十、数百単位で出土するのに比べれば、一遺跡における出土点数は極めて少ない。九州では石鍋を集落内の雑器として使用しているのに対して、関西以東では寺院関係の遺跡（南砺市・梅原胡摩堂遺跡）や都市（京都市・平安京左京八条三坊二町跡）、あるいは主要幹線道路沿いの遺跡（鎌倉市・光明寺裏遺跡）に集中し、政治・経済・交通の拠点的な遺跡で希少な財として使用されていた可能性がある。

広域流通品である石鍋の商品価値は一様ではないにしても、中世の流通を考える上で標識となる重要な遺物であることは確かで、国内流通を担った商人たちの動向を知る上でも欠かせないものとなる。

3　航海・貿易従事者

日本列島の最西端にあって、海を介して中国や朝鮮半島と接している九州北西岸と五島列島は、中世の対外貿易を支えた門戸の一つであった。この貿易に関わる人とモノのダイナミックな動きは発掘資料で証明されているが、広範な流通を支えて、モノの運搬にも携わっていたと考えられる「海夫」に注目してみたい。

写真 15　西彼杵半島の家船（大正時代）

海夫とは、主に西北九州で船上生活を営み、漁労と海上運送を生業とした海民を指す俗称で、九州北西部や五島列島に根づいていた海民の呼称でもある。多くは二～三隻、時には一〇隻以上の船で船団を組織して活動し、さらに後代に北松浦郡から五島灘にかけて広く知られた「家船漁民」の祖とされる〔網野 一九九二〕。家船は船を家とし、土地を持たず、漁獲物を食料と交換しながら、一定の海域を年中移動している夫婦を単位とした漁業者または海運業者の集団とされるが、「海夫」はどの時代にまでさかのぼるのだろうか。

一〇世紀末の『小右記』(藤原実資の日記)や『権記』(藤原行成の日記)といった京都の貴族が残した古記録をはじめ、鎌倉時代の松浦党関係文書に「海夫」の文言は見えるが、平成八年(一九九六)に発見された、西海市西彼町の「海夫 道浦」銘をもつ五輪塔(一五~一六世紀造)にも見ることができるので、室町・戦国時代には自らを海夫と名乗る人物がいたことは間違いない。

一五八六年に来日したクエリヨ神父書簡には「筑前海岸にそうて博多を過ぎて、諸島の間に出た時、これまでに見たことのないものを見た。われらの乗っていた船の付近に六、七艘の小さな漁船があったが、この家(船)は漁夫の家となり妻子・犬猫・食物・衣類及び履物その他家財一切をのせ、各船には唯一人船尾にすわって櫂を頭上に漕いでいた」と家船の様子が描かれている。

北部九州の海域で日常的に生活し、広範囲にわたって移動していた「海夫」たちは、九州北西岸や東シナ海の海路状況を熟知した船のエキスパートであり、九州と半島・大陸との間の交流だけでなく国内の海運など、さまざまな分野で活躍していたことが想定される。九州西岸に割拠した松浦党とはこうした「海夫」たちの集団を率いていたのではないだろうか。

おわりに

九州西岸の五島列島や大村湾の遺跡を中心に紹介してきたが、各地の遺跡が点々と散らばっているように感じたのではないだろうか。だがそれは、各遺跡を営んだ人々の交流や連携が希薄だったのではなく、海を舞台にした交易や海上交通の拠点(港湾施設や寄港地)が、海流や後背地などの諸条件に見合った場所に置かれていたからで、点在しているように見えるだけである。

航海には大きなリスクを伴うが、物資の大量輸送には船による運搬が不可欠である。大陸との貿易は中国の大型帆船が担うのだが、国内の海上輸送では地先の海を航行する在地の和船が主役であった。手漕ぎを動力とする和船では、風待ちや潮待ちなどで長時間の足止めをくらい、陸路よりも時間がかかることがあるともいわれているが、やはり重量物や物資を大量に運ぶのに活躍していたのである。

九州北西岸は中国船が寄港できる窓口でもあり、さらには「海夫」などの国内の流通を支えた機動性に飛んだ海上輸送者たちが暮らしていた。彼らは自分たちの住む土地にしばられるよりも、海を自由に往来して中国や朝鮮の人たち、博多や大宰府の人たち、畿内の権門勢家の職員たちとも交わることで、中世という時代を生き抜くことができたのであった。

佐志の湊

鮎川 和樹

はじめに

佐賀県の北西部に位置する唐津は、『魏志倭人伝』にみられる「末盧国《まつろ》」の比定地とされ、玄海灘を隔てて中国大陸・朝鮮半島に近く、古来より大陸・半島文化の窓口として密接な交流を行っていた。現在でも大陸・半島文化の受容を示す文化財が数多く残る唐津だが、古代から中世にかけて「松浦《まつら》」と呼ばれ、とりわけ中世の松浦地方には玄海灘沿岸の村々に中小規模の武士が一揆を結んだ「松浦党」が割拠し、大陸・半島との交流を行っていた。

ここでは松浦党のなかでも、有力な在地領主として活躍した佐志《さし》氏の本拠である「佐志の湊」について、文献史料・考古資料・地名などから、往時の景観復元を試みたい。

1 松浦党佐志氏の沿革

佐志氏が所属する松浦党とは、嵯峨源氏の末裔と称しているが、本来は地域的に結びついた在地領主たちの集団で佐志氏のほか波多氏・神田氏など、それぞれの領主たちは、その地理的な性格から海民・海の領主としての側面を持っていた。

南北朝期、康永元年(一三四二)の佐志勤の一連の譲状によると、佐志氏が領有していた「佐志村内」は、現在の東松浦半島一帯の広範囲にわたって散在し、内陸部ではなく、船で往来できる海または河川に面した土地(川湊)を有する

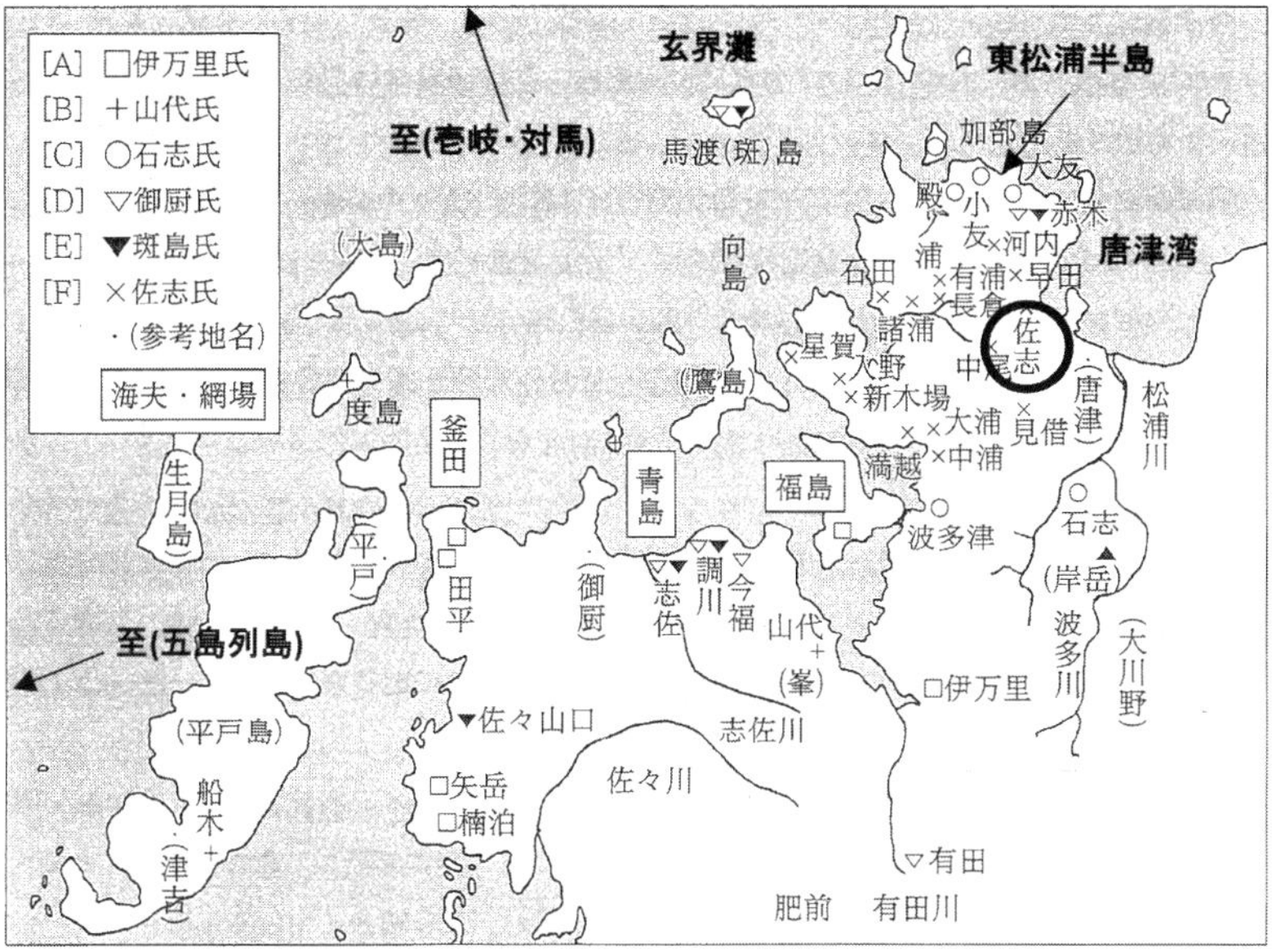

図1　鎌倉期佐志氏所領図（『伊万里市史』原始・古代・中世編所収図に一部加筆）

といった特徴を持っていた［村井 一九九九］。このことから松浦党佐志氏が海・河川を主な活動の場としていたことは間違いないだろう（図1）。

史料にみえる「佐志」の名称は、寛元二年（一二四四）の「山代家文書」中に登場する「佐志源次郎仰」を初出とし、以後、佐志氏の活動は史料上に散見される。そのうち佐志氏の対朝鮮交易を示す史料をあげ、佐志氏の活動をみていきたい。

佐志氏と朝鮮王朝との活発な通交は、一五世紀代が最盛期となる。『朝鮮王朝実録』によると、多いときは一年に七度の遣船を送ったとされ、活発な交流が読み取れる。後述するが、佐志地区で行われた発掘調査の成果によって、多量の朝鮮半島産陶磁器が出土しており、この記事の具体的な様相を示すものといえよう。また、佐志氏と朝鮮王朝を結ぶ中継基地として利用されたのが壱岐である。佐志氏は壱岐に代官を置き、朝鮮王朝との中継航路を確保していたとされる。しかし、文明四年（一四七二）、岸岳城主波多氏の壱岐侵攻と前後して、壱岐での領地を失ったという。このことが原因となったのか、佐志氏の名は徐々に史料上か

写真１　佐志集落航空写真（北から）（唐津市教委『荒平遺跡』より）

ら消えていき、一六世紀中頃には、史料から姿を消してしまっている。こうして、在地領主としての佐志氏の歴史は幕を閉じるが、現在、「佐志」の名は、唐津市佐志地区として地名が残っており、佐志氏が本拠とした場所の比定地とされている。

2　発掘された「湊」の痕跡

佐志の地勢　佐志地区は、北は玄海灘へと続く唐房湾に面し、西は標高二〇〇㍍ほどの上場台地と、東にある松浦杵島丘陵地の間に挟まれた、南北を流れる小河川の佐志川沿いに集落を形成している。また、佐志川河口西岸には、小規模な袋状の潟湖があったとされ、この入海より湊が展開したとされている〔宮武 二〇一七〕。

写真1の航空写真は、佐志地区を唐房湾側（北側）から撮影した現在の佐志集落の姿である。手前の海側は昭和期の埋め立て工事により当時の海岸線は失われている。後ろに見える広大な高地が上場台地で、

写真中央の佐志集落の中心を流れる川が佐志川となる。佐志氏が本拠とし、主な活動の拠点としたとされる徳蔵谷遺跡・佐志中通遺跡は西側(写真の右)の砂丘列状に立地する。その反対側の河口付近に見える小高い丘陵が、佐志氏の居城と伝わる浜田城跡である。

佐志地区では、平成四～一四年にかけて徳蔵谷遺跡・佐志中通遺跡が調査され、平成一六～一七年には汐入遺跡の調査が行われた。徳蔵谷遺跡・佐志中通遺跡は一二世紀代から一六世紀初頭までの集落が重複する複合遺跡だが、今回は室町期の遺構を中心に見ていきたい。

徳蔵谷遺跡　遺跡は佐志川の河口西岸に立地し、佐志川が運んだ土砂でつくられた砂丘と、西からせり出す上場台地の裾野との接点にあたる。

主な遺構は荷揚げ場遺構、大型掘立柱建物跡、池状遺構、掘跡、土師器皿窯跡、鍛冶遺構である。荷揚げ場遺構とされたのは、水際に向かって凸状に延びだすように石垣が積まれ、石垣に沿うように杭列が並んでいたからである。その北側の約二〇〇㍍先には大型の掘立柱建物跡があり、建物跡に伴う遺構から瓦器風炉、香炉、石臼など、茶道具と考えられる奢侈品が出土しており、この空間は領主クラスの館・屋敷地だと考えられる。また、大型建物跡に付随する施設として建物跡の北側で池状遺構や堀跡が発見され、南には土師器皿窯跡や鍛冶遺構など小規模な工房が見つかっている。

佐志中通遺跡　徳蔵谷遺跡と同じ砂丘上の北側に接する遺跡で、礎石建物跡や道状遺構を検出している。礎石建物跡は平面形五㍍×三㍍程の小型の建物跡であり、礎石を伴う構造であることから、土蔵造りの倉庫と考えられる。道状遺構は床面が硬化し、平坦な道にはなっているが粗雑な造りである。この道の幅は約二～三㍍ほどで主軸は南北にあり、東西には約一～一・六㍍ほどの小道が延びていた。延びた小道はそれぞれ区画を造り、各区画内より集石土壙や井戸跡などの生活痕跡を示す遺構がみつかっている。遺構の様相や出土遺物の多彩さから、市場の可能性が指摘されている。

佐志中通遺跡では、多量の貿易陶磁器が出土し、西北九州における周辺の調査例と比べても屈指の出土量を誇る。これらの遺物は、おそらく市場において商取引されたもの

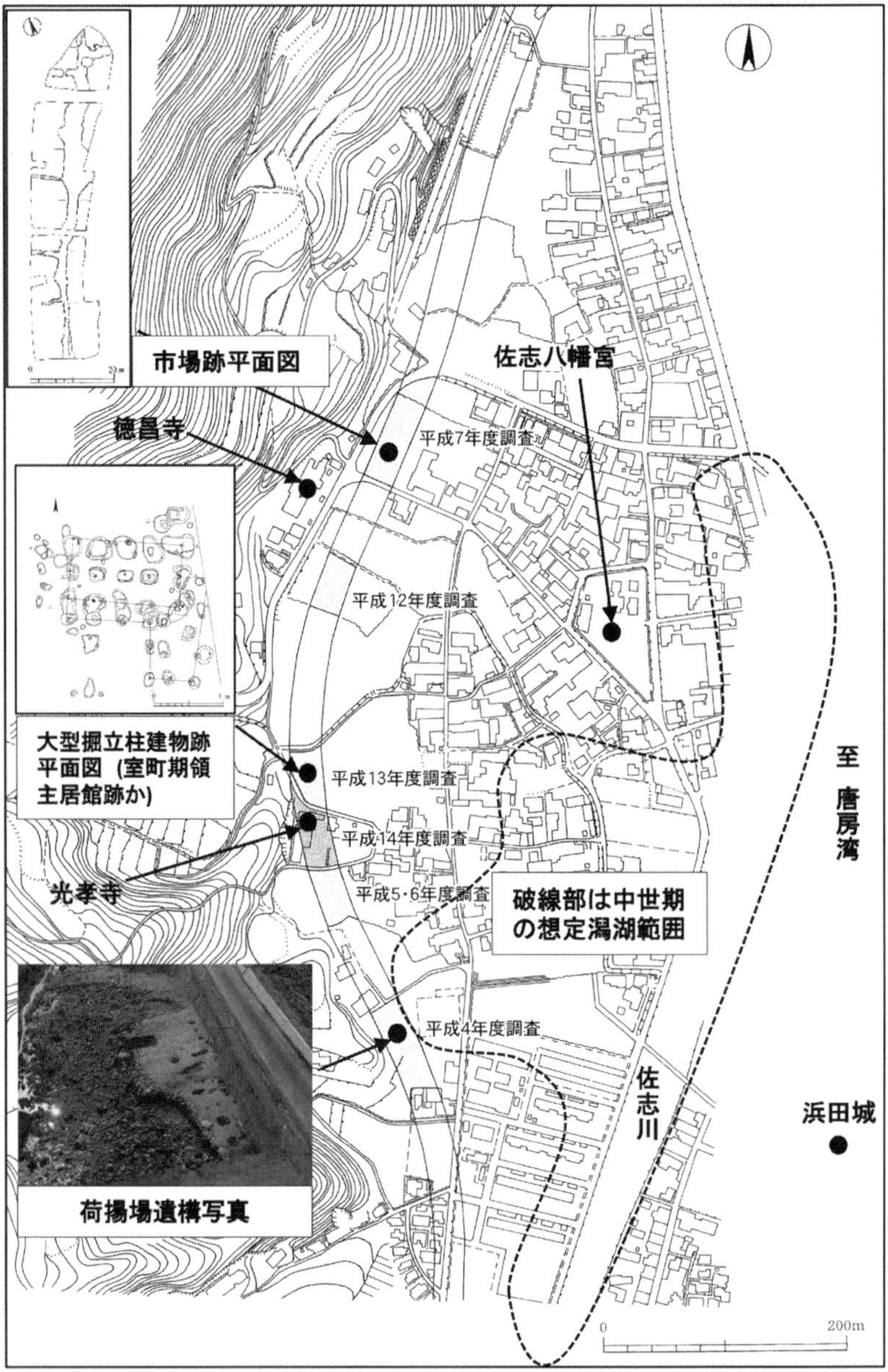

図２　徳蔵谷遺跡・佐志中通遺跡周辺地図（唐津市教委『徳蔵谷遺跡（5）』をもとに作成）

と考えられる。中国陶磁器の内訳は竜泉窯・同安窯系のほか、磁竃窯系黄釉盤や磁州窯系白磁鉄絵壺、青花碗・皿・杯などで、朝鮮陶磁は高麗末期から朝鮮王朝前期の象嵌青磁、粉青沙器の瓶・碗・杯が多量に出土している。またベトナム産の白磁稜花皿や白磁鉄絵短頸壺といった東南アジア産の陶磁も含むなど、交易港として栄えた佐志の湊の姿を具体的に示している。

汐入遺跡　佐志川中流域の丘陵地と台地が東西に迫る狭い平野に立地する。主な遺構として杭状遺構と流路跡が確認されており、遺構は高さ一㍍ほどの杭が佐志川に併行して約一二㍍並んで残存していた。この杭列の脇では流路跡が確認され、漆器椀が出土したことから中世の遺構と考えられる。この遺構は往時の河川流路に沿って直線的に並んだ護岸施設であり、徳蔵谷遺跡で確認された荷揚げ場遺構とともに、中世の河川管理の実態を示す好資料である。

浜田城跡　佐志川河口東岸の独立丘陵地に立地する山城で、眼下に佐志集落および唐房湾を一望できる。近世末期に編纂された『松浦昔鑑』や『松浦古事記』の地誌には、佐志氏の居城とある。また『松浦記集成』では天暦元年（九四七）「佐志将監」により築城されたとあるが、一次史料ではないため定かではない。史料ではよくわからないが、浜田城の山頂部を中心に残る曲輪、土塁、堀切などの特徴から、一五世紀代の城郭の要素をもつとされ、その最終整備段階の下限は一六世紀前葉に比定されている［宮武二〇一七］。

3　「佐志」と「唐房」、禅寺と湊町

佐志地区の北西に「唐房」地区があり、佐志地区と同じ唐房湾内に面している。服部英雄は九州各地に残るトウボウの地名が中世日本のチャイナタウンにちなむとまとめられており［服部二〇〇四］、この「唐房」地区も中国人居留地である可能性が指摘されている。ただ、発掘調査もなく具体的な様相は判明していないため、今後の調査に期待したい地区である。

唐房の地名を中国人居留地と結びつけることは慎重でありたいが、中世の「佐志」に創建された社寺には注目しておきたい。現在の佐志集落には、佐志川河口の西岸、集落

の中心に佐志八幡宮が鎮座しているが、社伝によると康和三年（一一〇一）の創建で、今も集落の氏神として祀られている。

この佐志八幡宮の南西に位置する臨済宗南禅寺派光孝寺は、佐志勤によって貞和元年（一三四五）に開山したと伝えられ、佐志氏の菩提寺とされる。光孝寺の北には、金剛山徳昌寺が同じく勤によって康永年間（一三四二〜四四）に創建されたと伝わっている。

写真２　佐志八幡宮境内

写真３　佐志川河口
（干満によって、水位は平均 1.2 メートルほど上下する）

光孝寺と徳昌寺は、いずれも禅宗系の寺院である。伊藤幸司によると、中世日本の禅宗系寺院は対外交流と密接な関係があったとされ、海陸交通の結節点にある湊町では禅宗系の各門派がきそって寺院を置いていたと指摘している［伊藤二〇〇六］。

中世の佐志でも、両寺院が開山したことは湊町であることと無縁ではないだろう。現在のところ、寺院を介した大陸間貿易

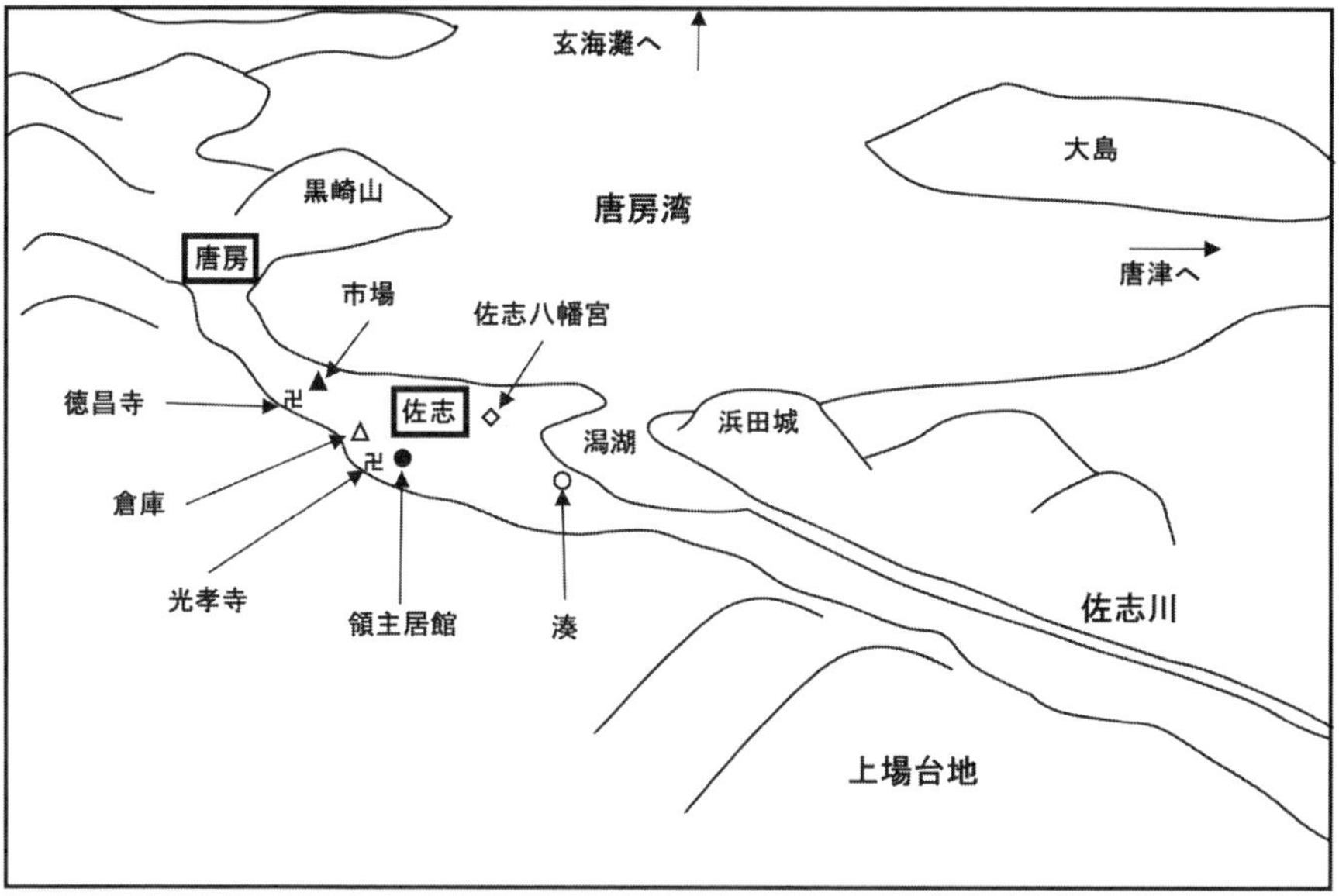

図３　佐志の湊景観復元図

を示す資料は見当たらないが、この禅宗系寺院を基盤とした宗教的ネットワークを解明することは、松浦地方における交流の歴史を知る上での、今後の課題となる。

おわりに

文献史料や発掘の成果から中世の佐志の湊を追ってきたが、最後に佐志の景観を復元してみたい。

時代は室町期を想定し、地形の復元などは宮武正登の研究を参考にした［宮武 二〇一七］。なお、寺社は移転の所伝もなく、現位置で図に落としてみた。

図３が佐志の湊の景観復元図である。まず、湊に入るにあたって、海側からのランドマークとなったのが、向かって左にみえる黒崎山と、右にみえる往時は岬状に海へと突き出した浜田城が築かれた丘陵であろう。より遠くからの眺めでは、唐津湾と唐房湾を分かつ大島も、ランドマークとしての機能を果たしていたのかもしれない。

徳蔵谷遺跡・佐志中通遺跡の発掘の成果をもとに、集落の構成をみていくと、佐志川河口西岸に広がる潟湖に、船

写真４　佐志集落航空写真（南から）（唐津市教委『荒平遺跡より』）

船を係留し、海辺の近くに石垣造りの足場を設けた荷揚げ場を敷設した湊がある。湊の北西に領主クラスの館が建ち、さらにその北側には、土蔵造りの倉庫が並ぶ。この倉庫で湊から荷揚げされた物資を保管したと考えられる。倉庫の北側は、物資の商取引が行われた市場であろう。つまり、徳蔵谷・佐志中通遺跡は各遺構群からみても、港湾として必要な施設をもち、交易によって得た物資が集まり、売り買いされる一連の流れを追うことができる遺跡である。また、その遺構の配置から湊に対して在地の領主と寺社の介在をうかがうことができる。

中世佐志の湊の様相は、文献史料と発掘によって、松浦党佐志氏の対朝鮮交易を中心とした活発な対外交流活動を読み取ることができる。今後の資料の蓄積を待たなければならないが、唐房地区や禅宗系寺院があることから、中国人海商による交易も考えておくべきかもしれない。

とはいえ、中国船が直接、佐志の湊に入航したのか、博多や小値賀島などで荷を降ろした後に、在来の和船でもって佐志に運ばれたのかによって、歴史的な評価はずいぶんと変わってくる。ただ残念ながら現在の佐志の湊および唐

図４　佐志集落前の水深（明治35年日本海軍の測量図をもとに昭和５年発行）

房湾一帯は、大島が天然の波よけ・風よけを果たすなど天然の良港として注目され、明治から昭和にかけて石炭積出港として栄えたことで大規模な港湾整備が行われ、前近代の湊の姿は失われている。

ただし、明治三五年作成の日本海軍測量図をもとにして昭和四年に海軍が追加調査した図（発行は昭和五年）によると、唐津湾の水深は、佐志・唐房集落沿岸において約五㍍程度で、沖合になると八～一〇㍍程度になっていることから、中世の大型中国船も沖合に碇泊できたかもしれない。

中世の湊の実態はわからないことばかりだが、文献史料、考古資料、地名などをもとに、現地に残る湊の痕跡をたどることで、中世の湊の姿が少しずつ浮かびあがってくるのではないだろうか。

南九州の海の世界

岩元 康成

はじめに

南九州の海の世界を語る時に最初に思い浮かべる遺跡は旧金峰町(現南さつま市)の持躰松遺跡ではないだろうか。

万之瀬川の下流域でみつかったこの遺跡は、一九九七年の第1次調査で多くの中国陶磁器、なかでもコンテナとして利用されたといわれる大型の壺甕が出土し［宮下 一九九八］、周辺にも当房や唐仁原などの地名があることから、南九州に博多のような中国商人の貿易拠点となる場所があった可能性が指摘され［柳原 一九九八］、注目を集めた。その後、考古学・文献史学から様々な異見も出されたが［大庭 二〇〇三、山本 二〇〇三］、この段階では第1次調査の成果をもとに議論しており、鹿児島県が調査中であった持躰松遺跡や隣接する渡畑遺跡・芝原遺跡の成果は十分に反映されていなかった。その評価は整理作業中の報告書刊行過程で変更される可能性もすでに指摘されていた［中村・栗林 二〇〇三］。

その後、南九州の中国陶磁器や国産陶器、東南アジア産陶磁器の出土例の集成や傾向が示され、出土遺物の研究も徐々に進み、ようやく第1次調査から一〇年の歳月を経て持躰松遺跡・渡畑遺跡・芝原遺跡の報告書が刊行された。ただ報告書では万之瀬川下流域の遺跡を南九州各地の遺跡と比較して、相対的に評価することに課題を残していた。

そこで本章では持躰松遺跡をはじめとする万之瀬川下流域の遺跡群と、その他の南九州の遺跡を比較するにあたっ

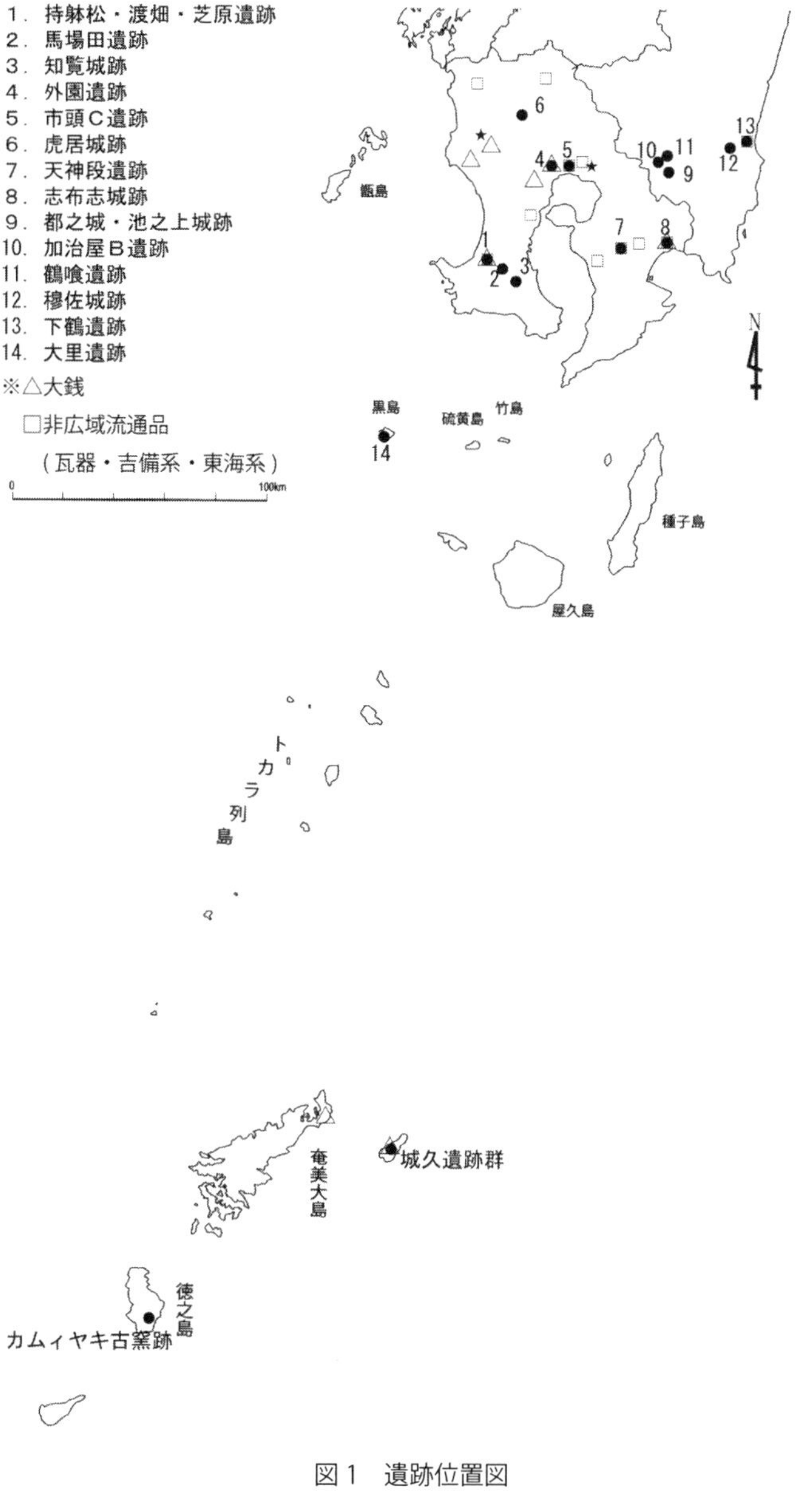

図1　遺跡位置図

て、遺構の構成や中国陶磁器の時期ごとの出土量、とりわけ遺物の密度に注目したい。遺物の密度とは、出土点数を調査面積で割った値で、数値が大きいほど遺物の密度が濃い、遺物がよく出る遺跡という評価になり、南九州の中世遺跡と海の世界のつながりを検討するための大事な考古学的手法となる。なお、中国陶磁器の分類は、一四世紀以前が大宰府の陶磁器分類、一五～一六世紀は森田勉の白磁分類、上田秀夫の青磁碗分類、小野正敏の染付（青花）分類に基づいている。

1　南九州の各時期の様相

(1) 一一世紀の様相

この段階の南九州を語るうえで欠かせないのが万寿年間（一〇二四～二八）に大宰府の大監であった平季基が日向国諸県の地（現在の宮崎県都城市周辺）を開発して、関白藤原頼通に寄進して成立すると伝えられている島津荘になる。その荘域は、日向・大隅・薩摩の三国にまたがり、摂関家の一円荘と寄郡（国衙と領家が税収を半分に分ける、半不輸地とも）に大きく分かれるが（図2）、荘域の拡大は地域によって複雑な様相をみせるものの、寄郡から一円荘へという動きで説明されている。その過程で南島産物の利権をめぐって大隅国衙とも対立が起こり、大隅国衙を焼き討ちした平季基以降も、その一族とみられる肥前平氏が南九州に進出し、薩摩平氏へと繋がるという［永山二〇〇九、野口二〇一七］。

その痕跡を示すかのような遺跡が一一世紀代の円形周溝墓で、南九州の宮崎県の都城市やえびの市、鹿児島県の鹿屋市・姶良市・日置市で見つかっている（図3）。この墓制は南九州以外では肥前に分布しており、佐賀平野付近に拠点を持ち、大宰府ともつながる有力者やその一族らが営んだ墓といわれている［堀田二〇一〇］。なお、鹿児島県側

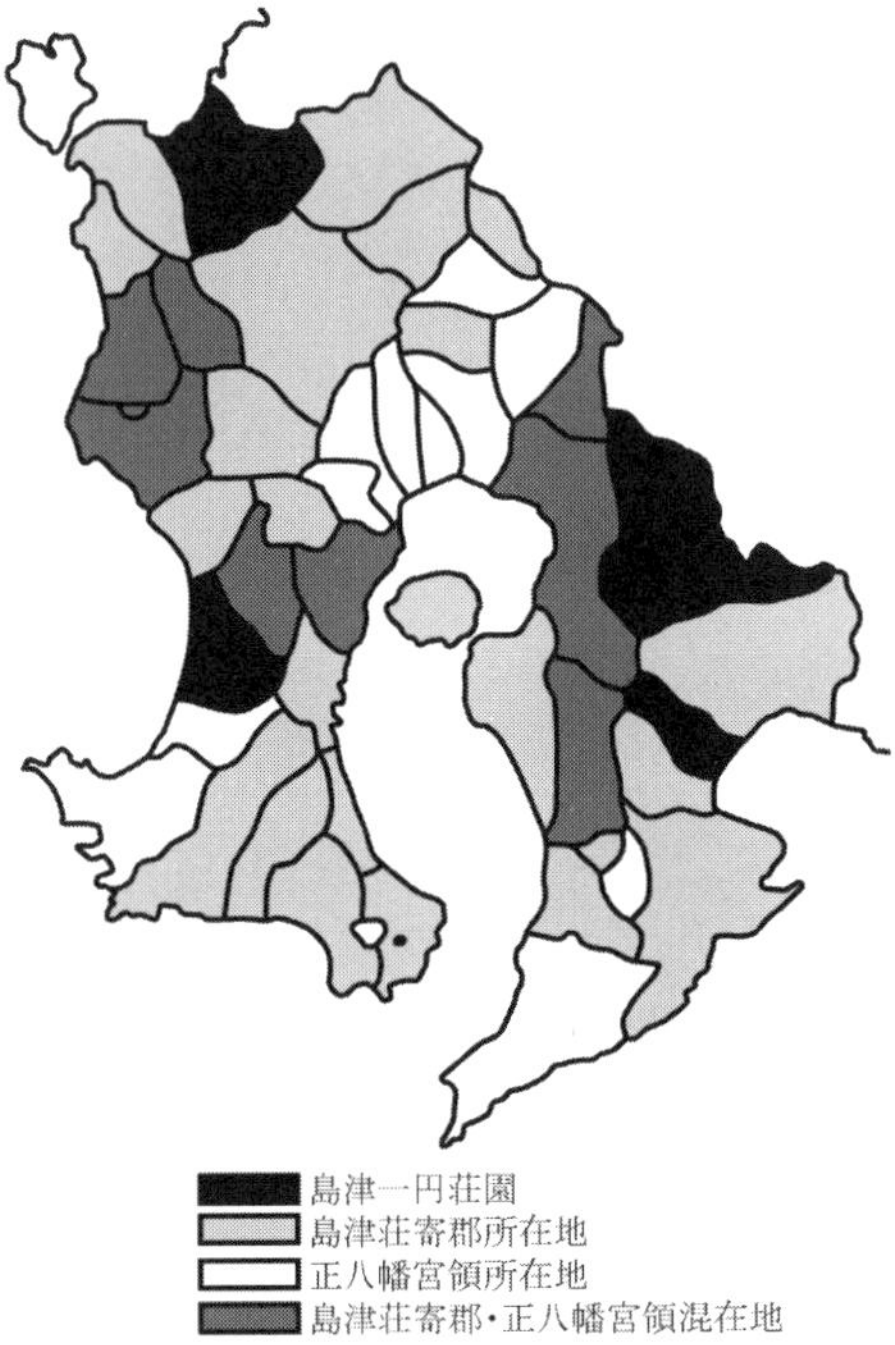

図2　鹿児島県下での島津荘の構成
（原口編 1999 をもとに作成）

のこの時期の遺跡は集落部分の調査例が少なく、島津荘の拡大過程について多くを語ることができない。

(2) 一二世紀の様相

持躰松・渡畑・芝原遺跡の万之瀬川下流域の遺跡群（南さつま市金峰町）では、一二世紀から中国陶磁器が出土する。遺物のことは後でふれるとして、遺構からみておこう。

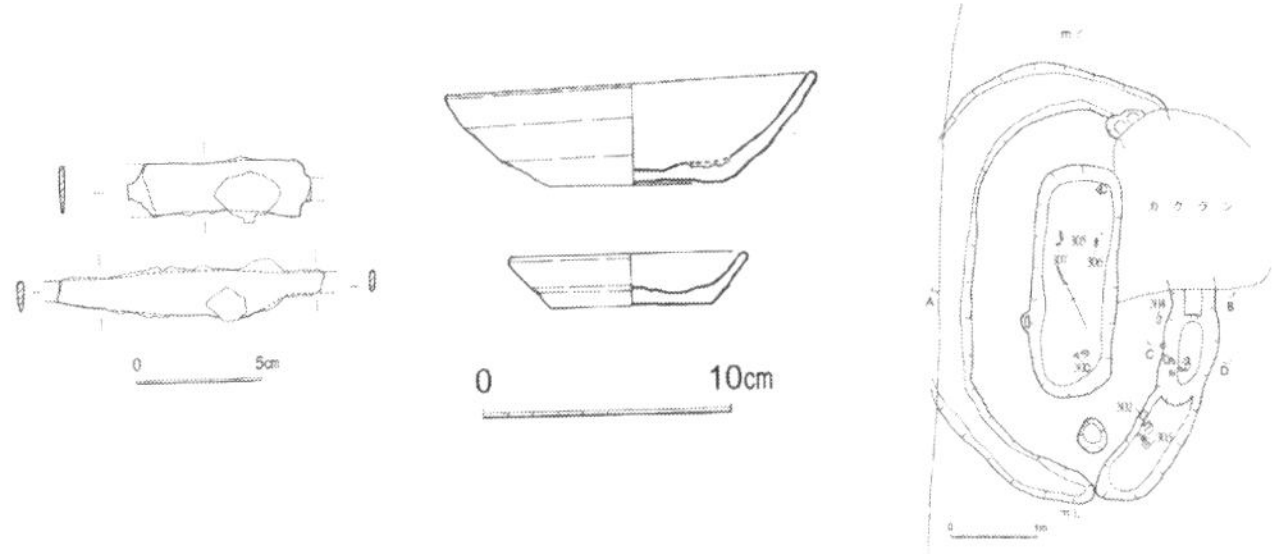

宮崎県都城市池の友遺跡

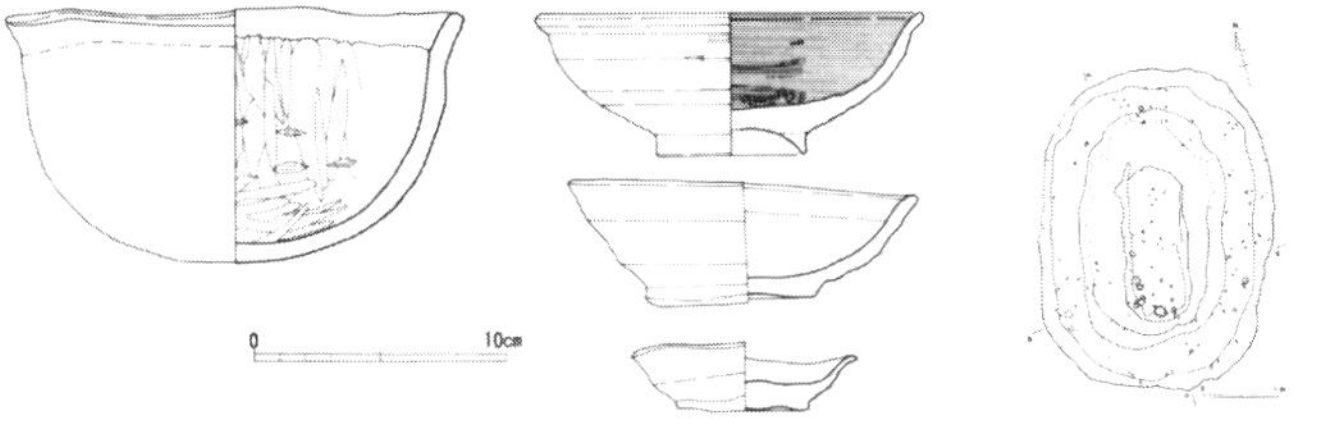

鹿児島県鹿屋市榎崎A遺跡

図3　円形周溝墓（都城市 2000・鹿児島県教委 1992）

写真1　持躰松遺跡遠景（鹿児島県埋文 2007）

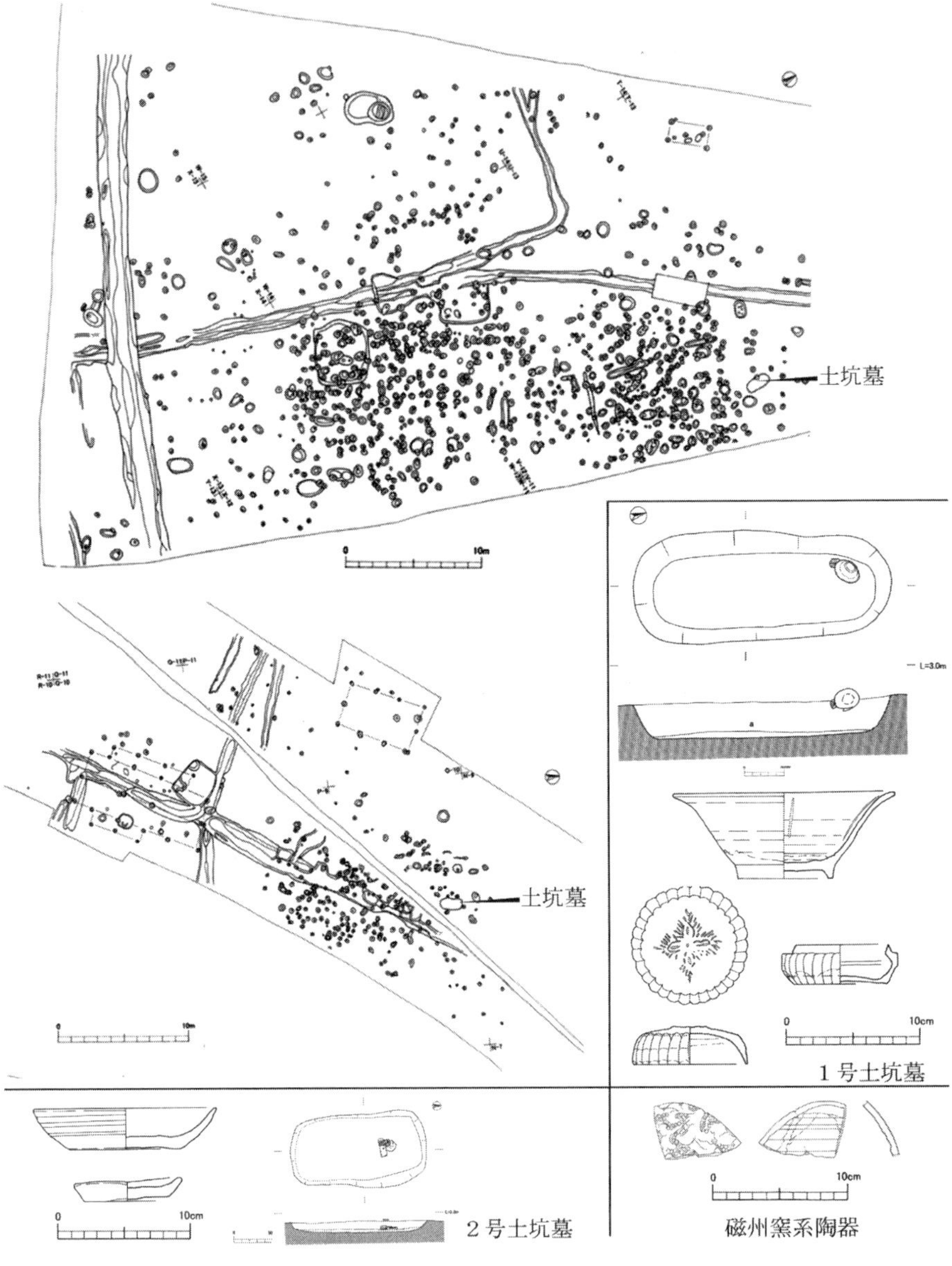

図４　持躰松遺跡遺構配置図及び土坑墓平断面図、出土遺物（鹿児島県埋文 2007）

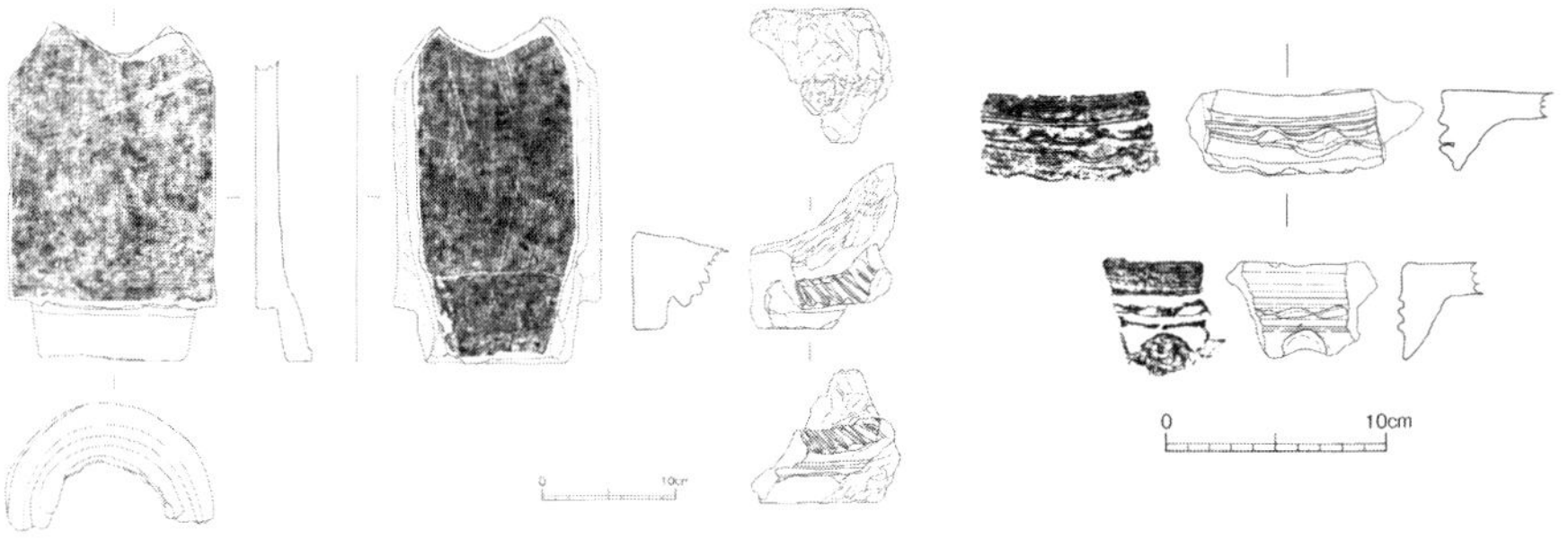

図５　渡畑遺跡出土の中国系瓦（鹿児島県埋文 2011）

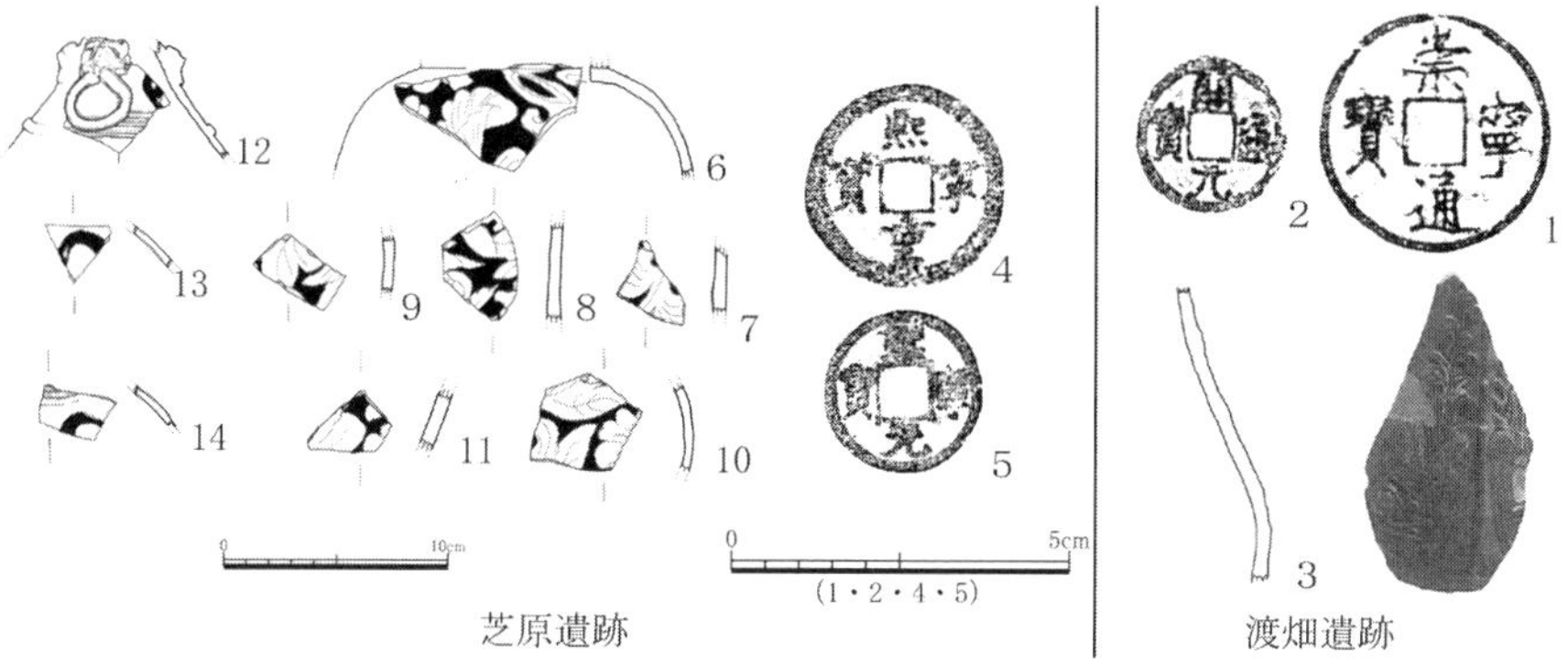

図６　渡畑遺跡・芝原遺跡出土の銭貨と陶磁器（鹿児島県埋文 2011・2012）

持躰松遺跡では多数の柱穴が検出され、掘立柱建物跡が三棟復元されているほか、竪穴建物跡や土壙墓もみつかっている(図4)。土壙墓は掘立柱建物跡のある区画内にあり、一基に中国陶磁器、もう一基は土師器が納められていた。北部九州などで屋敷墓とされる土壙墓[狭川 一九九三]と構成が類似しており、同じ思想のもとで造墓されたと考えられる。

芝原遺跡でも同じく掘立柱建物跡と土壙墓が一基検出され、渡畑遺跡では三×三間の総柱の掘立柱建物跡が確認され、その周辺からは中国系瓦が出土している(図5)。この建物周辺で磁竈窯系緑釉鉄絵瓶が出土し、中国系の瓦を葺いた中国商人に関係する廟の可能性があるといわれている[橋口 二〇一四]。また渡畑遺跡では、出土した銭貨一三枚中一枚は通常国内に流通している一文銭よりサイズの大きな大銭の崇寧通宝になる(図6)。

大隅半島にある天神段遺跡(曽於郡大崎町野

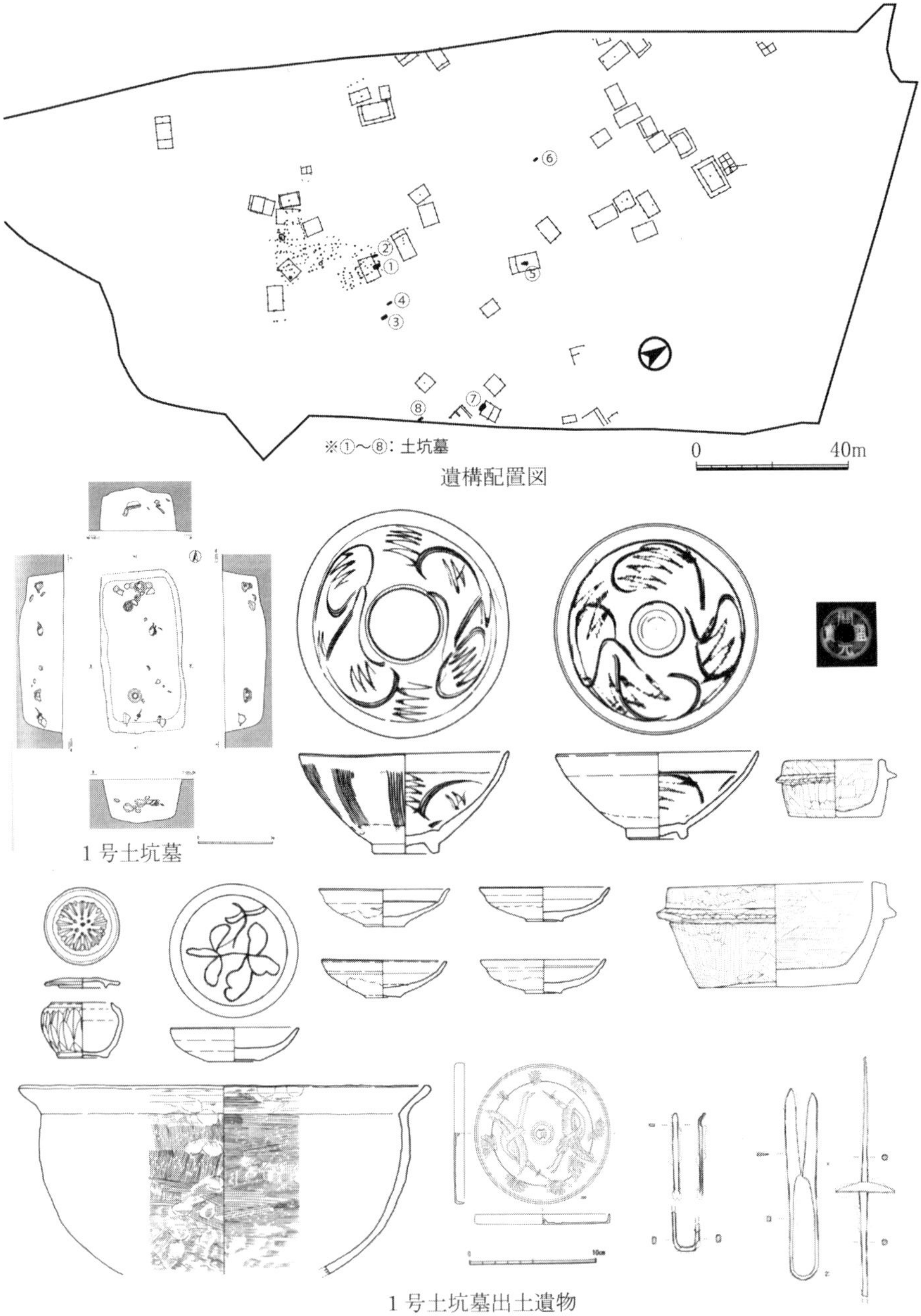

図7　天神段遺跡の遺構配置図と1号土坑墓出土遺物（鹿児島県埋文調査 2015）

方)では、四面・三面庇の掘立柱建物跡を中心とする建物群と土壙墓を検出している(図7)。

副葬品は1号土壙墓が最も豊富で同安窯系青磁碗・白磁皿・青白磁小壺・和鏡・和鋏・開元通宝・滑石製石鍋・土師器鍋などがあり、2・5・7号墓でも中国陶磁器や湖州鏡が出土している。遺跡全体では中国陶磁器は碗・皿以外に陶器の壺・水注が出土しているが(図8)、国内産陶器の貯蔵容器は出土していないため、中国陶器を日常の貯蔵容器として利用していたとみられる。

なお、天神段遺跡は一三世紀以降の遺物がほとんどなく、一二世紀のうちに廃絶している。ただし当地域の領主等の変遷は文献からはよくわかっていない。

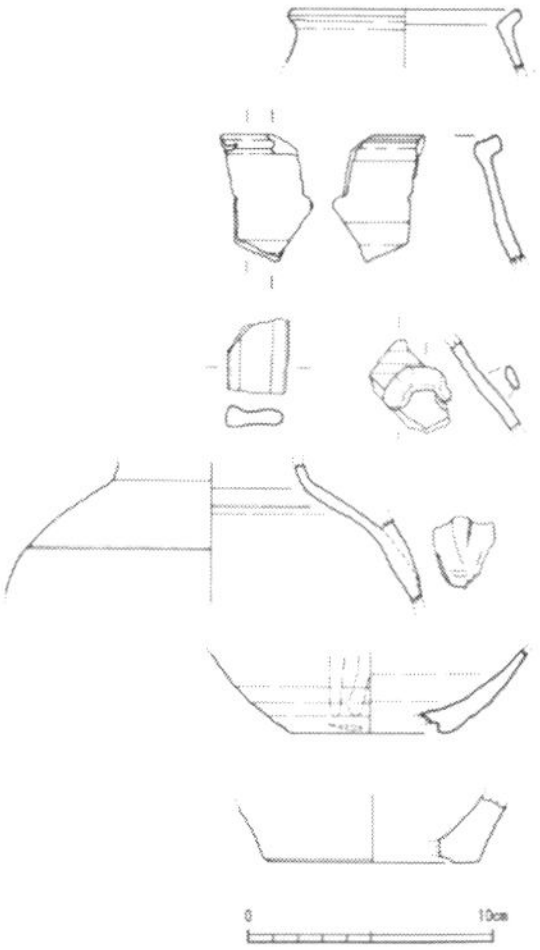

図8　天神段遺跡出土中国陶器
(鹿児島県埋文調査 2015)

鹿児島湾奥にある外園遺跡(始良市船津)は、隣接する城ヶ崎遺跡で古代官道が検出され、蒲生駅や桑原郡衙の可能性が指摘されている柳ガ迫遺跡も近くにある。外園遺跡の所在する大字「船津」は川湊を想定させ、この地は古代か

写真2　天神段遺跡遠景(鹿児島県埋文調査 2015)

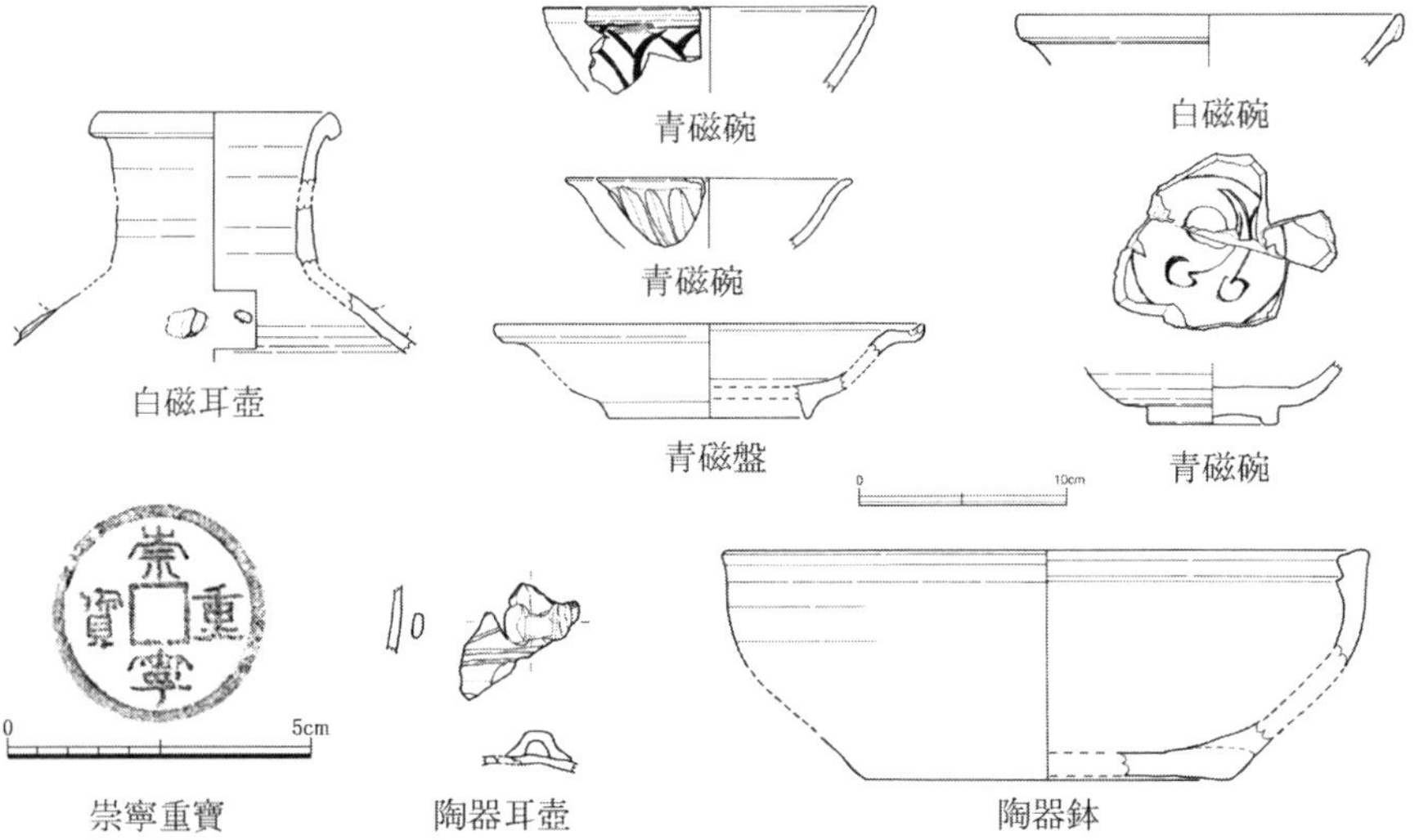

図9　外園遺跡出土遺物（姶良市教委2011）

らの陸運・水運の結節点であったと考えられる。中国陶磁器は一二世紀後半から一三世紀が多い。他に出土した銭貨一点は大銭の崇寧重宝になる（図9）。

ちなみに大銭は鹿児島市小山遺跡（出土銭貨総数四枚、最新銭洪武通宝、以下同）で崇寧重宝一枚、薩摩川内市西ノ平遺跡（三四枚、朝鮮通宝）で至正通宝一枚、宮崎県都城市大岩田上村遺跡（三七枚、洪武通宝）で崇寧通宝一枚、えびの市六部市遺跡（五枚・加治木銭）で洪武通宝一枚が出土し［嶋谷二〇〇六］、折二銭の熙寧重宝がいちき串木野市栫城跡（五七枚、朝鮮通宝）と芝原遺跡（一六一枚、朝鮮通宝）で出土している［池畑二〇一八］。

持躰松遺跡・芝原遺跡・天神段遺跡で共通しているのは、中国陶磁器を納めた土壙墓が集落内で検出されていることである。同時期の九州・西日本でみられる屋敷墓［橘田一九九三、狭川一九九三］と同じあり方で、これらの遺跡は同じ葬送儀礼を共有した在地の有力者層の屋敷と考えられる。中国陶磁器と鏡をセットで副葬するのも薩摩・大隅では特殊な事例ではない。また四面庇建物をもつ建物群内に土壙墓が営まれるのは薩摩川内市の上野城跡などにもあって、一

写真 3　鹿児島市北麓遺跡　吉備系土師器椀

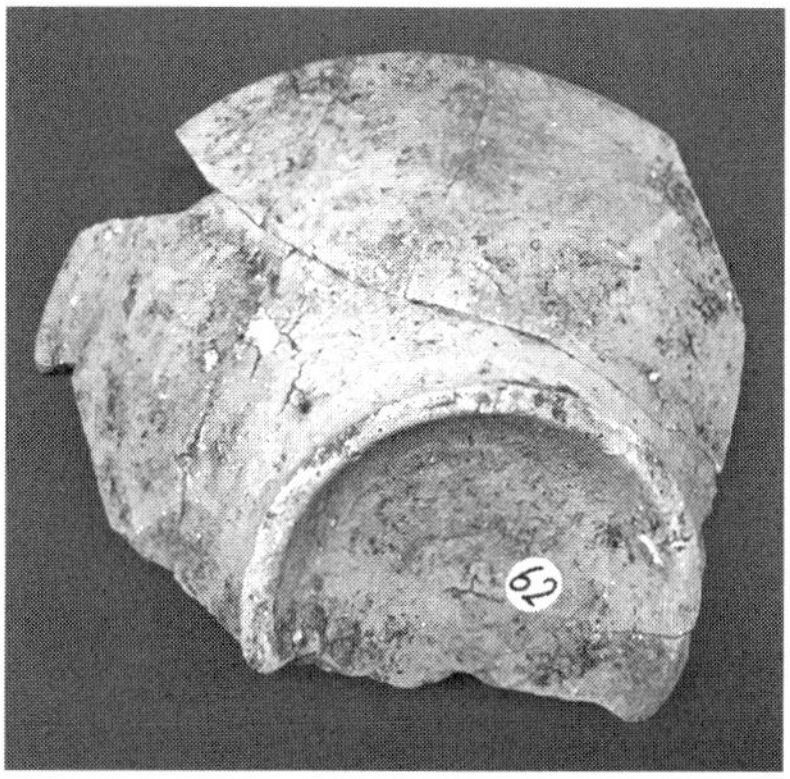

写真 4　姶良市市頭Ｃ遺跡　山茶碗

表 1　12 世紀の各遺跡出土の中国陶磁器の比較

遺跡名	出土点数	密度	面積（㎡）
天神段	810	0.043	19042
芝原	1123	0.023	49600
持躰松	1858	0.264	7038
外園	512	0.146	3511

二世紀の南九州の有力者層の屋敷に共通する要素ではないかと考えられる。

　各遺跡の特徴を中国陶磁器の出土量で比較してみると（表1）、持躰松遺跡が一八五八点と出土量が最も多く、芝原遺跡一一二三点となる。ただ最も少ない外園遺跡でも五一二点である。なお渡畑遺跡の出土点数の内訳が報告されておらず、密度は不明である。遺物の密度は、持躰松遺跡が〇・二六、外園遺跡は〇・一四、芝原遺跡は〇・〇二となり、遺物の密度からは万之瀬川下流域とその他の地域に大きな差はない。同程度の密度の遺跡をより広範囲に調査し遺物量が多くなったと考えるべきである。

　万之瀬川下流域の遺跡群と外園遺跡は、ともに河川に近い遺跡の立地などから地域内の流通拠点という評価はできる。しかし全出土遺物量に対しての壺甕の出土比率は一〇%以下で博多に比べると遺物量はかなり少なく、対外的な貿易拠点という評価を与えることは難しい。当該期から天神段遺跡のように南九州では内陸部に所領を持つ在地有力者層も碗・皿だけでなく、貯蔵容器も中国陶磁器を利用しているのである。

　また持躰松遺跡で対外貿易と中央権門との関係が想定された資料に畿内産の瓦器がある。しかし持躰松遺跡の調査以降、瓦器・吉備系土師器椀・手づくね成形の土師器・

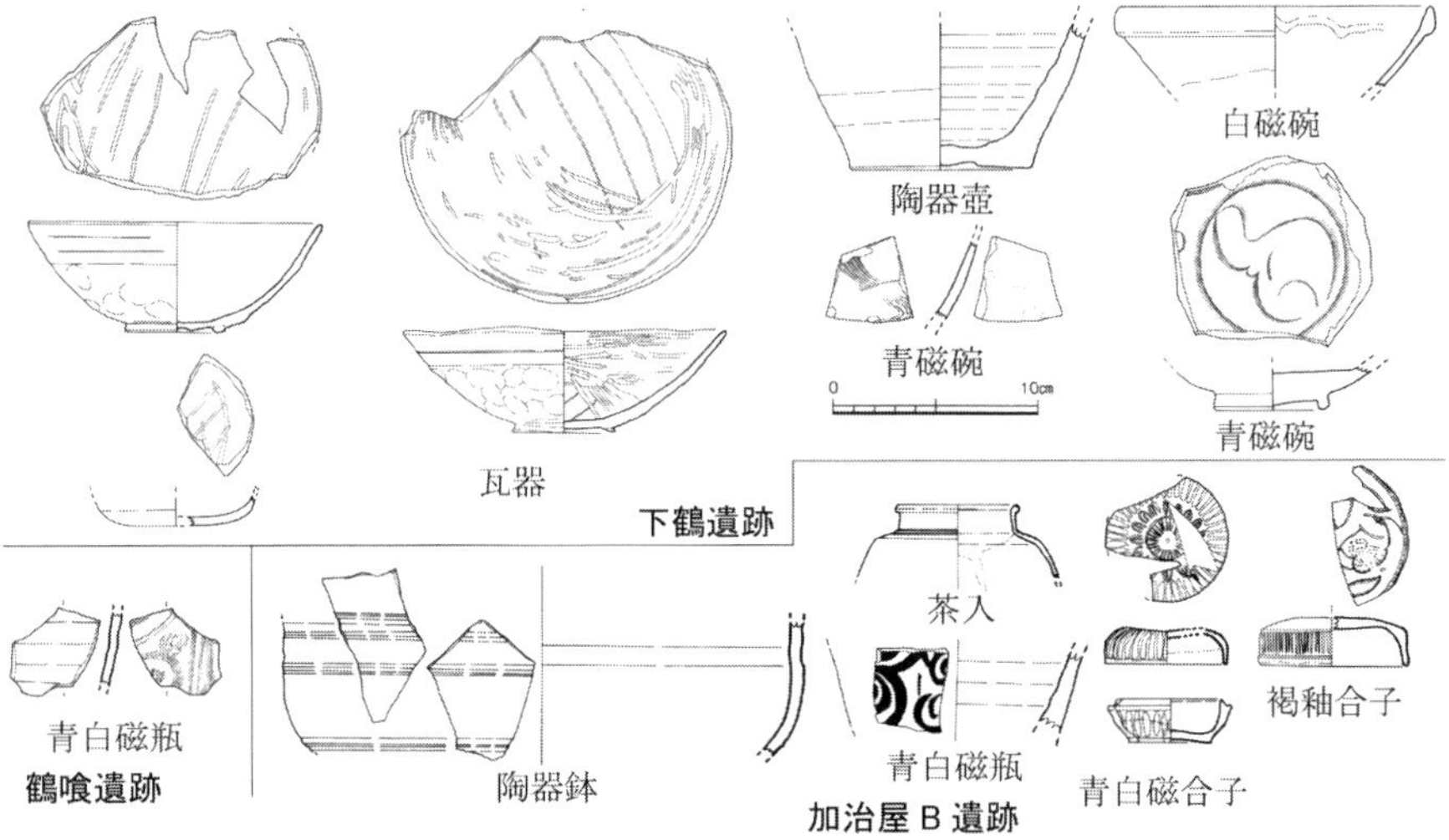

図10　宮崎市下鶴遺跡、都城市鶴食遺跡・加治屋Ｂ遺跡出土遺物
（宮崎市教委 2014、都城市教委 2007・2008）

東海系（山茶碗など）の中世前半の非広域流通品の出土が鹿児島湾内、志布志湾岸でも増えている。

宮崎県でも大淀川河口近くに位置する宮崎市下鶴遺跡で中国陶磁器と瓦器が出土している。内陸部の都城市でも加治屋Ｂ遺跡・鶴喰遺跡など多くの遺跡で中国陶磁器が出土し、鹿児島県内の中世前半の遺跡では出土例がない茶入などの遺物もある。非広域流通品が出土するからといって、安易に権門と対外貿易を結びつけることは持躰松遺跡の性格と同様に再検討する必要があろう。

⑶　一三世紀の様相

この段階に遺物量のピークがある遺跡に、始良市の市頭Ｃ遺跡と南九州市の馬場田遺跡がある。遺物の中心は、龍泉窯系青磁の鎬蓮弁文碗と口禿げの白磁で、天神段遺跡で出土しない中国陶器の天目・甕・盤・鉢が出土する。

市頭Ｃ遺跡は薩摩国府と大隅国府を結ぶ官道の推定ルート沿いに位置し、海からも近い。遺構は中心建物と考えられる総柱の掘立柱建物跡、柱穴間を布掘りで繋いだ倉庫と考えられる掘立柱建物跡、竪穴建物跡が検出されている（図

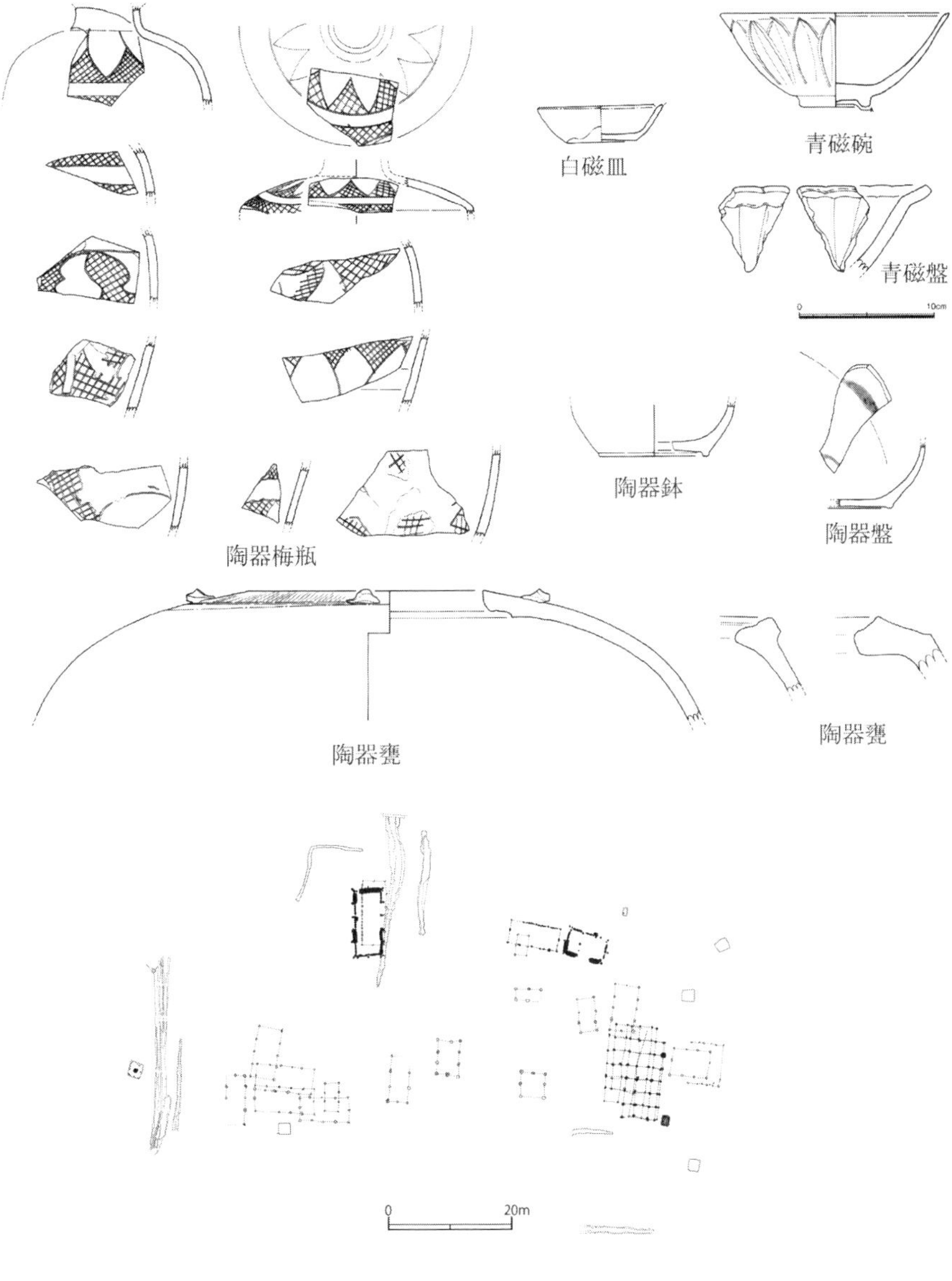

図11　市頭C遺跡遺構配置図・出土遺物（始良市教委 2012）

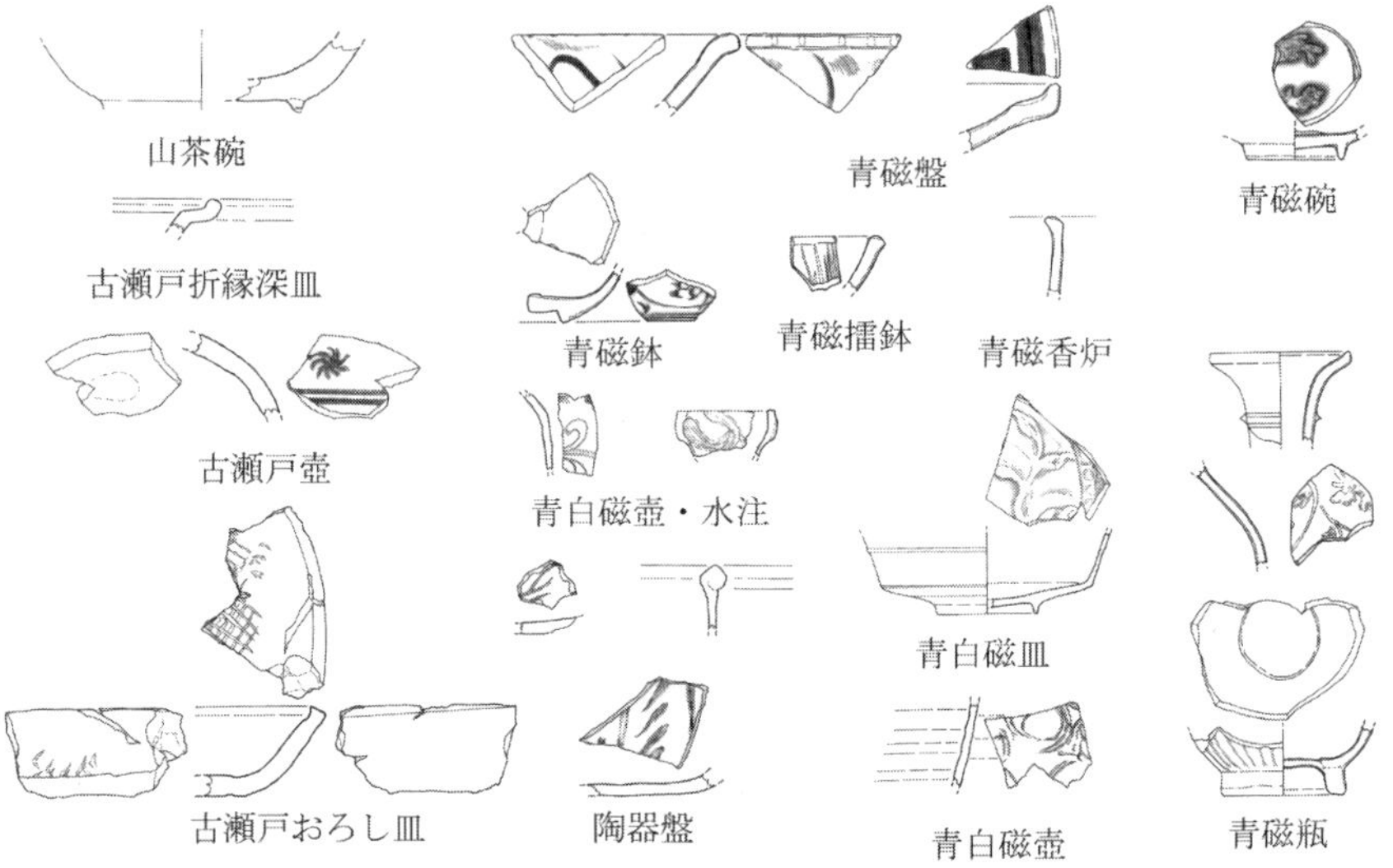

図12　馬場田遺跡出土遺物（南九州市教委 2009）

11)。一二世紀段階で廃絶する天神段遺跡で見られなかった竪穴建物跡が検出されるのが特徴で、東国や鎌倉では竪穴建物は倉庫として利用されていることから、東国からの人と情報の流入が考えられる［堂込 一九九八］。

馬場田遺跡の所在する南九州市は、中世の河辺郡に当たり、承久の乱以前は薩摩平氏の一族である河辺氏が郡司職であったが、乱以後は北条得宗家の支配下に入り、千竈氏が地頭御代官職と郡司職を有していた（千竈時家処分状）。馬場田遺跡では掘立柱建物跡、溝跡、土師器溜まり遺構、大ガメ集中遺構が検出され、出土遺物の九〇％以上が土師器である。中国陶磁器では青磁盤や壺・香炉、白磁壺、青白磁皿・瓶などの優品と位置づけられる器種もあり（図12）、国産陶器では瀬戸の折縁深皿や瓶があって、その種類と量は鹿児島県内で最も多い［上田 二〇一〇］。

遺物の出土量を比べると（表2）、持躰松が七二六点とやや多いが、外園・馬場田遺跡も五〇〇〜六〇〇点程度出土している。密度は馬場田遺跡が〇・八六と最も高く、外園遺跡〇・一四、持躰松遺跡〇・一〇と続き、芝原遺跡はこれらに比べ一桁低く〇・〇一となる。内陸部に位置する馬

表2　13世紀の各遺跡出土の中国陶磁器の比較

遺跡名	出土点数	密度	面積（㎡）
芝原	480	0.010	49600
持躰松	726	0.103	7038
外園	502	0.143	3511
新平田	391	0.112	3500
市頭C	256	0.035	7300
馬場田	605	0.864	700

表3　各遺跡の中国陶磁器の壺甕の占める割合

遺跡名	陶器壺甕	中国陶磁器	壺甕／中国陶磁器
天神段	259	890	29.1
芝原	1509	7457	20.2
持躰松	708	3142	22.5
外園	73	1179	6.2
市頭C	144	825	17.5
馬場田	450	1256	35.8

場田遺跡は流通拠点とは考えにくく、最終消費地と考えられ、遺跡の主の嗜好や購買力が遺物の出土状況に反映していると考えられる。

また持躰松遺跡で対外貿易拠点の考古学的な根拠とされた甕は馬場田遺跡でも出土している。内陸部の遺跡で出土する甕壺は生活容器として利用されたことが指摘されているが［橋口 二〇〇八］、南九州各地の遺跡でも中国陶器の壺甕が日々の暮らしの中で使用され、万之瀬川下流域遺跡群出土の甕壺も生活容器が多くあったのであろう（表3）。

(4) 一四世紀の様相

一四世紀前半に位置づけられる陶磁器の出土量は少ない。馬場田遺跡や鹿屋市領家西遺跡などで枢府系の白磁が出土しているが、一三二三年ごろに沈んだ韓国新安沈没船で出土している弦文の青磁碗は薩摩・大隅では出土していない。市頭C遺跡では新安沈没船にのみ類例がある黒釉掻き落し牡丹文梅瓶が出土しているものの、一四世紀前半の中国陶磁器の出土量が減少する状況からすれば、それ以前に輸入されていた可能性もある。

一四世紀後半になると出土量はそれほど多くないが見込み釉剥ぎの青磁碗などが南さつま市上水流遺跡などで出土している。また確認されている数は少ないが沖縄を中心に出土する粗製白磁碗のビロースクタイプⅢ類も芝原遺跡などで出土しており［柴田 二〇一七］、この段階以降、再び中国陶磁器の出土量が回復する傾向にある。亀井明徳が指摘する通り琉球から北上してくる中国陶磁器の流れに転換する現象で［亀井 一九九三］、また一四世紀後半から一五世紀にかけて琉球から九州東岸を通るルートが顕在化することも指摘されている［柴田 二〇一七］。

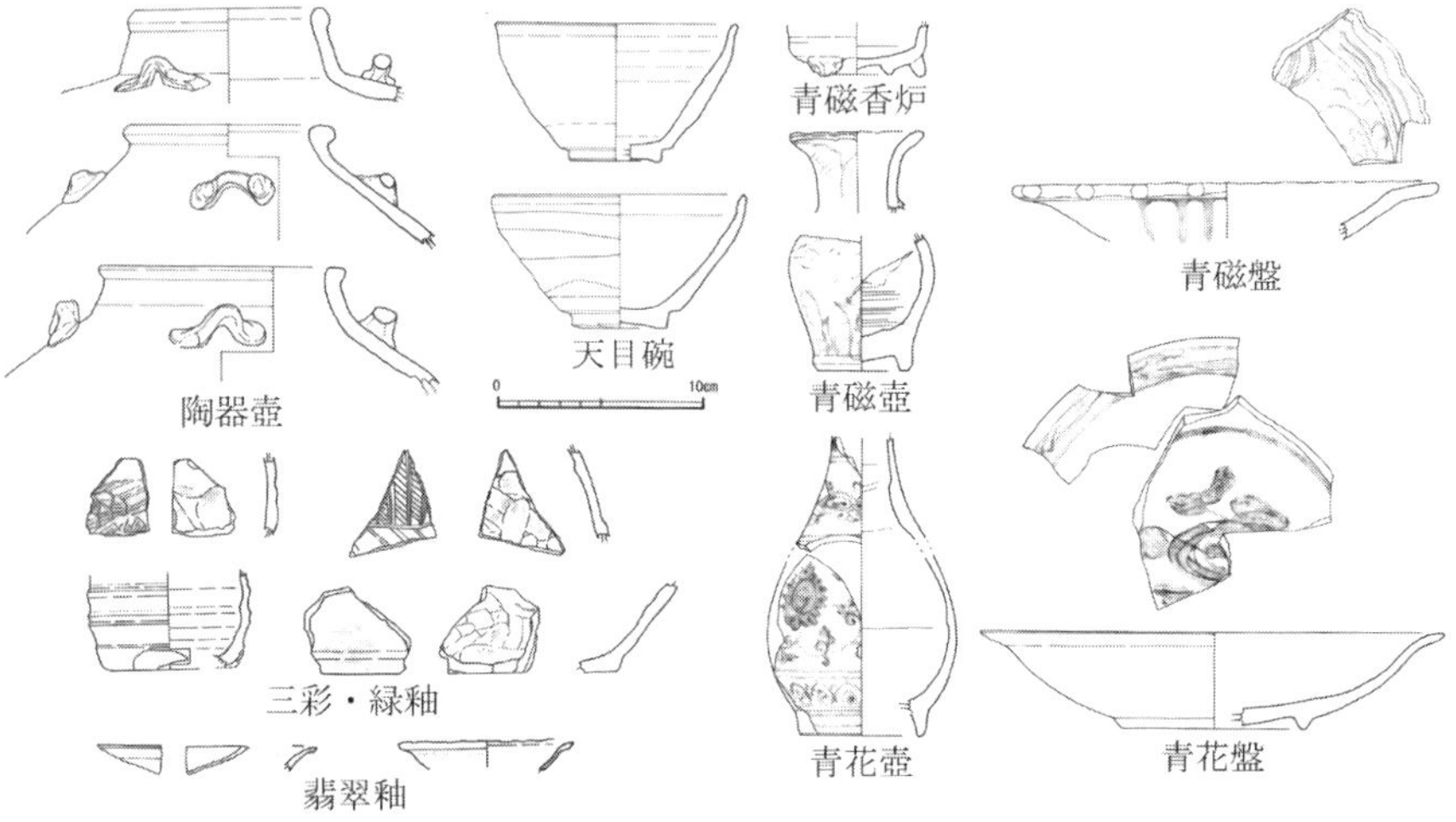

図13　虎居城跡出土遺物（鹿児島県埋文2011）

(5) 一五・一六世紀の様相

万之瀬川下流域の渡畑遺跡や芝原遺跡、上水流遺跡の遺構は南九州の他の遺跡と違いはなく、遺物は中国陶磁器を中心に出土している。一方、知覧城跡や虎居城跡などの内陸部に位置する山城でも中国陶磁器が出土している（図13）。芝原遺跡と虎居城跡の中国陶磁器を比較すると、特に一五・一六世紀が中心となる青花の出土量は内陸部に位置する虎居城跡が二〇七〇点と芝原遺跡の八五五点より多く、密度も高い状況にある。

南九州の山城では薩摩以外でも志布志城跡（志布志市）、都之城跡・池之上城跡（都城市）、穆佐城跡（宮崎市）で盤や香炉、壺などが出土し（図14・16）、中国陶磁器などの流通は南九州全域に及んでいる。志布志城跡では大銭や琉球の大世通宝が出土しており、芝原・渡畑遺跡では朝鮮通宝などが出土している（図15）。南九州では中国銭以外では朝鮮の東国通宝、朝鮮通宝、ベトナムの洪徳通宝、景統通宝も出土するが、朝鮮通宝は薩摩から鹿児島湾周辺に偏在する傾向にある［池畑 二〇一八］。

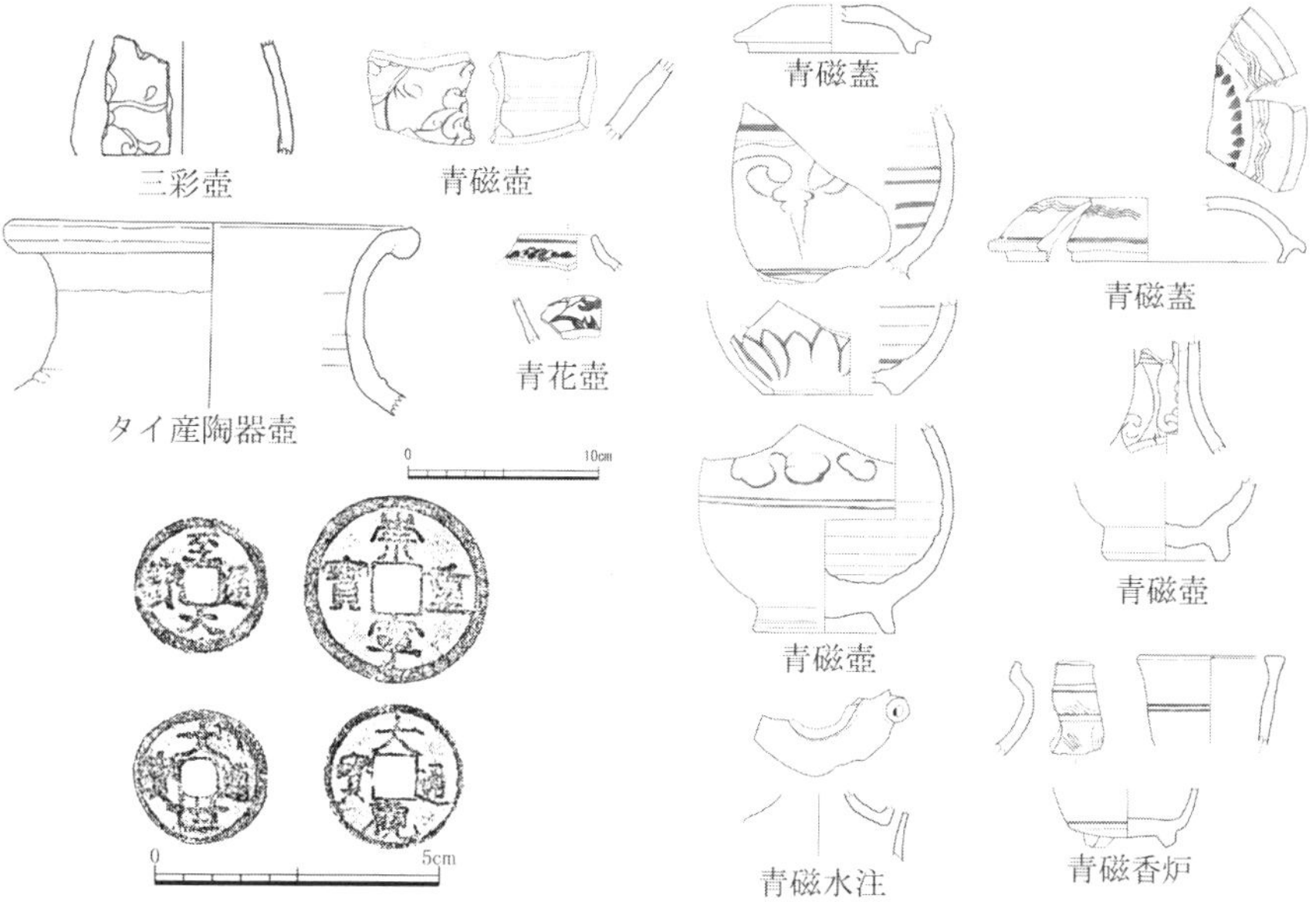

図 14　志布志城跡出土遺物（志布志市教委 2018）

3　大隅諸島以南との関係

薩摩半島の南、種子島、屋久島の西北に黒島・硫黄島・竹島からなる三島がある。この三島の中央に位置する硫黄島では中世に硫黄が採取され、中国へと輸出されていた［山内二〇〇九］。最も西に位置する黒島では近年、平家城跡と大里遺跡の発掘調査が行われているので紹介しておきたい。

平家城跡では白磁の碗皿、龍泉窯系青磁の他にカムィヤキ、滑石製石鍋が出土し、大里遺跡では白磁・龍泉窯系青磁の他にカムィヤキ・滑石混入土器・高麗陶器・中国系瓦が出土している（図17）。時期は一二世紀～一三世紀が中心である。中国系瓦は丸瓦・平瓦で、周辺で軒平・軒丸・鴟吻

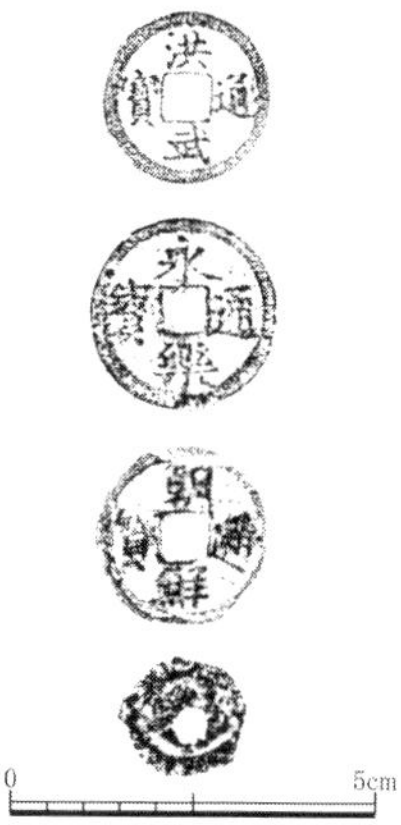

図 15　芝原遺跡・渡畑遺跡出土銭貨

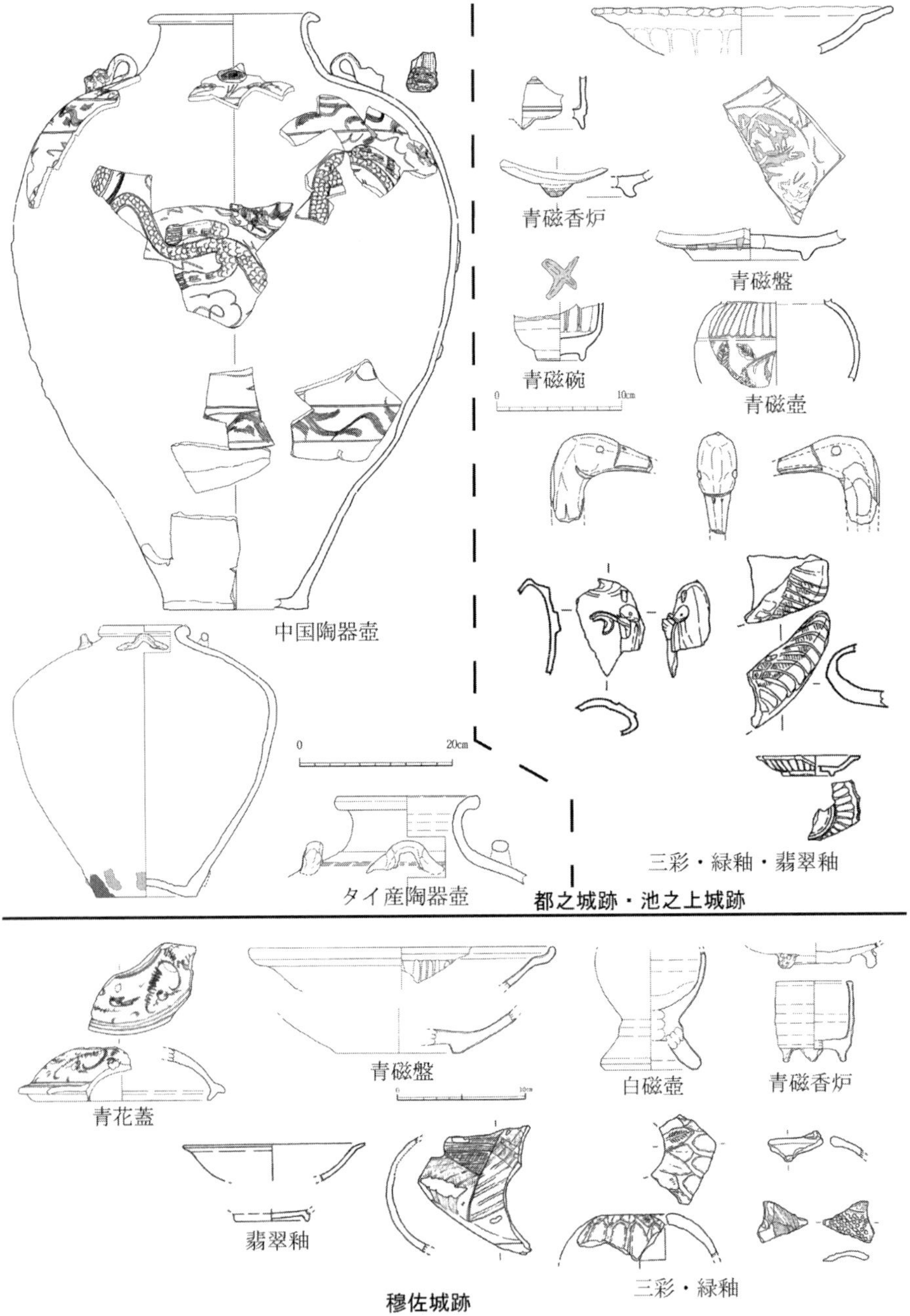

図 16　都城市都之城跡・池之上城跡、宮崎市穆佐城跡出土遺物
（都城市教委 1991・2010、宮崎市教委 2013）

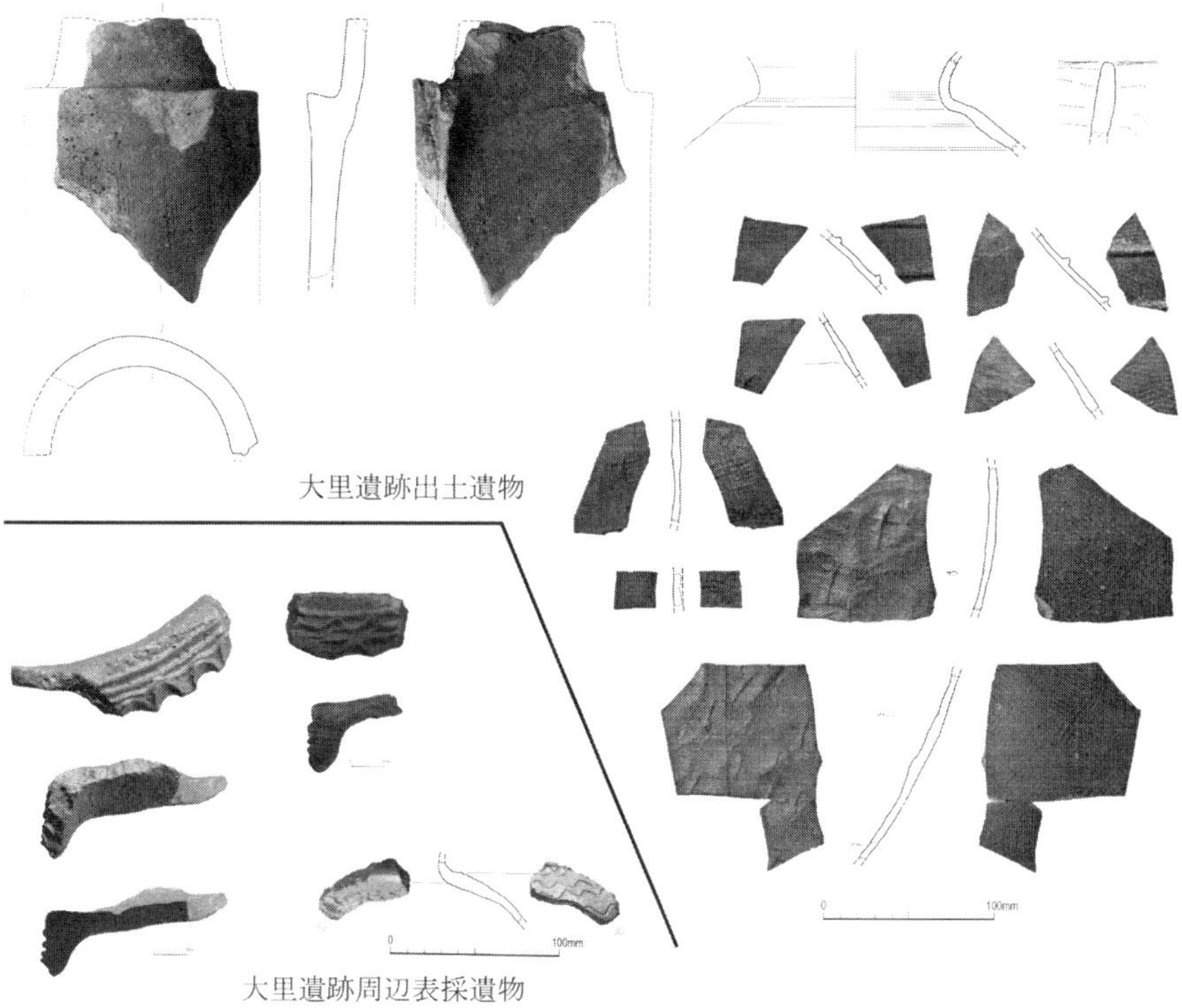

図17　三島黒島大里遺跡出土遺物・表採遺物（三島村教委2015）

と考えられるものが採集されており、高麗系無釉陶器は蛍光X線分析の結果、カムィヤキと同じ胎土であることが指摘されている。ちなみに黒島の神社に伝来している緑釉陶器は磁竈窯系で中国商人の関与によるという意見もある［橋口二〇一七］。

また黒島での分布調査以外に、三島では橋口・若松、渡辺らによる踏査の報告があり［橋口二〇一一、渡辺二〇一四］、硫黄島では一二世紀代の白磁などが報告され、硫黄貿易や中国商人の関与が指摘されている。

大隅諸島以南では黒島以外の中世遺跡の発掘調査は少ないが、種子島やトカラ列島で東南アジア産陶磁器が報告されており［重久二〇〇四］、諏訪瀬島の切石遺跡では中世から近世の陶磁器が出土している［大橋・山田一九九五］。

4　流通拠点としての遺跡

持躰松遺跡はこれまで対外的な貿易拠点と評価されてきた。しかし持躰松遺跡と芝原遺跡で検出された土壙墓は屋敷墓と呼ばれるものと同様であり、万之瀬川下流域遺跡群を支配していたのは在地の有力者層と考えられる。他の遺構も廟の可能性が指摘される建物があるが、博多遺跡群でみられる一括大量廃棄土坑などの遺構はない。

中国陶磁器の密度をみても、万之瀬川下流域遺跡群とその他の遺跡に隔絶した差はなく、対外貿易拠点とは評価しにくい。持躰松遺跡は対外貿易の拠点というより、金峰・加世田の小地域内の流通拠点という評価が妥当であろう。また中世の南九州では、中国陶磁器が碗皿として使用され、壺甕でも国内産陶器と同程度出土する[橋口 二〇〇二・二〇〇三]。一二世紀には天神段遺跡など大隅半島側の内陸部にまで中国産商品の流通網ができあがっており、以降元末明初の一時期を除き、遺跡の立地に関係なく在地の有力者層を中心に中国陶磁器が日常的に利用されたと考えられる。

その他の遺物で他の遺跡にないものとして、薩摩塔の残欠と中国系の瓦がある。万之瀬川旧河口近くの当房地域で発見される薩摩塔は、貿易拠点を示す物証である可能性が指摘されている[橋口 二〇一七]。しかし当房地域の発掘調査がない現状では、一二～一三世紀の万之瀬川流域に対外貿易拠点があったという評価はやはり難しい。また博多での出土例が多く、中国商人との決済で使用されたと考えられる大銭一枚が渡畑遺跡で出土しているが、大銭は他地域でも出土しており、対外貿易拠点の証拠とはならない。

万之瀬川流域の位置づけや中国商人の活動内容を考古学的に解明するにはまだ課題は多い。博多遺跡群でみられる「綱」銘墨書土器、数百点単位の中国陶磁器一括大量廃棄遺構などが検出されて、初めて考古学的に対外貿易の拠点という議論ができるのであろう。

三島村黒島の大里遺跡では中国系瓦以外にカムィヤキ、高麗系無釉陶器、滑石混入土器が出土しており、城久遺跡群や奄美地方との関連がうかがえる。城久遺跡群の最盛期である一一世紀後半から一二世紀前半に九州の勢力が関与し、奄美以南の社会に変化をもたらしたことが指摘されているが［池田二〇一四等］、これらの遺物は博多↓九州西岸↓奄美を結ぶルートを想起させる。

一四世紀以降、万之瀬川下流域では渡畑遺跡と芝原遺跡に中心が移っても、出土量はそれほど増えず、むしろ内陸部の山城の方が多い状況がある。薩摩半島南西部の坊津は考古学的には一五～一六世紀の遺物が主体で、文献でも対外的な港湾として使用されたのは中世後半と考えられている［橋口二〇〇四、柳原二〇一〇］。中世後半には琉球から九州東岸を通り堺へ向かうルートもあり［柴田二〇一七］、志布志城跡や都之城跡、池之上城跡、穆佐城跡などで中国陶磁器が出土するのも、こちらのルートが活発に利用されたからであろう。

おわりに

本章では中国陶磁器を中心に遺跡の発掘調査成果から南九州と海の世界とのつながりをみてきた。中世の南九州では地域や立地に関係なく中国陶磁器が出土しており、流入ルートには中世前半と後半に変化があっても、中国や琉球から海を渡って中国等の商品がもたらされていることは間違いない。

持躰松遺跡を対外貿易拠点と評価する根拠となった中国陶磁器は、南九州各地でみられるものである。持躰松遺跡の調査以後に日宋貿易とのサブルートとして南西諸島から南九州に到るルートが指摘されているが、一三世紀までにこのルートが利用されていた可能性は低い。南九州に直接到るルートも指摘されているものの［橋口二〇一四］、現状ではルートの存否を発掘調査の情報から求めることは難しい。

持躰松遺跡の発掘調査までは鹿児島県内での中世遺跡の調査・研究が少ない状況にあり、南九州の特徴が把握されないまま大きな注目を集めてきた。南九州が海を通じて中国や琉球から様々な商品や情報を得ていたことは確かだが、その対外貿易の内容を考古学的に論じるには遺跡の調査成果の詳細な分析が不足しているのが現状である。

南九州と島嶼の世界

――日本図を素材として――

栗林 文夫

はじめに

中世の南九州と島嶼世界を一つのまとまりのある世界として描くには、様々なアプローチの方法が考えられるが、本章では中世に作成された日本図に描かれた情報を主たる素材として考察を進める。そこでの主題は、中世の人々が島嶼世界をどのように認識していたのかということであり、中世史研究で注目されている《周縁》《境界》《異域》がキーワードとなる。

具体的に島嶼の世界をめぐる前に、本章で使用する用語の確認をしておきたい。南九州とは現在の鹿児島県域の九州島を指すが、島嶼は南九州の周辺に点在する島々（種子島・甑島など）、さらに南へ向かい薩南諸島（与論島以北）、その南の琉球列島（沖縄島以南）へと連なっている。これらを併せて南西諸島といい、大小様々な島々からなるが、本章では主に与論島以北の薩南諸島を対象とする。

薩南諸島をさらに細かくみると、①口之三島（竹島・硫黄島・黒島）、②大隅諸島（種子島・屋久島・馬毛島・口永良部島）、③吐噶喇列島（口之島・中之島・諏訪之瀬島・臥蛇島・平島・悪石島・宝島・小宝島）、④奄美諸島（奄美大島・徳之島・喜界島・沖永良部島・与論島）の四つの地理区に分けることができる［鈴木 一九六二］。

ところで「島」と言えば、孤立しているイメージを抱きがちだが、人々が島で暮らすには孤立していては生活は成り立たない。自分の島にないものは、よその島から手に入れる必要があるし、他の島々とのつながりがなければ、島の暮らしは立ち行かなくなる。人が移動すれば、モノや文化がもたらされるから、文献史学や考古学などの研究が有効になってくるのである。

そのなかで最近とくに注目されているのは考古学の分野で、貿易陶磁器・カムィヤキ・滑石製石鍋など広域流通品の交易実態の研究である。なかでも喜界島の城久遺跡群（大島郡喜界町）の発掘調査は、これまでのイメージを覆すほどの大きな発見で、文献史学・考古学の共同研究など多くの成果が上げられた［池田 二〇〇八］。また、鹿児島県歴史資料センター黎明館でも企画特別展が開催され、この分野での研究の到達点が示された［鹿児島県歴史資料センター黎明館編 二〇一四］。城久遺跡群の詳細は別章を参照願いたいが、一九九六年から始まった持躰松遺跡（南さつま市金峰町）をはじめ、小薗遺跡（同前）・倉木崎海底遺跡（大島郡宇検村）等の発掘調査などを契機に、文献史学の研究も次第に進んできた［柳原 二〇一一、村井 二〇一三］。

これらの研究は主に「交易」の解明に目が向けられていたが、本章ではまず《周縁》《境界》《異域》をキーワードに島嶼世界の特徴を概観して、次に日本図を利用しながら中世の人々による島嶼世界の認識について迫っていきたい。

1　島嶼世界の捉え方

(1)《周縁》《境界》《異域》

島嶼世界に文献史学が関心を寄せはじめたのは、一九七〇年代の半ばころで、中世国家の周縁にある境界領域としての島嶼が注目を集めた。現在も境界論をテーマとした研究は盛んだが［柳原 二〇一一］、なかでも北の「外が浜・夷島考」［大石 二〇〇二］と南の「キカイガシマ・イオウガシマ考」［永山 一九九三］は、特定の島をクローズアップした成果として重要である。

ここで筆者が注目したいのは村井章介が提起した、古代・中世の「ケガレの観念」を応用して中世国家の領域観念を分析する「《浄―穢》の同心円」論である［村井 一九八八］。

この同心円論は、中心から外に向かって、浄→穢へと移行していくとする考え方である。《中心》には西国があり、その内側に浄なるものの究極として天皇の身体がある。その外側には《周縁》としての東国・九州南部・山陰・四国南部などがある。さらにその外の円は《境界》で、外浜と鬼界島(ないしは壱岐・対馬)があり、《異域》は蝦夷島と琉球(ないしは高麗)であった。この同心円状の国家観念は、《中心―浄》から《異域―穢》へ漸次的に移行するところに特徴がある。また《境界》と《異域》の境目は、強力な政治権力の働きかけなどが要因となって変動することがしばしばあった。

(2) 島嶼世界の三類型

《浄―穢》の同心円論は、島嶼世界を分析する上でも有効である。それはたとえば、南九州を《中心》にすえて、そこから南に広がる島嶼世界を《周縁》《境界》《異域》に三分類することによって、現在も鹿児島に残る「島差別」の意識の根元が見えてくるからである[野口 一九九〇、松下 二〇〇四]。

このように島嶼世界を捉え直してみると、南九州から肉眼でもおおよそ確認できる、比較的近距離の島嶼が《周縁》になる。南九州に生活する人々は《周縁》に、生活に必要な物資を求めたり、神仏を祀るなどして、両者の交流は古くから活発で、関係は密接であった。

《境界》は《周縁》からさらに離れた島嶼で、甑島列島、口之三島、大隅諸島、吐噶喇列島である。この地域の島嶼の特徴は、国郡制や荘園公領制の枠組みに含まれていたことである。

具体的にみると、屋久島は大隅国馭謨《ごむ》郡謨賢・信有の二郷、種子島は熊毛郡熊毛・幸毛・阿枚の三郷、甑島は薩摩国甑島郡管管・甑島の二郷からなり(以上『和名抄』)、種子島と甑島は鎌倉時代初期の建久図田帳にも記載がある。特にこの両島には種子島氏や小川氏といった在地領主も確認でき、前者は中世から明治までを記した『種子島家譜』を伝えていて、島嶼世界を解明する上で貴重な史料となっている。残る吐噶喇列島は薩摩国川辺郡に含まれ、鎌倉時代以降、島津氏が口之三島・大隅諸島・吐噶喇列島の十二島地頭職を相伝していた。

《異域》とは、《境界》からさらに遠く離れた島嶼であり、奄美諸島以南が該当する。京都の貴族たちから、日本ではない「外国」と認識されていたが、《異域》と《境界》の境目は政治的な影響を受けて変動するので、固定的な性質をもつものではない。たとえば、一四五〇年に臥蛇島に漂着した朝鮮人四人は、琉球と薩摩で二人ずつ折半されているが(『朝鮮王朝実録』)、これは奄美諸島の北にある臥蛇島が琉球と薩摩に両属する島であったためで、《異域》と《境界》の境目がここまで移動していたことがわかる[村井 二〇一三]。

2 日本図に描かれた島嶼世界

島嶼の世界を《周縁》・《境界》・《異域》の三つにわけて捉えたとき、問題になるのは中世の人々が島嶼世界を具体的にどのように認識していたのかという点である。その答えに近づくために本節では、中世に作成された日本図を素材に考えたい。中世の日本図は現代の地図と異なり、そこに書き込まれる文字情報や図像などは、当時の想像や空想など一定のイメージが織り込まれているため、中世人の意識が端的に反映されているのである。この日本図に島嶼世界がどのように描かれているのか、時代によって描かれ方にどのような変化があるのか、という視点で検討したい。

まず日本図のなかで島嶼がどのように描かれているかを表にまとめてみた(表)。

一四世紀成立の日本図(表の№2)に「向島」が見えるのは示唆的である。それはこの図が一三世紀後半の蒙古襲来を背景に作成され、龍が日本を取り巻いて守護するという希有な日本図を表現しているからである[黒田 二〇〇三]。「向島」は現在の桜島と推測されるが、桜島の名称が「鹿児島」から「向島」に変わったのが一三世紀後半頃で、八幡神がこの島を造り、八幡神の母神である神功皇后がかつて百済を倒したという伝説と重ね合わされて蒙古撃退が期待され、『八幡愚童訓』でもこの島がクローズアップされていた[栗林 二〇一六]。それ故ここに描かれたものと推測される。

次に「タネ島」・「ミ、エ島」であるが、「タネ島」が種子島であることは確実であろう。ただし、「タ」の上に「シ」と読めそうな墨の色が濃くなった文字がある。ここでは是沢恭三の指摘[是沢 一九六八]に従って、「タネ島」と読んでおく(神奈川県立金沢文庫道津綾乃の教示による)。

問題は「ミ、エ島」であるが、現在このような名前を持つ島は管見の限り見出すことができない。そこでこの島の描かれ方を観察してみると、「タネ島」に接して描かれており、しかも「タネ島」よりも大きく描かれていることがわ

表　日本図に見える島嶼世界の表記

No.	史料名	年代	所蔵者	島嶼世界の表記
1	延暦二四年輿地図	延暦二四年(八〇五)改定、江戸時代後期模写	国立歴史民俗博物館	多禰島・鬼界島
2	日本図	一四世紀初頭	称名寺(神奈川県立金沢文庫保管)	向島・タネ島・ミ、エ島・八島有・小島、龍及国宇島身人頭鳥、雨見島私領郡
3	日本扶桑国之図	室町時代	広島県立歴史博物館保管	種子島・鬼界島・黒島・エラウ・甑島・龍及国頭□□□
4	海東諸国紀所載海東諸国総図	一四七一年成立、一五一二年頃刊		種島・高島・亦島・硫黄島・恵羅武・口島・中島・悪石・黒島・小臥地島・小虵島・多伊羅・島起湍・諏訪湍・渡賀羅・島子・鬼界島・大島・度九島・与論島・小崎恵羅武島
5	日本考略所載日本地理図	嘉靖二年(一五二三)初版		硫黄出山・琉球
6	拾芥抄所載日本図	天文一七年(一五四八)	天理大学附属図書館	大隅領多祢
7	南瞻部洲大日本国正統図	室町時代後期(一五五七年頃)	唐招提寺	大隅浜四郡・硫黄島・黒島・雨見島　他
8	日本図	永禄三年(一五六〇)	妙本寺	イワウ島・コシキ島、鬼海島・タムロサム・琉球国身人頭鳥
9	日本図纂所載日本図	嘉靖四〇年(一五六一)		硫黄山・七島・種島
10	日本一鑑所載日本行基図	嘉靖四五年(一五六六)頃		大隅浜四郡・硫黄島・悪海島・黒島・雨見島・島・島・島・大
11	南瞻部洲大日本国正統図	寛永年間(一六二四〜一六四四)	東京大学総合図書館	種島・硫黄島・大隅浜四郡・鬼海

かる。現在の種子島に接する島は存在しないが、比較的近距離にあるのは、馬毛島・屋久島・口永良部島などである。古代の行政区分としての「多祢島」には、屋久島も含まれていたので、島の大きさなどから考えてみて、屋久島がこの図には適するのかもしれない。しかし、屋久島のことを「ミ、エ島」と呼んだ史料は確認できない。ただわずかに、屋久島の北部に「耳崩《みみんくえ》」(一〇七七㍍)、南部に「耳岳」(一二〇二㍍)という山が存在することがわかったが、現時点では不明とせざるを得ない。

「雨見島」は奄美島のことを指していると思われるが、この島が「私領郡」だとある。北条得宗家の被官千竈氏は、川辺郡地頭代官職と同郡司職を有していたが、同氏の譲状には奄美大島・徳之島・喜界島・沖永良部島等の奄美諸島も含まれており［小田 一九九三］、このような事実の反映だと考えられている［永山 二〇〇八］。

「龍及国宇島身人頭鳥」の「龍及国」は「琉球国」のこと

であろう。「宇島」は「大島」の音写で、つまり現在の沖縄本島を指すと考えられている［黒田二〇〇三］。本図では「雨見島」と「龍及国宇島」は、日本を守護している龍の外側に描かれており、日本ではない《異域》の島と認識されていたことがわかる。

「身人頭鳥」という表現からは《異域》に住む人に対する畏怖の念《身は人で頭は鳥》＝人間ではない得体の知れないモノが住む地域であるという認識が読み取れる。同じ内容は「日本扶桑国之図」（№3）と「日本図」（№8）にも見え、№2の日本図の情報が踏襲されている。№8は永禄三年（一五六〇）に書写されているが、その元となった日本図は鎌倉時代後期に作成されたものだという［黒田二〇〇三］。したがって鎌倉時代後期から室町時代にかけてこのような認識が存在していたということになる。№2・8の日本図はともに寺院に伝来したことから考えると、何らかの宗教的儀式において利用された日本図なのかもしれない。平安時代の都の貴族たちは琉球を食人国であると観念していたが、これは『隋書』流求伝に記されたイメージが色濃く反映していたからだという。このイメージは鎌倉時代になっても変わらず持ち続けられていた［山里一九九九］。

このように自らの生活圏からあまりにも遠く離れていると、その対象に関する情報は極端に少なくなり、古い時代の文字情報に頼らざるを得なくなる。そして一度定着した特定のイメージは、それを更新するような新たな情報が持ち込まれることがなければ、長い間人々の記憶のなかに刻み込まれ続けることになるのである。

「日本扶桑国之図」（№3）は、最近公開された日本図で、描き方としては「南瞻部洲大日本国正統図」（№7）に通ずるものがある。九州の西から南にかけて多くの島が描かれており、広範囲な島嶼世界の広がりが認識されていたことがわかる。大隅の南東海上から時計回りに、種子島・鬼界島・黒島・エラウ（口永良部島）・甑島が描かれているが、吐噶喇列島から奄美諸島が欠落している。つまり《周縁》と《境界》の島嶼までがこの図に描かれていることになる。

ここで黒島が描かれていることに注目したい。黒島は他に「南瞻部洲大日本国正統図」（№7）にも見えるが、硫黄島ではなく黒島が描かれる意味を考えなければならない。先行研究によれば、硫黄島は鉱山に依存した港湾集落であったのに対し、黒島は口之三島のなかで最大の規模を誇り、硫黄島を上まわる権力者が存在したと言われている。『吾妻鏡』文治三年九月二二日条等に見える天野遠景・宇都宮信房等の「貴海島」追討は、実は黒島の可能性が高いとも言われており、この島が政治・軍事面での中心であったという〔市村二〇一三〕。このようなことが「日本扶桑国之図」（№３）の製作者にも知られていたのであろう。そのため、これ以降の「南瞻部洲大日本国正統図」（№７）・「日本一鑑所載日本行基図」（№10）にも黒島は描かれることになるのである。

ところで、室町時代後期（一五五七年頃）成立の「南瞻部洲大日本国正統図」（№７）、嘉靖四五年（一五六六）頃成立の「日本一鑑所載日本行基図」（№10）、寛永年間（一六二四～一六四四）成立の「南瞻部洲大日本国正統図」（№11）に見える、「大隅浜四郡」とは何であろうか。

古代の多祢島は能満・熊毛・益久・馭謨の四郡からなり、種子島・屋久島・口永良部島等が含まれていた〔平凡社地方資料センター編 一九九八〕。位置的にも南九州よりさらに南に描かれていることから、この多祢島のことを指していると思われ、種子島だけでなく屋久島・口永良部島までも含まれていたのであろう。ちなみに、寛永元年（一六二四）の「大日本国地震之図」には、「たねかしま《（種子島）》四くん《（郡）》おほすみれう《（大隅領）》」とあり〔黒田二〇〇三〕、右の推測を裏付けてくれる。

しかしこのように理解すると、「南瞻部洲大日本国正統図」（№11）に「大隅浜四郡」とは別に「種島」（種子島）が描かれており矛盾する。これはおそらく、「種島」と「大隅浜四郡」が内実として同じ島を指すということがわからずに、「南瞻部洲大日本国正統図」（№７）の情報をそれ以前からあった種子島の情報と併せて載せてしまったのであろう。そうだとすれば、これらの日本図では一六世紀後半から一七世紀にかけて、当時の実態とは異なった古代の情報により種子島等を指し示していたことになる。日本図にはこのように古い情報を使用し続けるものもあったことがわかる。

以上の検討から、南九州から南方へ続く島嶼世界について、日本図上に表れた当時の人々の意識には、まず種子島・硫黄島・黒島・鬼界島があり、その先に奄美・琉球が位置していたことが確認できた。日本の範囲は種子島・硫黄島・黒島・鬼界島までで、奄美・琉球は日本の外と認識された。

かつて原田信男が指摘したように、前者は農耕に基づく米の世界が広がる日本の国家領域であり、後者は狩猟・漁撈を中心とする肉の世界の《異域》に相当する［原田 一九九三］。

種子島はかつて多祢島と呼ばれ、国に準ずる島であったことから非常に著名であったと思われる。硫黄島は硫黄を産出する島として、『籌海図編』の日本国図に「硫黄山」が描かれるなど、東アジアの中で広く知られていたし［山内 二〇〇九］、鬼界は南方の島嶼世界を広範囲に示す用語として、しばしば使用されてきた［永山 一九九三］。つまり、多くの島嶼を鬼界島という言葉で表現していたのであろう。そしてその先に、奄美・琉球があるという認識であった。その琉球は、「身は人で頭は鳥」のような人間が住む地域と考えられていたのである。

このようなイメージは、近世後半以降に作製された伊万里焼の日本図皿などに生き続け、そこには薩南諸島を「種ケシマ」「キカイ」で代表させるものが多く描かれた。これは皿という限られたキャンバスのなかで日本全体を表現しなければならないという制約が大きな理由であったと思われるが、ここにはほかに「女護国」（女人だけが住むという国）・「小人国」（背の低い人ばかりが住んでいるという国）など、空想上の国々も描かれている。

日本で作成された日本図は、南方の島嶼世界を以上のようにイメージして描いていたが、李氏朝鮮で作成された『海東諸国紀』所載の「海東諸国総図」（No.4）は、日本図と違って非常に細かく、かつ具体的であり、現代の地図に通ずる要素が多く見られる。この地図は、一四五三年に琉球国中山王の使者道安が朝鮮国王に献じた日本琉球両国地図をもとにして作成されたもので、道安はこの時期最も活躍した博多商人であった［村井 二〇一三］。つまり実際にこの海域を航海し、現地の様子を熟知した人物が作成に関与していたのである。

したがって「海東諸国総図」は、日本で作成された日本図とはその成り立ちから異なっているのである。地図史の視点から考えてみれば、想像や空想が多く描き込まれた日本図は、やがて「海東諸国総図」のような現実に近い地図に変化していくことになるのである。それにつれて、南方の島嶼世界に対して人々が抱いていたイメージも変化し、より現実に近い形になっていくのである。

南の島　奄美群島

岩元 康成

はじめに

ここ二〇年ほどの間に奄美群島で中世遺跡の発掘調査事例が増え、考古学だけではなく、文献史学など多方面から注目を集めている。なかでも喜界島の城久遺跡群は、全国の研究者によるシンポジウムが開かれ、のちに国史跡指定になった。この他にも古代では奄美市小湊フワガネク遺跡出土資料が重要文化財、中世では奄美市赤木名城跡、徳之島伊仙町カムィヤキ古窯跡群も国指定史跡となっている。調査から指定までの間に中国陶磁器、在地土器、墓制、建物、城郭などの様々な分野の研究成果も蓄積されているので、本章ではそれらの成果をもとに、奄美群島の中世遺跡を一二世紀から一六世紀にかけて一〇〇年単位で、細かい部分は五〇年単位で概観し遺跡の特徴を紹介したい。

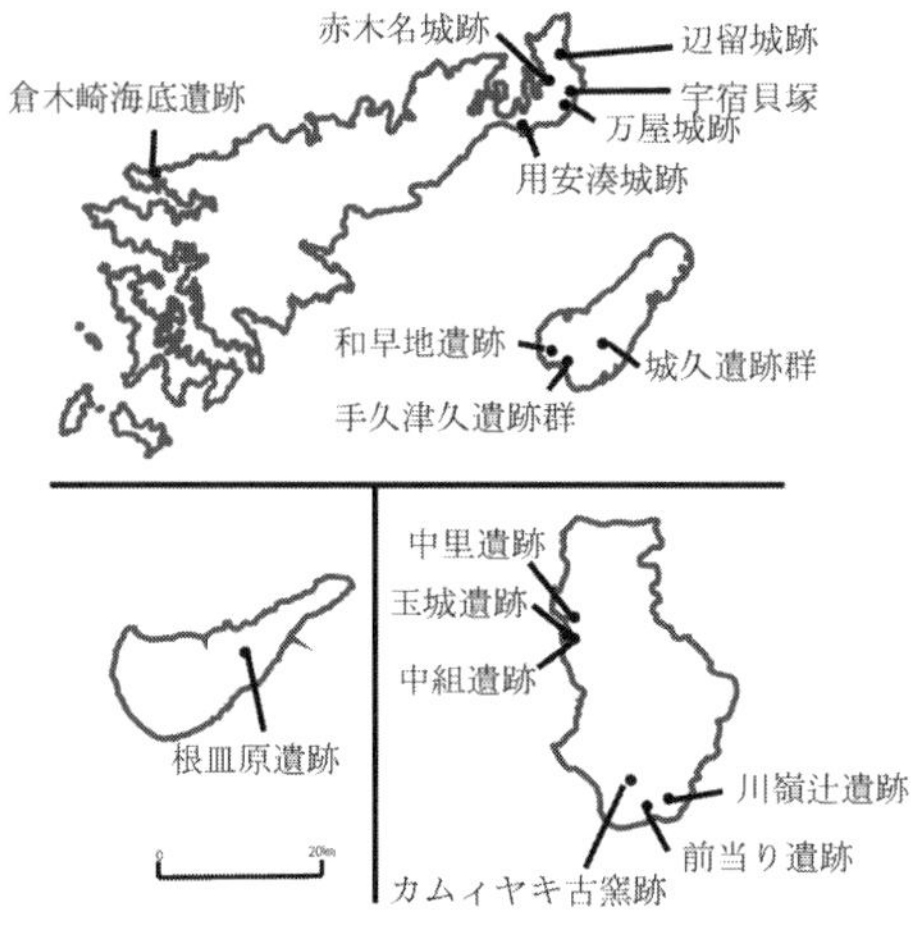

図1　遺跡位置図

1　各期の様相

(1) 一一世紀後半から一二世紀前半

この段階の遺跡といえば、喜界町城久遺跡群である。城久遺跡群は標高一五〇㍍前後の高台にあって、山田中西・山田半田・小ハネ・前畑・大ウフ・半田・半田口・赤連の各遺跡からなる。九世紀後半頃の日本産の九州系須恵器や土師器が出土し、中世になると一一世紀後半〜一二世紀前半の中国陶磁器が多く出土するようになる(中国・朝鮮陶磁三二八八点中一一・九%の三九二点)。

この段階の城久遺跡群は、中国産の白磁の碗皿の他、朝鮮半島産の高麗青磁、高麗系無釉陶器、長崎県彼杵半島産の滑石製石鍋、少量の在地産の滑石混入土器、徳之島で生産されたカムィヤキなどが出土する。ちなみに滑石製石鍋は縦耳のタイプが破片で出土することが多く、破片の状態で持ち込まれた可能性も指摘されており[池田 二〇〇三、鈴木 二〇〇八]、縦耳の滑石製石鍋を模した土器も製作されている[金武 一九七九、新里貴 二〇〇六・二〇一〇]。

国際色豊かな遺物が出土する城久遺跡群だが、遺構にも他の島嶼部にはない特徴がある。数多くの掘立柱建物が確認されているが、各遺跡で復元された建物には四面庇建物跡があり、身舎部分は三×二間と一×一間の二種類がある(図2)。前者は九州の遺跡にもみられる集落の中心建物と考えられ、後者は城久遺跡群特有の建物になる。庇のない建物には倉庫と想定される一×一間の建物跡もある。

墓制もまた特徴的な焼骨再葬墓[狭川 二〇〇八]と呼ばれる墓制を採用し、カムィヤキ小壺、白磁碗・皿、ガラス玉などを埋納している(図3)。焼骨再葬墓は喜界島以外に沖縄北谷町小堀原遺跡で確認されている[瀬戸 二〇〇四]。しかし中世日本では確認されておらず、この段階にだけ突然現れて、後の時代に受け継がれない一過性のものと評価され[狭川 二〇〇八]、被葬者も墓制の系譜も不明である。この他に焼骨再葬ではない土壙墓でも同様に白磁とカムィヤキを埋納した墓があり、焼骨再葬墓の次の段階に位置づけられている[喜界町教委 二〇一五]。いずれの墓制も建物群内に分布する傾向があって、特定の墓域を作ることはないようである(図2)。

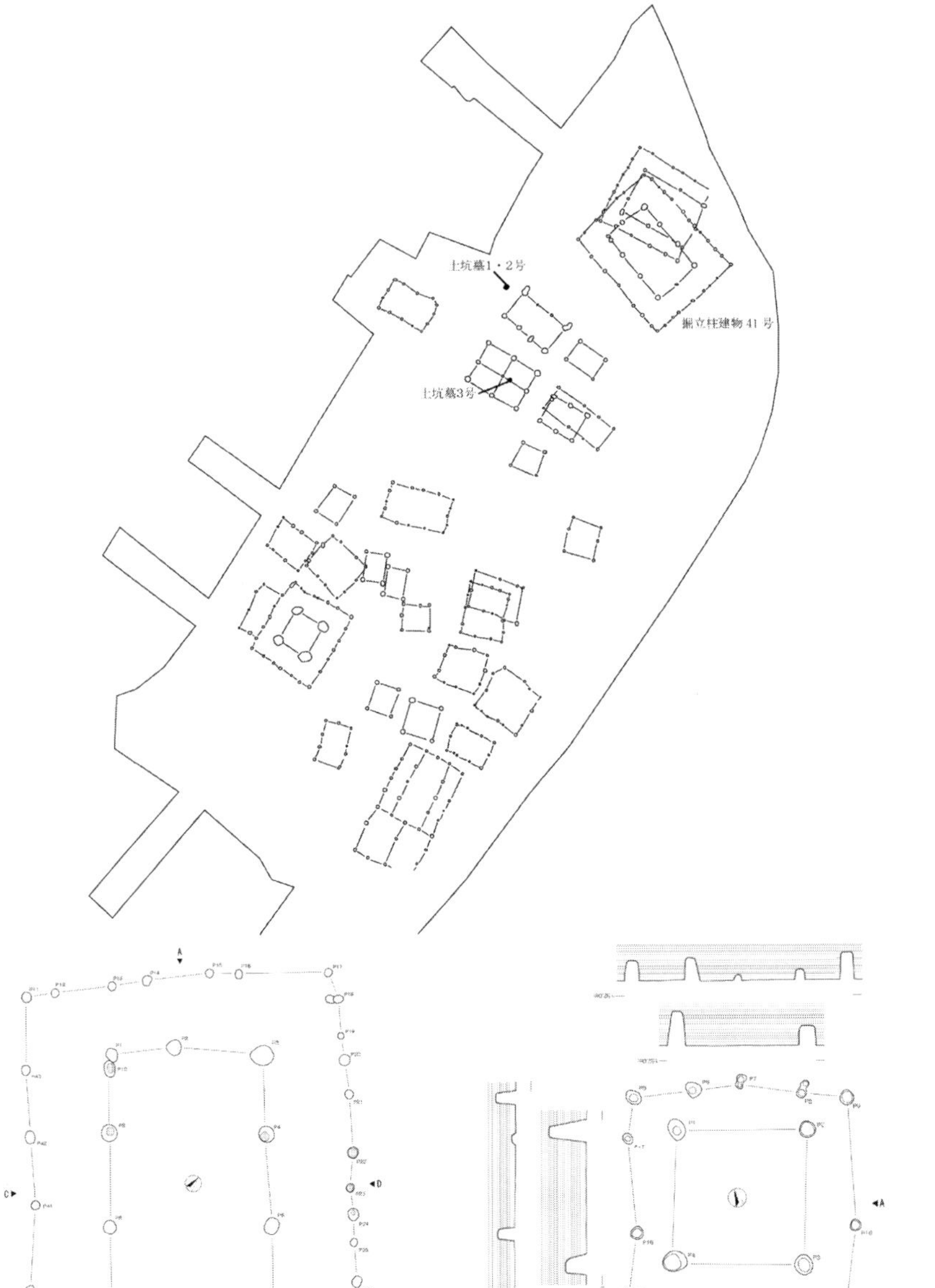

掘立柱建物跡 41 号　　掘立柱建物跡 17 号

図 2　城久遺跡群山田半田遺跡の遺構配置図と掘立柱建物跡（喜界町教委 2009）

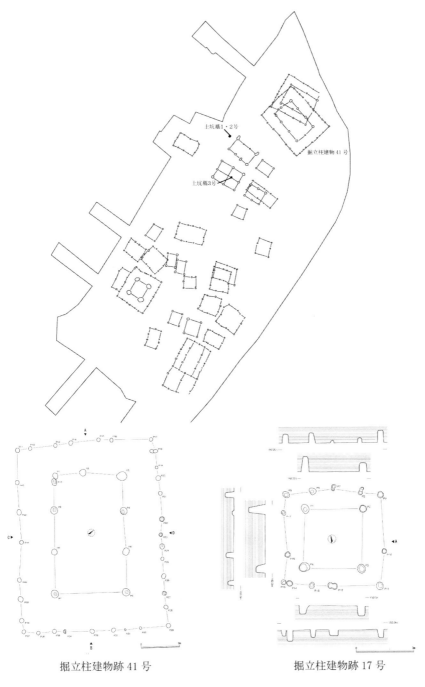

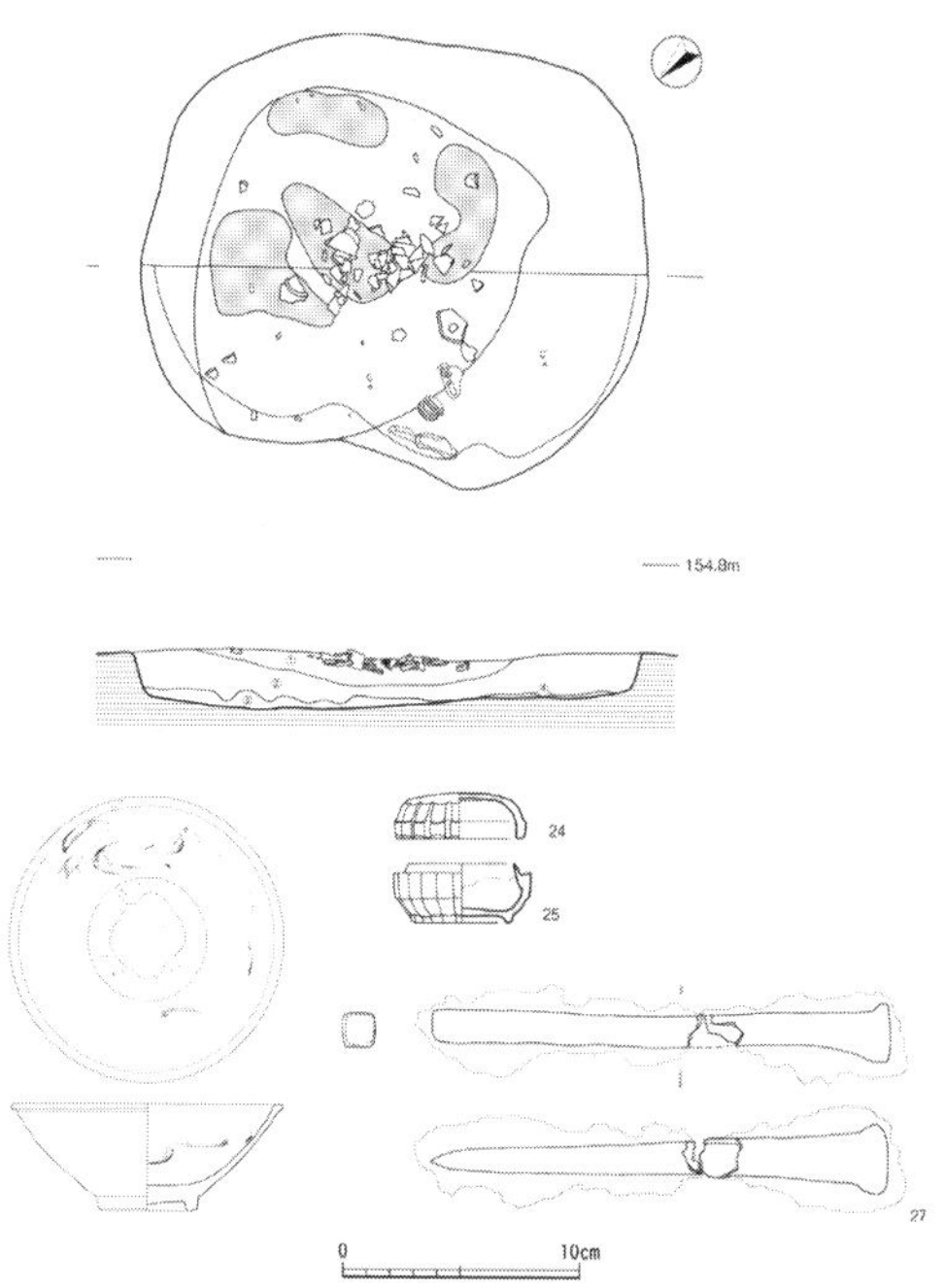

山田半田遺跡土坑墓１・２号

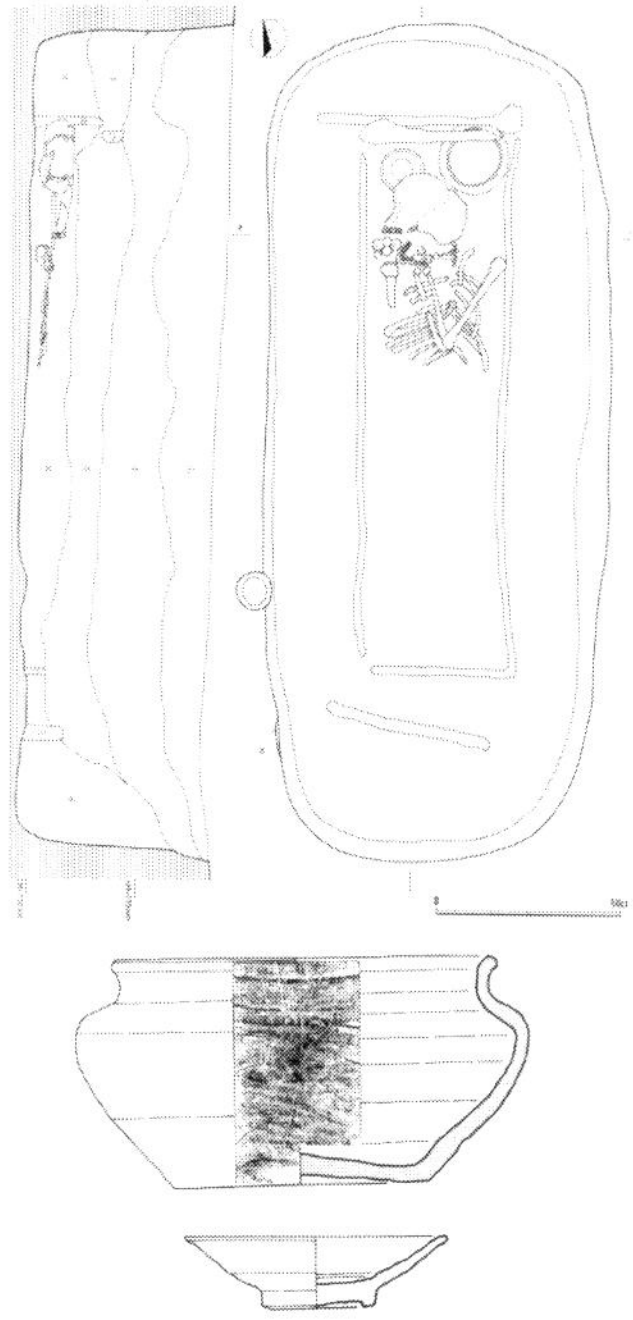

大ウフ遺跡土坑墓１号

図３　城久遺跡群土坑墓（喜界町教委 2009・2013）

　このように四面庇建物と建物群内にある土壙墓、副葬される白磁碗・皿、青白磁などといった組み合わせは、中世の九州とも共通する要素があるといわれているが［中島二〇一〇］、城久遺跡群では四面庇建物を仕切る柵列はあっても、建物群全体を囲い込む区画施設がみえない。建物の組み合わせも遺構の上層面が削られている関係で、同時期にどのような建物配置であったのかは柱穴の方向しか情報がなく確定できないのが現状である。九州などで見つかる中世前期の館・屋敷では、柵・塀や土塁・堀などの区画施設を伴うので、その点で城久遺跡群の様相は大きく異なる。しかし、九州その他の外部からの人と文化の流入をうかがわせる遺跡であることは間違いない。

　奄美以外からの人の流入を端的に示すものに鉄がある。喜界島の手久津久遺跡群の崩リ遺跡では土壙墓も検出されているが、炉壁、鉄塊、鉄滓（精錬滓）などの製鉄関連遺物が検出されており、当該期の製鉄の最西端の事例となる［喜界町教委二〇一八］。

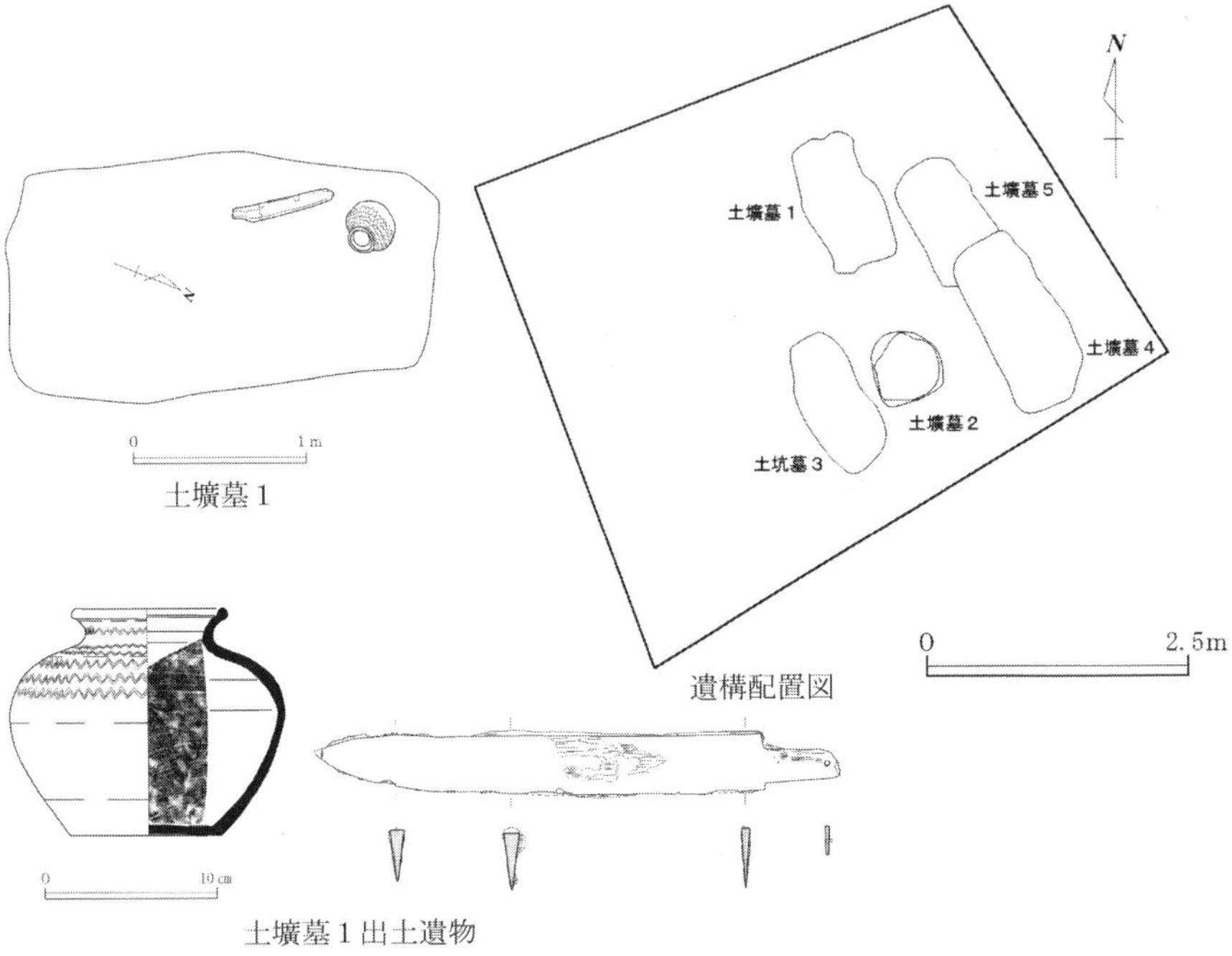

図4　徳之島伊仙町前当り遺跡（伊仙町教委 2018）

喜界島以外の遺跡では、奄美大島の奄美市笠利町の万屋城跡、赤木名城跡で中国陶磁器が出土しているが量は少ない。また奄美市名瀬の小湊古墓では中国陶磁器の碗皿と蔵骨器と考えられる中国陶器四耳壺・カムィヤキ壺が工事中に発見され［亀井一九九三］、瀬戸内町の分布調査ではカムィヤキ小壺の完形品が報告されている［鼎二〇〇五、瀬戸内町教委二〇一八］。徳之島の伊仙町前当り遺跡では掘立柱建物跡一二棟、土壙墓六基（一基でカムィヤキ小壺と鉄刀出土）、配石遺構などが検出され（図4）、天城町中里遺跡では一×一間の掘立柱建物跡、鍛冶炉、カムィヤキ小壺が納められた木棺墓が検出されている。この他、天城町中組遺跡と伊仙町川嶺辻遺跡でも同様に白磁玉縁口縁碗、滑石製石鍋片、カムィヤキが出土している。喜界島以外のどの遺跡を見ても、城久遺跡群に類するほどの大規模なものはないものの、掘立柱建物・土壙墓・鍛冶炉・カムィヤキ・中国陶磁器といった共通の遺構と遺物が確認されている。

この段階の城久遺跡群と同様に重要な遺跡として、

奄美群島で初めて窯業技術が導入された徳之島南部のカムィヤキ窯跡がある。伊仙町の阿三、伊仙、検福に位置するカムィヤキ古窯跡は、七つの支群からなり、さらに二〇地区二五地点で窯跡・灰原が確認され、総数一〇〇基以上の窯があると想定されている［伊仙町二〇〇五］。生産された焼物は外面が青灰色を呈し堅緻なものが多いが、焼成不良で赤褐色または黄褐色を呈するものもある。器種は壺・甕・鉢・盤・碗・水注があり（図５）、壺には波状文が施される例が多い。

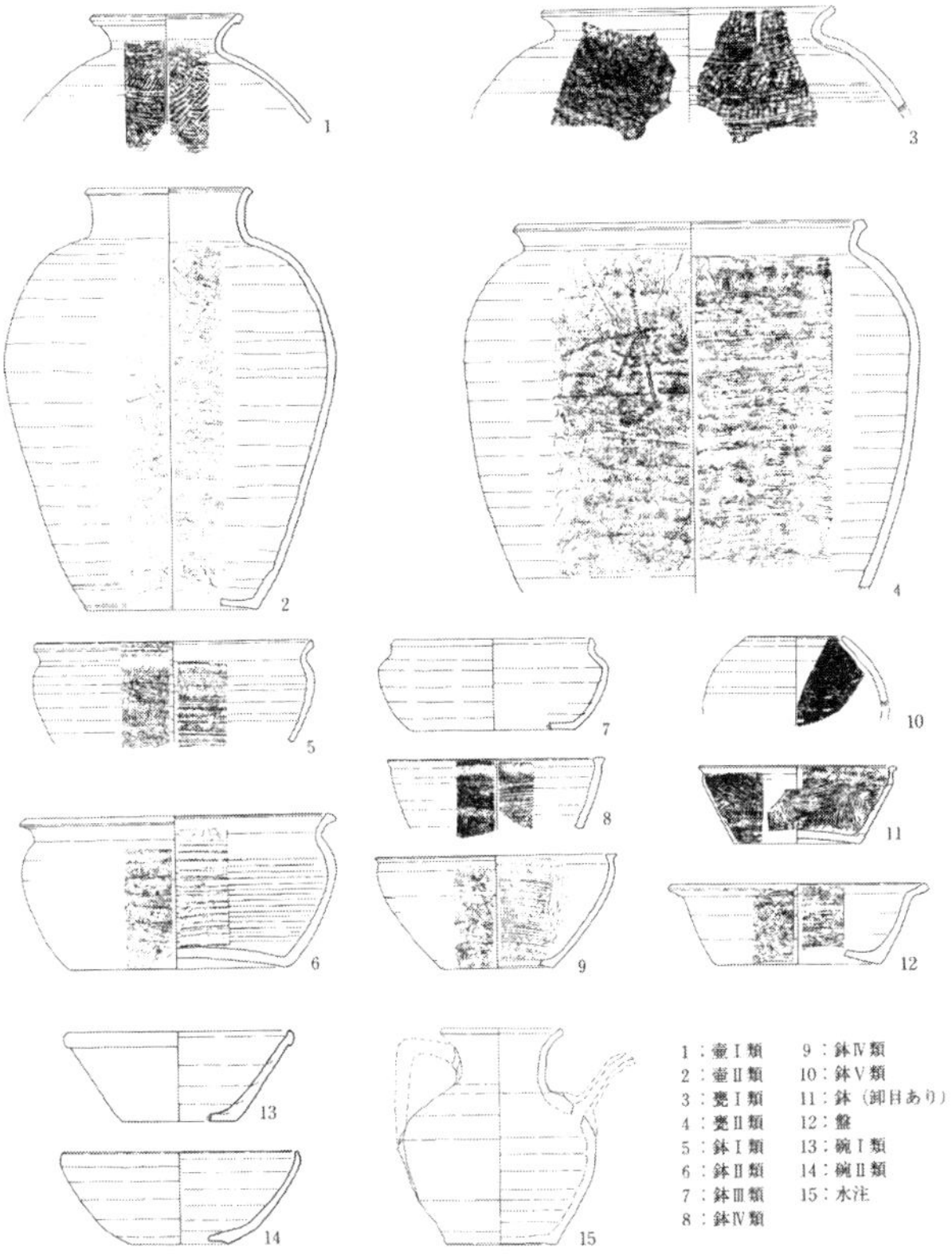

図５　カムィヤキの分類（伊仙町教委 2005）

カムィヤキの製品は大きく二群に分けられており、古段階のA群は壺・鉢・碗が主で小型品が多く、その分布は九州から先島まで広範囲にみられるが、特に喜界島に多い［新里亮二〇一八］。波状文や焼き上がりの具合から高麗陶器との関連が指摘されている［赤司一九九一・一九九九］。なお三島村黒島出土のカムィヤキと高麗陶器の胎土分析では同一成分という結果が出ている。

すでに指摘されているように中国産白磁玉縁口縁碗、日本産の滑石製石鍋、奄美地方産カムィヤキがセットとなり［島一九八七a・b］、奄美群島には日本からの勢力が南島産物を調達するために拠点を形成し、農耕が始まったのではないかといわれている［池田 二〇一四］。この時期には、薩摩半島の南に位置する硫黄島で産出する硫黄が日宋貿易の主力商品となっており［山内 二〇〇九、橋口 二〇一四］、硫黄島の隣に位置する黒島では中国寧波系の瓦やカムィヤキ・高麗系無釉陶器・滑石が混入した土器などが出土している［三島村教委 二〇一五］。三島の硫黄や夜光貝などの南島産物を求めて、中国や中世日本の勢力が奄美群島まで進出し、城久遺跡群の形成をもたらした可能性が想定できる。ただ奄美群島以外の勢力がカムィヤキの生産・製鉄・農耕の開始といった大きな影響を与えているが、これらをもたらした集団がどのような出自・系譜のものだったのかまだわかっていない。

(2) 一二世紀後半

宇検村焼内湾海底の水中遺跡である倉木崎海底遺跡では、この時期の中国陶磁器が二三〇〇点ほど出土しており（図6）［宇検村教委 一九九九、宇検村誌編纂委 二〇一七］、中国から博多への貿易ルートの他に、中国南部から南西諸島を経由して九州へ向かう貿易ルートがあった可能性が指摘されている［金沢 一九九九］。しかし奄美群島の陸上の遺跡では、中国陶磁器の出土量が一二世紀前半に比べて減少している［具志堅 二〇一四］。特に城久遺跡群はこの段階の中国陶磁器が七点と激減しており、集落が存続していたかは不明である。

遺物の減少傾向は他の遺跡も同様であり、徳之島の伊仙町川嶺辻遺跡でも城久遺跡群に比べて緩やかではあるものの、出土遺物は八四点から三八点と減少している。陸上の遺跡の状況からは、この時期に中国陶磁器を数千個も積んだ中国の貿易船が奄美群島の島々に寄港しつつ、九州・中国間を往来したとは考えにくく、倉木崎海底遺跡の中国陶磁器は寧波から博多間の航路を外れた船が残したものなのではないだろうか。

遺跡の情報からすれば、一二世紀後半に活動量が減退しているのは明らかだが、その原因の解明には至っていない。一二世紀半ばから後半には南九州で阿多忠景の追討・キカイガシマへの逃亡があり［永山 二〇〇八］、池田榮史によると、源頼朝のキカイガシマ征討などの事件が起こることで、南西諸島をめぐる交易システムに大きな動揺が発生したこ

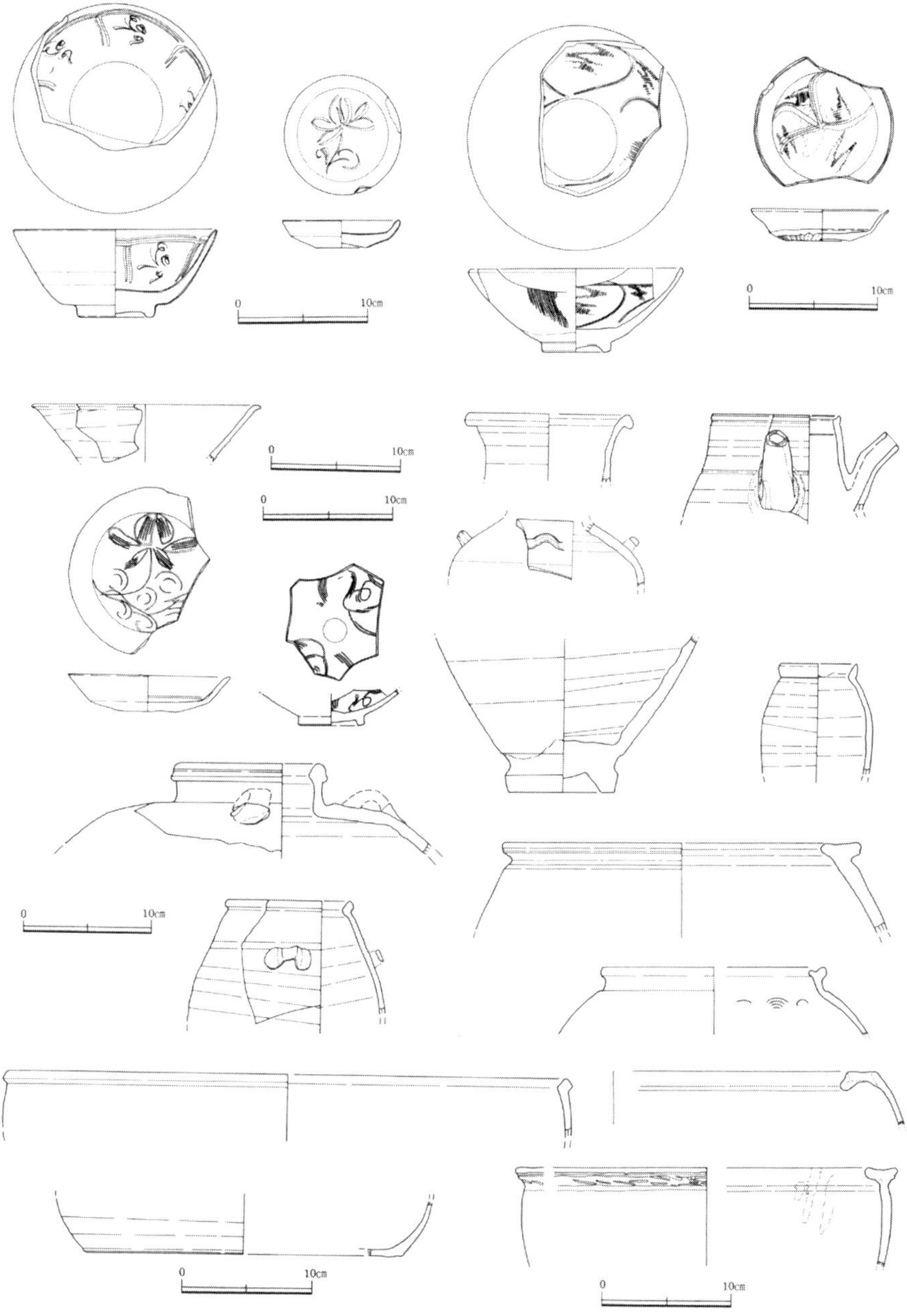

図6　倉木崎海底遺跡出土遺物（宇検村教委 1999）

とが背景にあるのではないかという［池田二〇一四］。

(3) 一三世紀

一二世紀後半に比べて中国陶磁器の出土量が回復し始める［具志堅二〇一四］。喜界島城久遺跡群では、大ウフ遺跡・半田遺跡で一三世紀代の中国陶磁器が一二一点（出土中国陶磁器の約四％）出土し回復傾向にあるが、その他の遺跡は一〇点と回復しない。滑石製石鍋は奄美群島全体で一二世紀までと異なり、新しいタイプの鍔付の滑石製石鍋は出土しない［新里亮二〇一八］。遺構では掘立柱建物跡の変化をつかみにくい状況である。墓制では中国陶磁器を納めた土壙墓がなくなっている。また南九州との大きな違いとして竪穴建物跡がないことが大きな特徴である。

一三世紀後半から一四世紀のカムィヤキ製品はB群に分類されており、器種は壺・甕・鉢・水注で大型品が目立ち、なかには中国陶器の黄釉盤を模倣した製品が焼成されている［新里亮二〇一八］。B群の分布は城久遺跡群大ウフ・半田遺跡で出土しているが、奄美群島以北には広がらず、沖縄諸島を中心とした分布圏に変化［新里亮二〇一八］しているのは、一二世紀代との大きな違いである。

一三世紀後半になると、福建産の粗製白磁が出土し始める。宮古・八重山諸島では福建産の粗製白磁の分布が確認され［新里亮二〇一五］、南ルートの流通が今帰仁城など沖縄本島にまで及ぶようになる。その背景には南宋の滅亡や福建海商の活発な活動があったといわれている［池田二〇一四］が、詳しくはまだよくわかっていない。

徳之島の伊仙町川嶺辻遺跡では、青白磁・白磁の壺・黄釉盤などの中国陶磁器の他に畿内産の瓦器椀が出土するなど、九州からの人の移動をうかがわせる遺物もみられる。ただ事例が少なく、その内容や頻度を検討するにはさらなる調査が必要である。

(4) 一四世紀後半から一五世紀

喜界島で大きな変化が起き、城久遺跡群よりも海岸部に近い低地で中国陶磁器の出土量が増大してくる。たとえば喜界島手久津久遺跡群の中増遺跡では、掘立柱建物跡一五棟（一×一間が一〇棟）などが検出され（図7）、和早地遺跡でも掘立柱建物跡が九棟（一×一間が二棟）復元されている。奄

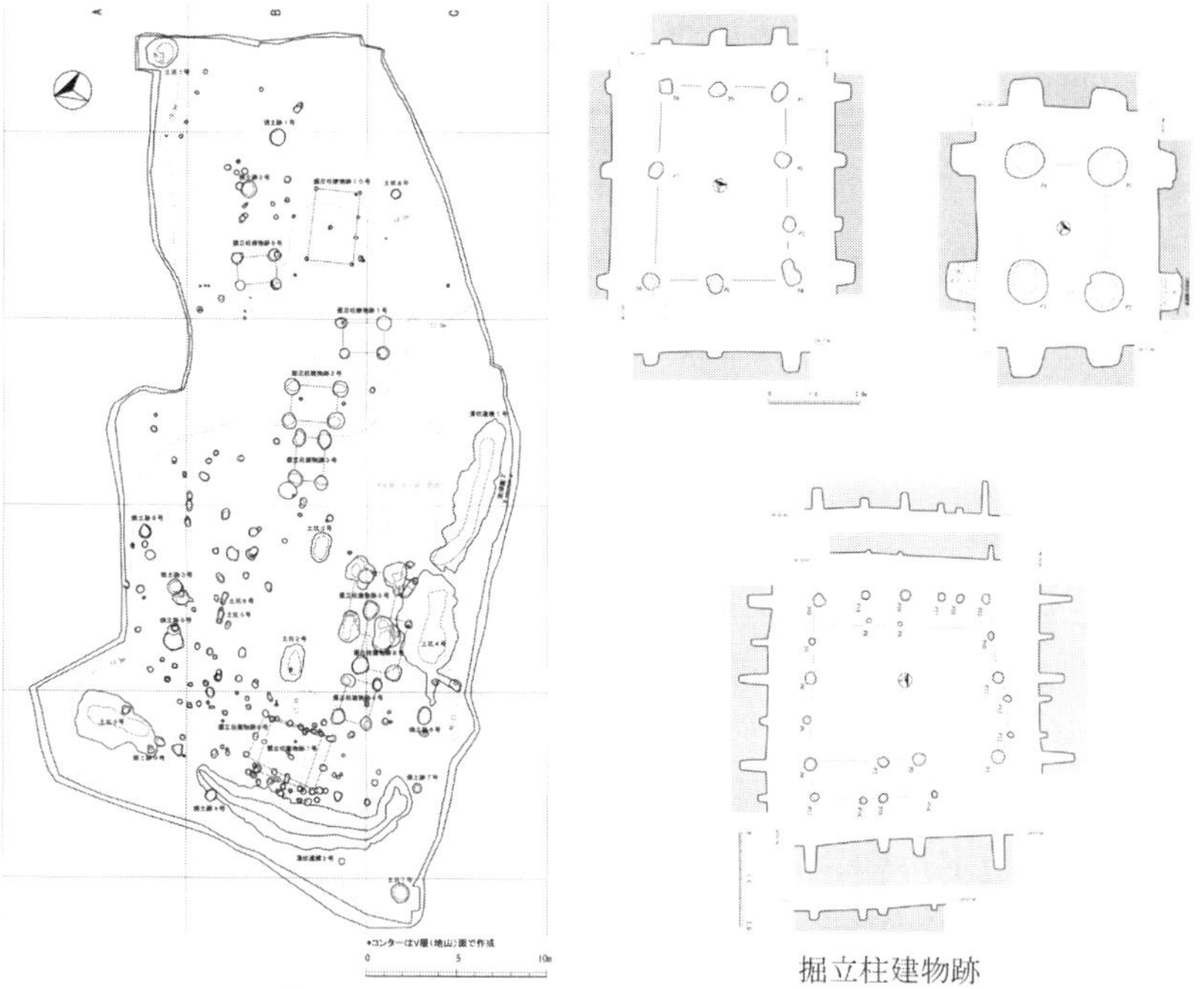
掘立柱建物跡

A 地区遺構配置図

図7　喜界島中増遺跡（喜界町教委 2015）

美大島の赤木名城跡・万屋城跡では青磁碗が出土し、前段階に比べて出土点数は赤木名城跡が三・五倍、万屋城跡が八・五倍に増えている。中増遺跡・和早地遺跡も青磁碗を中心に中国陶磁器が出土するが、カムィヤキはこの段階に廃窯しているため出土せず、喜界島・奄美大島では貯蔵容器が中国陶磁器やタイ産黒褐釉陶器に転換する。

墓制にも変化が現れ、奄美市万屋城跡ではサンゴや自然石を護岸のように敷いた池、柱穴、V字溝、土壙墓が検出されている（図8）。土壙墓は八体の人骨が四基に分かれて埋葬されているが、中国陶磁器などは納められていない。人骨のみの埋葬や複数埋葬の事例は城久遺跡群半田遺跡でもあり（図9）、喜界島の中での新しい段階の墓制と考えられている[喜界町教委二〇一五]。この墓制は現状で奄美大島・喜界島で発見されているが、徳之島以南での調査例がなく、奄美群島内での広がりは不明である。沖縄諸島でも一四世紀に土壙墓がみられるものの、その関連は不明である[瀬戸二〇〇九]。一方で南九州では土壙

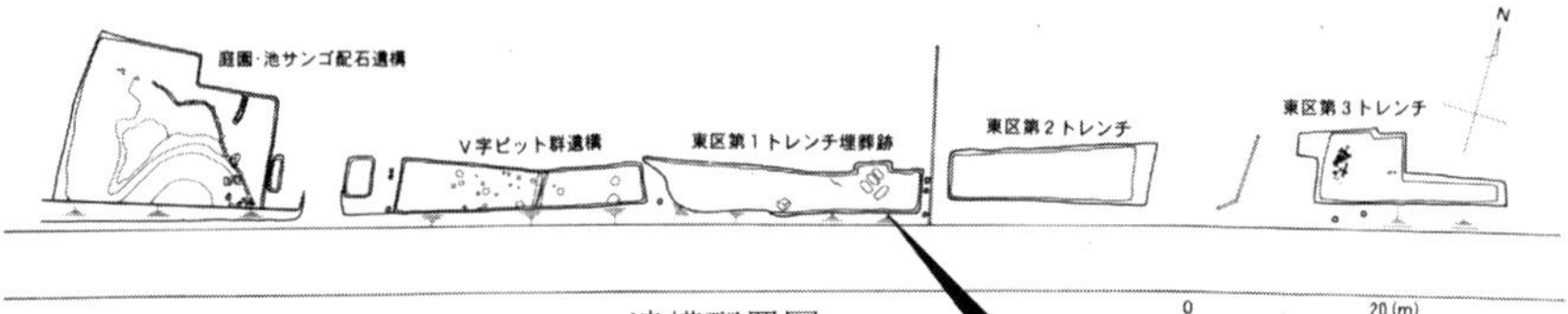

遺構配置図

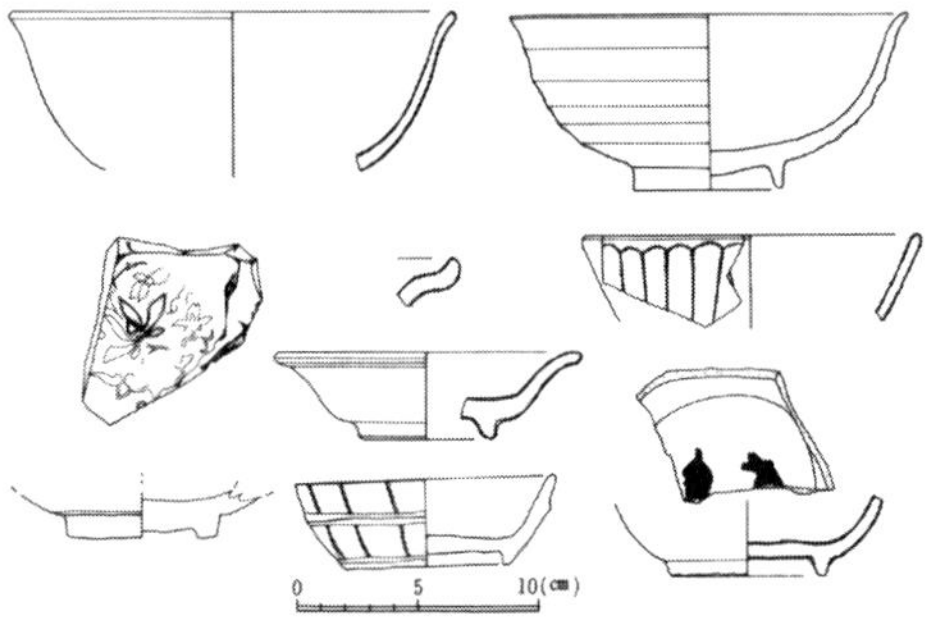

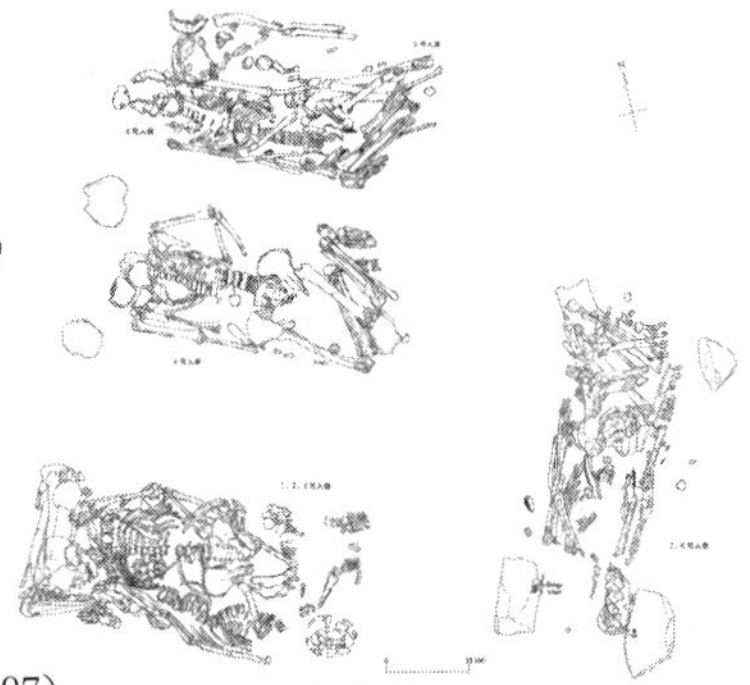

図8　奄美市万屋城跡（笠利町教委 1997）

土坑墓

土坑墓1・2号

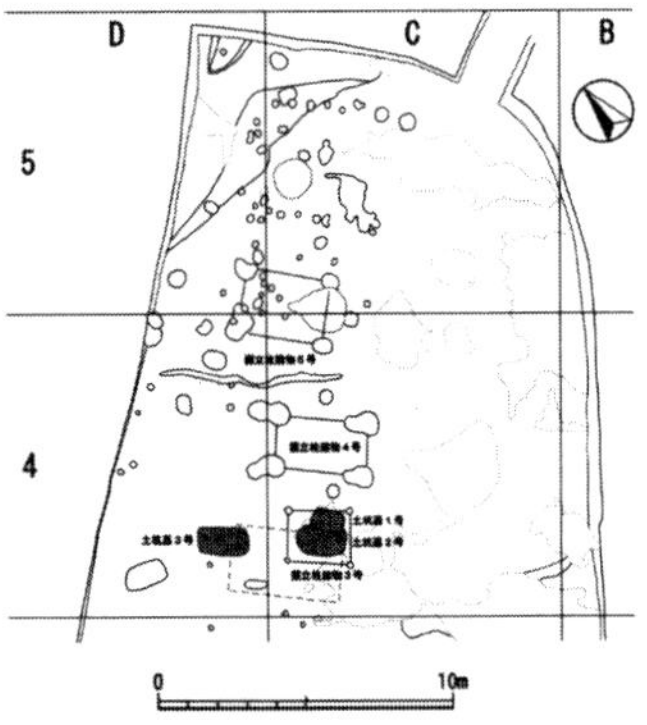

遺構配置図

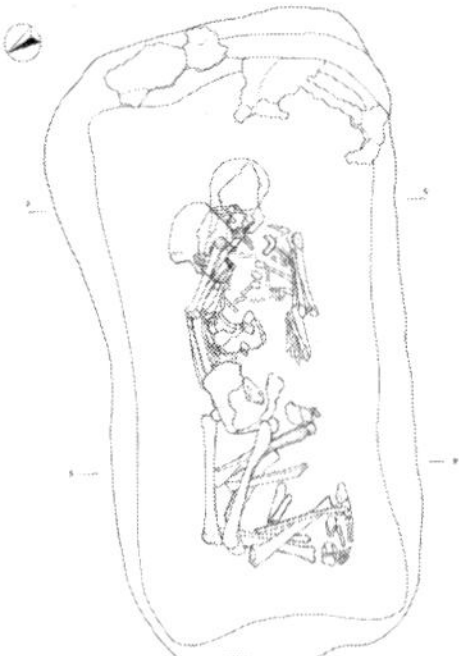

土坑墓3号

図9　喜界島半田遺跡の土坑墓
（喜界町教委 2013）

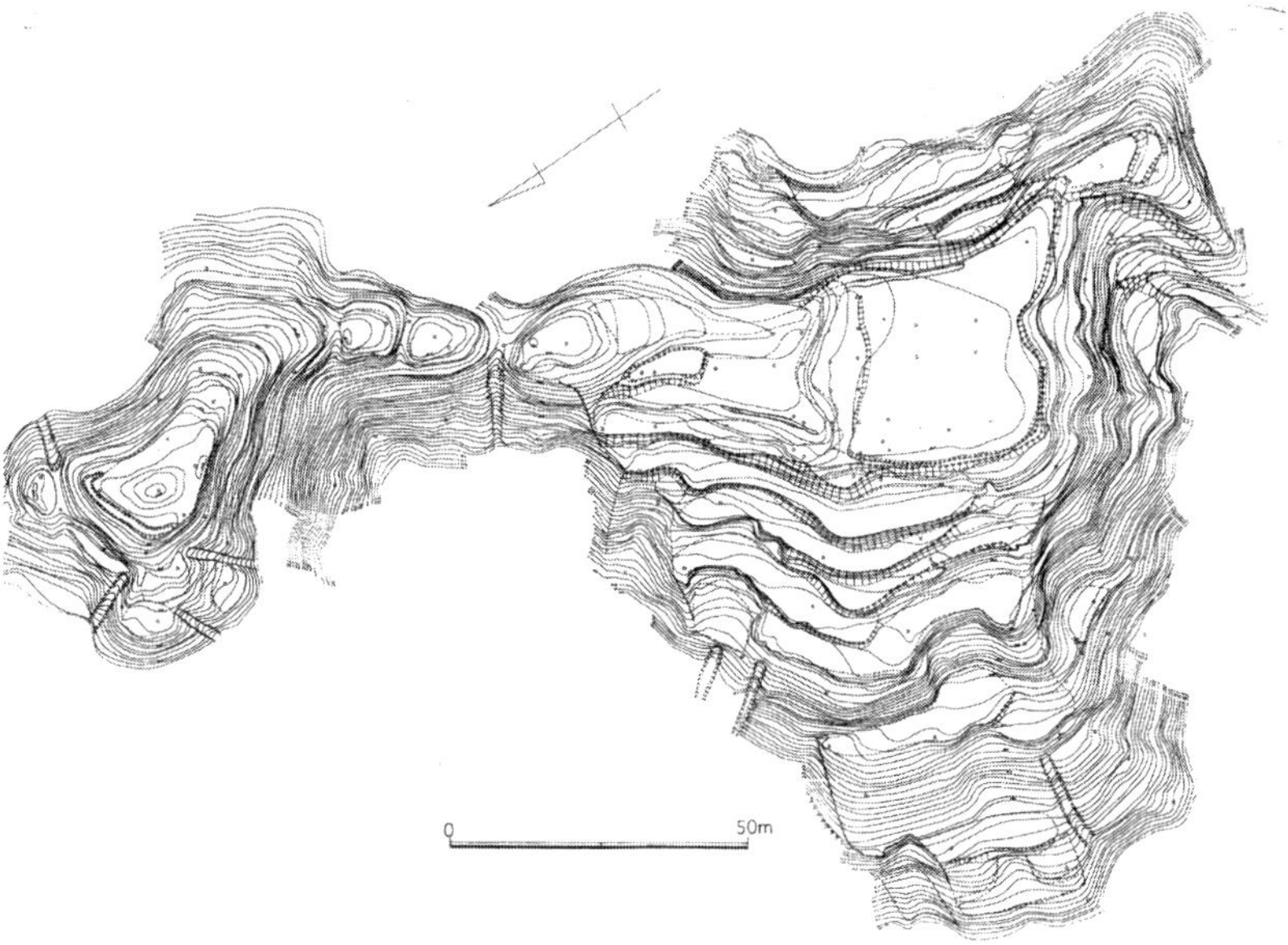

図10　奄美市赤木名城跡（奄美市教委 2015）

墓に土師器が納められることが多く関連は弱い。

なお、奄美群島では、万屋城跡をはじめ遺跡名に「城」の名称がつき、グスクと紹介されてきた[奄美市教委 二〇〇八、甲元二〇一五、宇検村二〇一七など]。奄美群島では遺跡名としてグスクが使われていても、石垣など沖縄本島のグスクのような構造を有しないものや、地元でグスクと呼ばれていない遺跡もグスクとして扱われ[三木 一九九九]、土塁や堀切を有する城郭遺跡が地元ではグスクと呼ばれていない[高梨 一九九七]など、遺跡名称の決定方法に大きな問題があり、城館や集落遺跡がグスクと呼ばれている状況がある。万屋城跡は遺構のあり方から集落または館跡と考えられるが、沖縄のグスク同様に石垣をもつ遺跡は、与論島の与論グスクと沖永良部島の後蘭孫八グスクにしか確認できない。石垣で囲い込まれたグスクのあり方は、遺跡の分布を見る限り、沖縄本島から奄美群島南部へ北上したものと考えたほうがよさそうである。

奄美大島の赤木名城跡(図10)は、日本の戦国期の山城に影響を受けたと評価されている[鶴嶋 二〇〇八]。その一方で白磁碗が出土していることを根拠に一二世紀に九州の山城

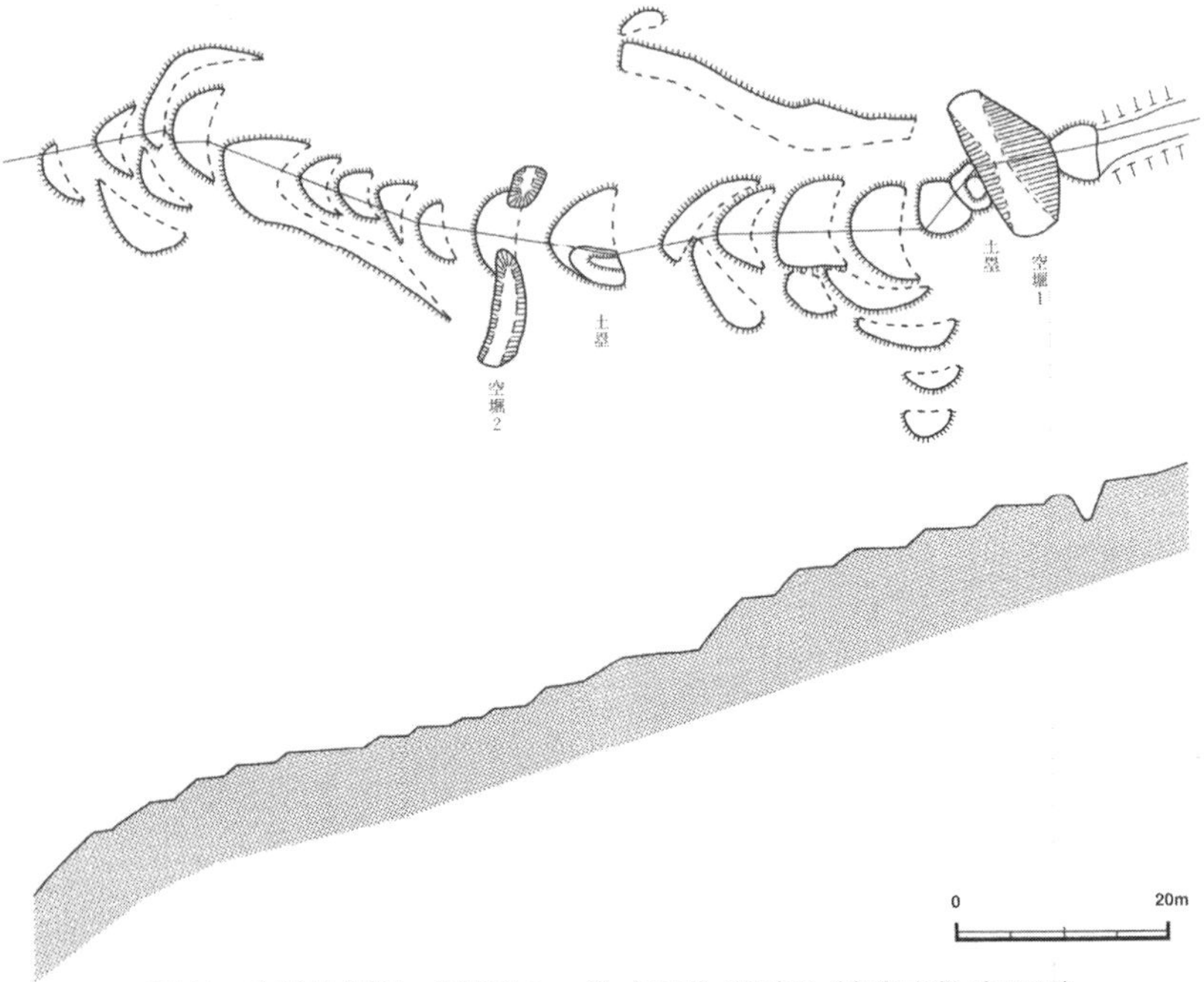

図11　奄美地名瀬　名瀬勝ハーゲ（赤貝）遺跡8（名瀬市教委 2001）

からの影響を受けて城郭が形成され、沖縄のグスクへ影響を与えたとする意見があった［笠利町教委 二〇〇三、知念 二〇〇八］。しかし出土遺物の主体は一五～一六世紀であり、一二世紀に赤木名城跡が構築されたとは考えられない。また、奄美群島に最も近い薩摩・大隅でも、拠点的な山城の成立は一四世紀後半から一五世紀代まで下り［上田 二〇一四］、それ以前に九州の影響を受けたとは想定しにくい。なお、赤木名城跡の出土遺物は近世の陶磁器類が多く、近世の薩摩藩が薩摩・大隅の中世山城を維持していたことを考えると［堂込 二〇〇三］、近世に整備された可能性も考慮した方がよいのではないだろうか。

一方で赤木名城と異なる構造をもつ城郭遺跡が旧名瀬市域での分布調査で確認されている［名瀬市教委 二〇〇一］。山の尾根に堀切・土塁・平坦地が連なる構造の遺跡（図11）で、奄美市旧名瀬市域の五四か所が確認され、その他に奄美大島では龍郷町、旧住用村に分布し、喜界島でも七城跡など土塁を有する遺跡がある。そして奄美大島のこれらの城郭遺跡が構築された要因に倭寇、琉球王府侵攻への対策などが指摘されている［三木 一九九九］。中世段階の赤木名城跡に

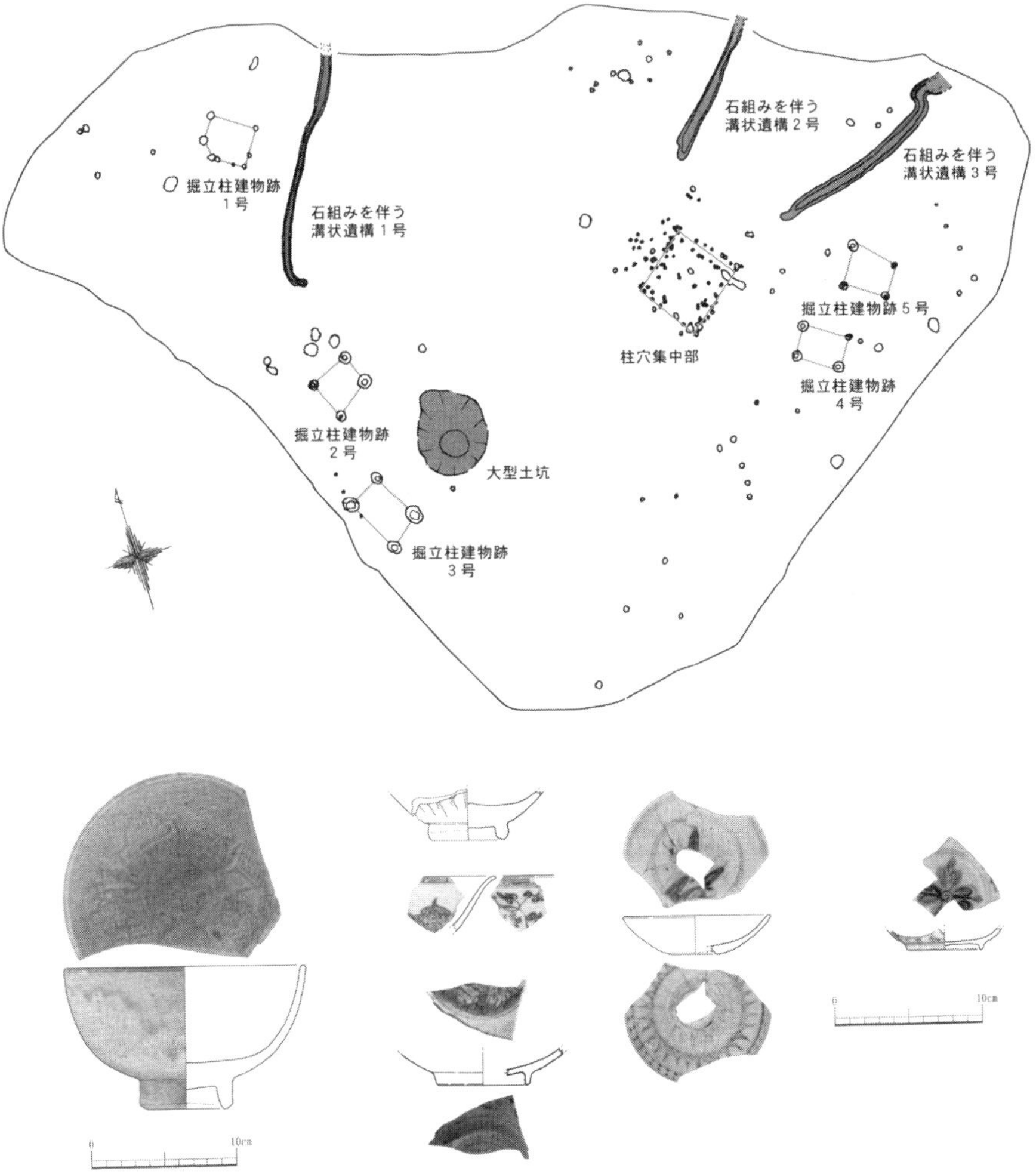

図12　沖永良部島根皿原遺跡遺構配置図と出土遺物（和泊町教委 2009）

ついては、これらの城郭遺跡と比較して関連を検討することも必要であろう。

(5) 一六世紀

一五世紀中ごろまでの喜界島・奄美大島は、琉球に抵抗していたが、一五世紀後半から一六世紀は王府の支配下に入る時期に当たる。遺物の出土量をみると、喜界島・奄美大島笠利地区では前段階から継続する遺跡は少ないが、奄美市名瀬の大熊遺跡では青花が一定量出土している。徳之島でも川嶺辻遺跡などで出土量が減少しており、遺構の様相も不明になる。その一方で沖永良部島和泊町根皿原遺跡では、掘立柱建物跡五棟（四棟は一×一間)が検出され、青花が一定量出土している(図12)。

大熊遺跡・根皿原遺跡外で集落の調査例がないことは集落の移動などが考えられる。琉球の支配下に入りその支配方法に影響をうけたものか、環境変化や土地利用の変化などによるものか、集落の移動がどのような要因によるものか検討するには調査事例が少なく、今後の検討課題である。

またこの段階の墓制もよくわかっていない。沖永良部島では世之主の墓など琉球式墳墓の測量調査等が行われている。沖永良部島以外でも徳之島の中筋川トゥール墓、奄美大島の和野トフル墓などの崖葬の墓が調査され、一部タイ産陶器もみられるが近世陶器に人骨が納められるものがほとんどである。奄美では近世に崖葬が盛行していたが[瀬戸二〇〇九]、これらの墓制が一六世紀以前に遡るかは不明である。

まとめ

一一世紀後半から一二世紀代の奄美群島は、城久遺跡群やカムィヤキ古窯跡群など在地の歴史的な展開だけでは想定し得ない遺跡が形成されているのが大きな特徴である。九州・日本ばかりでなく、朝鮮や中国などの多様な外部勢力が関わっていたと考えられている遺跡であるが、遺物量が一二世紀後半に減少していくのは、日本側に政治的混乱が起こり、その影響を受けて交易のあり方に影響を与えていたのではないかと想定されている。

いずれにしても、この時期の奄美群島は九州や日本との関わりが強いと評価できるが、一三世紀になると遺物は量的に回復するものの、遺構の状況はつかみにくい状況にある。奄美群島と九州の関係は千竈文書などに記録されるように、途絶えることはないと思うが、遺跡からは前代ほどの関連の強さが認められず、その理由を考古資料では説明し難い。

一四世紀後半から一五世紀前半になると、喜界島では海岸近くの遺跡に活動の拠点が移動し、新たな動きがみられる。しかし一五世紀後半以降、奄美群島全域が琉球王国の支配下に入った後は、奄美市大熊遺跡、沖永良部島根皿原遺跡以外で中国陶磁器の出土が減少している。琉球王国による各島の支配方法との関係も想定されるが調査事例も少なく、今後の課題としたい。

この二〇年ほどの間、奄美群島の中世遺跡の調査は大きく進展し、喜界島では大規模な発掘調査が継続しており、これまでの調査成果を十分に吟味するにはまだまだ時間が必要である。本論では奄美以外の地域の研究成果との比較も行ったが、今後の奄美の中世遺跡の調査・研究では、まずは地元で発掘調査の成果を十分に検証することが必要である。その上で沖縄や九州などの他地域との比較や、文献・民俗等との学際的研究へと移行できるのである。安易に他地域や他分野の研究成果を引用することは慎まなければならない。

参考文献

日明外交を支えた被虜人

秋山謙蔵　一九三二「「倭寇」による朝鮮・支那人奴隷の掠奪とその送還及び売買」『社会経済史学』二―八

秋山謙蔵　一九三五『日支交渉史話』内外書籍

秋山謙蔵　一九三九『日支交渉史研究』岩波書店

伊藤幸司　二〇〇二『中世日本の外交と禅宗』吉川弘文館

伊藤幸司　二〇一二「遣明船時代の日本禅林」『ヒストリア』二三五

伊藤幸司　二〇一三「入明記からみた東アジアの海域交流」『寧波と博多』汲古書院

上里隆史　二〇一二『海の王国・琉球』洋泉社

大庭康時・佐伯弘次・菅波正人・田上勇一郎(編)　二〇〇八『中世都市博多を掘る』海鳥社

岡本　真　二〇一五「通事」『日明関係史研究入門』勉誠出版

川添昭二(編)　一九八八『東アジアの国際都市博多』平凡社

小葉田淳　一九四一『中世日支通交貿易史の研究』刀江書院

関　周一　二〇〇二『中世日朝海域史の研究』吉川弘文館

玉村竹二　一九八三「龍室道淵」『五山禅僧伝記集成』講談社

中村栄孝　一九六五「朝鮮世宗己亥の対馬征伐」『日鮮関係史の研究』上巻　吉川弘文館

中村栄孝　一九八四「魏天」『国史大辞典』第四巻　吉川弘文館

橋本　雄　二〇一一「朝鮮国王使と室町幕府」『中華幻想』勉誠出版

藤田明良　二〇〇八「東アジア海域の通交と兵庫津」『兵庫津の総合的研究』大手前大学史学研究所

村井章介　一九九三『中世倭人伝』岩波新書

村井章介　二〇〇〇『老松堂日本行録』(第三刷)岩波文庫

村井章介　二〇〇五「輸入文化としての禅宗」『東アジアのなかの日本文化』放送大学教育振興会

村井章介・橋本雄・伊藤幸司・須田牧子・関周一(編)　二〇一五『日明関係史研究入門』勉誠出版

倭寇と朝鮮

青木勝士　一九九三「肥後国菊池氏の対朝交易」『戦国史研究』第二六号

青山公亮　一九五五『日麗交渉史の研究』明治大学文学部文学研究所

秋山謙蔵　一九三五『日支交渉史話』内外書籍

秋山謙蔵　一九三九『日支交渉史研究』岩波書店

荒木和憲　二〇〇七『中世対馬宗氏領国と朝鮮』山川出版社

荒木和憲　二〇一三「中世日朝通交貿易の基本構造をめぐって」『朝鮮史研究会論文集』第五一集

荒木和憲　二〇一四「中世対馬における朝鮮綿布の流通と利用」佐伯弘次編『アジア遊学177　中世の対馬—ヒト・モノ・文化の描き出す日朝交流史—』勉誠出版

荒木和憲　二〇一七a『対馬宗氏の中世史』吉川弘文館

荒木和憲　二〇一七b「中世前期の対馬と貿易陶磁」『貿易陶磁研究』第三七号

有光友学　一九七〇「中世後期における貿易商人の動向」『静岡大学人文学部人文論集』第二一号

李　領　一九九九『倭寇と日麗関係史』東京大学出版会

石井正敏　二〇一七『石井正敏著作集第三巻　高麗・宋元と日本』勉誠出版

伊藤幸司　二〇〇二a『中世日本の外交と禅宗』吉川弘文館

伊藤幸司　二〇〇二b「中世後期における対馬宗氏の外交僧」『年報朝鮮学』第八号

伊藤幸司　二〇〇五「日朝関係における偽使の時代」日韓歴史共同研究委員会(第一期)編『日韓歴史共同報告書』第二分科篇、財団法人日韓文化交流基金(http://www.jkcf.or.jp/history/)

榎本　渉　二〇〇七『東アジア海域と日中交流—九～一四世紀—』吉川弘文館

榎本　渉　二〇一九「高麗文宗が求めた医師」倉本一宏編『説話研究を拓く—説話文学と歴史史料の間に—』思文閣出版

大石直正・高良倉吉・高橋公明　二〇〇九『日本の歴史14　周縁から見た中世日本』講談社

小野正敏・五味文彦・萩原三雄編　二〇〇六『考古学と中世史研究3　中世

の対外交流 場・ひと・技術』高志書院
長 節子 一九八七『中世日朝関係と対馬』吉川弘文館
長 節子 二〇〇二a『中世 国境海域の倭と朝鮮』吉川弘文館
長 節子 二〇〇二b「朝鮮前期朝日関係の虚像と実像—世祖王代瑞祥祝賀使を中心として—」『年報朝鮮学』第八号
長 正統 一九六六「中世日鮮関係における巨酋使の成立」『朝鮮学報』第四一輯
鹿毛敏夫 二〇〇六『戦国大名の外交と都市・流通』思文閣出版
川添昭二 一九九六『対外関係の史的展開』文献出版
近藤 剛 二〇一八「日本と高麗の交流」田中史生編『古代文学と隣接科学1 古代日本と興亡の東アジア』竹林舎
近藤 剛 二〇一九『日本高麗関係史』八木書店
佐伯弘次 一九九七「一六世紀における後期倭寇の活動と対馬宗氏」中村質編『鎖国と国際関係』吉川弘文館
佐伯弘次 二〇〇四「国内外流通の拠点としての対馬」『中世都市研究10 港湾都市と対外交易』新人物往来社
佐伯弘次 二〇〇八『対馬と海峡の中世史』山川出版社
佐伯弘次編 二〇一四『アジア遊学177 中世の対馬—ヒト・モノ・文化の描き出す日朝交流史—』勉誠出版
篠崎敦史 二〇一四「刀伊の襲来からみた日本と高麗の関係」『日本歴史』第七八九号
篠崎敦史 二〇一五「高麗王文宗の「医師要請事件」と日本」『ヒストリア』第二四八号
須田牧子 二〇一一『中世日朝関係と大内氏』東京大学出版会
関 周一 二〇〇二『中世日朝海域史の研究』吉川弘文館
関 周一 二〇〇八「日朝多元関係の展開」桃木至朗編『海域アジア史研究入門』岩波書店
関 周一 二〇一〇「「中華」の再建と南北朝内乱」荒野泰典・石井正敏・村井章介編『日本の対外関係4 倭寇と「日本国王」』吉川弘文館
関 周一 二〇一二『対馬と倭寇—境界に生きる中世びと—』高志書院
関 周一 二〇一三『朝鮮人のみた中世日本』吉川弘文館
関 周一 二〇一五『中世の唐物と伝来技術』吉川弘文館
関 周一 二〇一八「東シナ海と倭寇」木村茂光・湯浅治久編『生活と文化の歴史学10 旅と移動—人流と物流の諸相—』竹林舎
関 周一編 二〇一七『日朝関係史』吉川弘文館
孫 承喆(鈴木信昭監訳、山里澄江・梅村雅英訳)一九九八『近世の朝鮮と日本—交隣関係の虚と実—』明石書店
高橋公明 一九八二「外交儀礼よりみた室町時代の日朝関係」『史学雑誌』第九一編第八号
高橋公明 一九八五「室町幕府の外交姿勢」『歴史学研究』第五四六号
高橋公明 一九八七a「中世東アジア海域における海民と交流—済州島を中心として—」『名古屋大学文学部研究論集』史学第三三号
高橋公明 一九八七b「朝鮮遣使ブームと世祖の王権」田中健夫編『日本前近代の国家と対外関係』吉川弘文館
高橋公明 一九八七c「朝鮮外交秩序と東アジア海域の交流」『歴史学研究』第五七三号
高橋公明 一九八九「十六世紀の朝鮮・対馬・東アジア海域」加藤榮一・北島万次・深谷克己編著『幕藩制国家と異域・異国』校倉書房
高橋公明 一九九五「一六世紀中期の荒唐船と朝鮮の対応」田中健夫編『前近代の日本と東アジア』吉川弘文館
高橋公明 二〇〇五「外交文書を異国牒状と呼ぶこと」『文学』第六巻第六号
田代和生・米谷均 一九九五「宗家旧蔵『図書』と木印」『朝鮮学報』第一五六輯
田中健夫 一九五九『中世海外交渉史の研究』東京大学出版会
田中健夫 一九六一『島井宗室』吉川弘文館
田中健夫 一九七五『中世対外関係史』東京大学出版会
田中健夫 一九八二『対外関係と文化交流』思文閣出版
田中健夫 一九九六『前近代の国際交流と外交文書』吉川弘文館
田中健夫 一九九七『東アジア通交圏と国際認識』吉川弘文館
田中健夫 二〇一二a『倭寇—海の歴史—』講談社
田中健夫(村井章介編) 二〇一二b『増補 倭寇と勘合貿易』筑摩書房
田村洋幸 一九六七『中世日朝貿易の研究』三和書房
田村洋幸 一九七二「室町前期の日朝関係—十四世紀末〜十五世紀前半における偽使を中心として—」福尾教授退官記念事業会編『日本中世史論集』吉川弘文館

續伸一郎　二〇一二「堺環濠都市遺跡における『南蛮貿易』期の貿易陶磁器」『貿易陶磁研究』第三二号

外山幹夫　一九八三『大名領国形成過程の研究―豊後大友氏の場合―』雄山閣出版

中村栄孝　一九六五『日鮮関係史の研究』上巻　吉川弘文館

中村栄孝　一九六九a『日鮮関係史の研究』中巻　吉川弘文館

中村栄孝　一九六九b『日鮮関係史の研究』下巻　吉川弘文館

橋本　雄　二〇〇五『中世日本の国際関係―東アジア通交圏と偽使問題―』吉川弘文館

橋本　雄　二〇一一『中華幻想―唐物と外交の室町時代史―』勉誠出版

橋本　雄　二〇一二『偽りの外交使節―室町時代の日朝関係―』吉川弘文館

原美和子　一九九九「宋代東アジアにおける海商の仲間関係と情報網」『歴史評論』第五九二号

原美和子　二〇〇六「宋代海商の活動に関する一試論―日本・高麗および日本・遼(契丹)通交をめぐって―」小野正敏・五味文彦・萩原三雄編『考古学と中世史研究3　中世の対外交流　場・ひと・技術』高志書院

松尾弘毅　一九九九「室町期における壱岐藤九郎の朝鮮通交」『九州史学』第一二四号

松尾弘毅　二〇〇二「中世後期における壱岐松浦党の朝鮮通交」『九州史学』第一三四号

松尾弘毅　二〇〇三「中世日朝関係における後期受職人の性格」『日本歴史』第六六三号

松尾弘毅　二〇〇七「朝鮮前期における向化倭人」『史淵』第一四四輯

松尾弘毅　二〇一八「中世後期宗像氏の朝鮮通交と大宮司職継承」『九州史学』第一七九号

関　徳基　一九九四『前近代東アジアのなかの韓日関係』早稲田大学出版部

村井章介　一九八八『アジアのなかの中世日本』校倉書房

村井章介　一九九三『中世倭人伝』岩波書店

村井章介　一九九五『東アジア往還―漢詩と外交―』朝日新聞社

村井章介　一九九七『国境を超えて―東アジア海域世界の中世―』校倉書房

村井章介　二〇一三a『日本中世境界史論』岩波書店

村井章介　二〇一三b『日本中世の異文化接触』東京大学出版会

森　克己　二〇〇八『新編　森克己著作集1　新訂日宋貿易の研究』勉誠出版

森平雅彦　二〇〇八「日麗貿易」大庭康時・佐伯弘次・菅波正人・田上勇一郎編『中世都市博多を掘る』海鳥社

森平雅彦　二〇一三「高麗・朝鮮時代における対日拠点の変遷―事元期の対日警戒体制を軸として―」『東洋文化研究所紀要』第一六四冊

山内晋次　二〇〇三『奈良平安期の日本とアジア』吉川弘文館

吉田　寛　二〇〇八「陶磁器からみた大友氏の南蛮貿易」鹿毛敏夫編『戦国大名大友氏と豊後府内』高志書院

吉田　寛　二〇〇九「豊後府内における輸入陶磁器と海外交易」『関西近世考古学研究17　近世初頭の海外貿易と陶磁器』

米谷　均　一九九七a「一六世紀日朝関係における偽使派遣の構造と実態」『歴史学研究』第六九七号

米谷　均　一九九七b「漂流民送還と情報伝達からみた一六世紀の日朝関係」『歴史評論』第五七二号

米谷　均　一九九八「中世後期、日本人朝鮮渡海僧の記録類について」『青丘学術論集』第一二集

『日本一鑑』の湊

大友信一・木村晟編　一九七四『日本一鑑　本文と索引』笠間書院

三ヶ尻浩校訂　一九三七『日本一鑑』謄写版

神戸輝夫　一九九九「鄭舜功と蔣洲―大友宗麟と会った二人の明人―」『大分大学教育福祉科学部研究紀要』第二一巻第二号

神戸輝夫　二〇〇〇「鄭舜功著『日本一鑑』について(正)(続)」『大分大学教育福祉科学部研究紀要』第二二巻第一号

港湾都市 博多

榎本　渉　二〇〇七『東アジア海域と日中交流―九〜一四世紀―』吉川弘文館

大庭康時　一九九九「博多出土の東南アジア陶磁器」『考古学ジャーナル』四四八　ニューサイエンス社

大庭康時　二〇〇四「中世史研究と貿易陶磁器」『中近世土器の基礎研究』ⅩⅧ
大庭康時　二〇〇九『シリーズ「遺跡を学ぶ」〇六一　中世日本最大の貿易都市　博多遺跡群』新泉社
大庭康時　二〇〇四「博多遺跡群出土中世石硯について」『博多研究会誌』第十二号
大庭康時　二〇一七「新安沈没船出土木簡の基礎的検討」『博多研究会誌』第十四号
大庭康時　二〇一八「中世遺跡出土の港湾関連遺構と石見の港湾」『石見の中世領主の盛衰と東アジア海域世界』島根県古代文化センター研究論集第十八集
大庭康時　二〇一九『博多の考古学 中世の貿易都市を掘る』高志書院
大庭康時・佐伯弘次・菅波正人・田上勇一郎編　二〇〇八『中世都市博多を掘る』海鳥社
岡崎　敬　一九六八「福岡市(博多)聖福寺発見の遺物について―大陸舶載の陶磁と銀―」『九州文化史研究所紀要』一三　九州大学九州文化史研究所
小畑弘己　一九九三「博多における一六世紀から一七世紀初めの陶磁器組成」『博多研究会誌』第二号
亀井明徳　一九八六『日本貿易陶磁史の研究』同朋舎
杏名貴彦　二〇一三「博多遺跡群出土の金銀生産関連遺物の科学調査」『平成二三年度福岡市埋蔵文化財センター年報』
佐伯弘次　一九八七「中世都市博多の発展と息浜」『日本中世史論攷』川添昭二先生還暦記念会
佐伯弘次　一九九六「博多出土墨書陶磁器をめぐる諸問題」博多研究会編『博多遺跡群出土墨書資料集成』
佐伯弘次　二〇〇三「室町後期の博多商人道安と東アジア」『史淵』第一四〇輯
佐伯弘次　二〇〇八「博多商人神屋寿禎の実像」『境界からみた内と外』岩田書院
博多研究会編　一九九六『博多遺跡群出土墨書資料集成』
博多研究会編　二〇〇三『博多研究会誌第一一号・博多遺跡群出土墨書資料集成二』
林　文理　二〇一八「国際交流都市博多―「博多津唐房」再考―」木村茂光・湯浅治久編『生活と文化の歴史学10旅と移動―人道と物流の諸相』竹林舎
比佐陽一郎　二〇〇八「ガラス」『中世都市博多を掘る』海鳥社
降旗順子・比佐陽一郎・斎藤努　二〇一四「中世におけるガラスの国産化の可能性」『考古学と自然科学』第六六号
藤原信幸・海藤博・伊藤暁子　二〇一二「平等院本尊阿弥陀如来坐像華盤納入品のガラス片の調査と復元制作」『鳳翔学叢』第八輯
福岡市教育委員会　二〇一九『鴻臚館跡二五』福岡市埋蔵文化財調査報告書第一三八三集
村井章介　二〇〇五「寺社造営料唐船を見直す」『港町の世界史―港町と海域世界』青木書店
山内晋次　二〇〇三『奈良平安期の日本と東アジア』吉川弘文館
山内晋次　二〇一三「日宋貿易と「トウボウ」をめぐる覚書」中島楽章・伊藤幸司編『東アジア海域叢書11　寧波と博多』汲古書院
渡邊　誠　二〇一二『平安時代貿易管理制度史の研究』思文閣出版

有明海の世界

石井謙治　一九八九『図説 和船史話』至誠堂
大庭康時　二〇〇四「中世史研究と陶磁器」『中近世土器の基礎研究』ⅩⅧ　日本中世土器研究会
大庭康時　二〇一七「貿易陶磁器と国内流通」『中世都市研究会博多大会二〇一七　港市としての博多　発表資料集』中世都市研究会博多大会実行委員会
大庭康時　二〇一九『博多の考古学』高志書院

小川弘和　二〇一六『中世的九州の形成』高志書院

川口洋平・中山圭　二〇一二「九州西岸における東南アジア陶磁と華南三彩」『貿易陶磁研究』第三二号　日本貿易陶磁研究会

五味文彦　一九八八「日宋貿易の社会構造」『今井林太郎先生喜寿記念　国史学論叢』今井林太郎先生喜寿記念論文集刊行会

汐見一夫　二〇〇一「石製品の流通―砥石と硯の流通」『図解・日本の中世遺跡』東京大学出版会

柴田　亮　二〇一二「遺物から見た中世肥前西部地域における貿易活動の諸段階」熊本大学大学院社会文化科学研究科博士前期課程修士論文

新里亮人　二〇〇四「カムィヤキ」『全国シンポジウム　中世窯業の諸相　～生産技術の展開と編年～　資料集』全国シンポジウム「中世窯業の諸相～生産技術の展開と編年～」実行委員会

鈴木敦子　二〇一〇『戦国期の流通と地域社会』同成社

田上勇一郎　二〇一七「玉名(考古学的様相)～松本秀蔵氏菊池川採集遺物を中心に～」『中世都市研究会博多大会二〇一七　港市としての博多　発表資料集』中世都市研究会博多大会実行委員会

徳永貞紹　一九九六「佐賀県出土の中世墨書資料」『博多遺跡群出土墨書資料集成』博多研究会

徳永貞紹　一九九八「肥前神埼荘・松浦荘域の中世港湾と貿易陶磁」『貿易陶磁研究』No.18　日本貿易陶磁研究会

中山　圭　二〇一八「浜崎遺跡出土陶磁器について―島嶼の中世前期遺跡の様相―」『貿易陶磁研究』No.38　日本貿易陶磁研究会

橋本　雄　二〇〇五「肥後地域の国際交流と偽使問題」『中世日本の国際関係　東アジア通交圏と偽使問題』吉川弘文館

服部英雄　二〇〇三「久安四年、有明海に来た孔雀」『歴史を読み解く―さまざまな史料と視覚』青史出版

服部英雄　二〇〇五「日宋貿易の実態―「諸国」来着の異客たちと、チャイナタウン「唐房」―」『東アジアと日本：交流と変容』二　九州大学二一世紀COEプログラム

服部英雄　二〇一四『蒙古襲来』山川出版社

原田範昭・金田一精　二〇〇九「総括」『二本木遺跡群Ⅷ』

美濃口雅朗　二〇〇六「九州における瓦器椀研究の成果と課題」『中近世土器の基礎研究』ⅩⅩ　日本中世土器研究会

美濃口雅朗　二〇一二「私たちの町の遺跡　二本木発掘物語」『みにくま』第一一三号

森　克己　一九四八『日宋貿易の研究』国立書院

森　隆　一九九二「中世土器の生産にみる地域型の提唱と工人集団の系譜について―西日本の土器椀生産を中心とした―」『中近世土器の基礎研究Ⅷ』日本中世土器研究会

山内晋次　一九八九「日宋の荘園内密貿易説に関する疑問―一一世紀を中心として―」『歴史科学』一一七

山内晋次　二〇一三「日宋貿易と「トウボウ」をめぐる覚書」『寧波と博多』汲古書院

渡邊　誠　二〇〇六「大宰府の「唐房」と地名の「トウボウ」」『史学研究』二五一

壱岐・対馬

荒木和憲　二〇一七『対馬宗氏の中世史』吉川弘文館

壱岐市教育委員会　二〇〇六『覩城跡・車出遺跡』壱岐市文化財調査報告書第八集

石井正敏　二〇一〇「三　高麗との交流」『日本の対外関係3通交・通商圏の拡大』吉川弘文館

石田町教育委員会　二〇〇一『天水遺跡』

榎本　渉　二〇〇七『東アジア海域と日中交流　九～一四世紀』吉川弘文館

大石一久　一九九九『石が語る中世の社会』長崎労働金庫

小畑弘己　二〇〇八「銭貨」『中世都市博多を掘る』海鳥社

上県町教育委員会　一九九六『大石原遺跡』上県町文化財調査報告書第一集

亀井明徳　一九八六『日本貿易陶磁史の研究』同朋舎

川口洋平　二〇〇四「中世後期の対馬・壱岐・松浦」『中世西日本の流通と交通』高志書院
川畑敏則・堀内和宏　二〇一六「竹松遺跡の調査概要」『9～11世紀における大村湾海域の展開』長崎県考古学会
佐伯弘次　二〇〇四「国内外流通の拠点としての対馬」『港湾都市と対外交易』中世都市研究10　中世都市研究会
佐伯弘次編　二〇〇六『壱岐・対馬と松浦半島』街道の日本史49　吉川弘文館
狭川真一　二〇〇四「火傷を負った金銅仏」『佛教藝術』二七五号
柴田　亮　二〇一五「考古学的視点から見た肥前西部地域の流通構造」『考古学研究』第六二巻第一号　考古学研究会
柴田　亮　二〇一八「中世対馬の基礎的研究」『長崎県埋蔵文化財センター研究紀要』第八号　長崎県埋蔵文化財センター
柴田　亮　二〇一九「貿易陶磁からみた中世における九州西北地域の研究」『貿易陶磁研究No.39』日本貿易陶磁研究会
新里亮人　二〇一八『琉球国成立前夜の考古学』同成社
田中克子　二〇〇八「中国陶磁器」『中世都市博多を掘る』海鳥社
主税英徳　二〇一三「高麗陶器大型壺の分類と編年―生産からみた画期―」『古文化談叢』第七〇集　九州古文化研究会
長崎県教育委員会　一九九七『覩城跡』
長崎県教育委員会　二〇一一『長崎県中近世城館跡分布調査報告書II―詳細編―』長崎県文化財調査報告書第二〇七集
橋本久和　二〇一八『概論　瓦器椀研究と中世社会』真陽社
林　隆広　二〇一四「「松浦型プラン」の研究視点」『第三一回全国城郭研究者セミナー　シンポジウムテーマ「近世城郭をどう捉えるか」』
峰町教育委員会　一九九三『木坂海神神社弥勒堂跡―発掘調査報告書―』
美津島町教育委員会　一九九九『水崎遺跡』美津島町文化財調査報告書第八集
美津島町教育委員会　二〇〇一『水崎（仮宿）遺跡』美津島町文化財保護協会調査報告書第一集
宮﨑貴夫　二〇一二「「南北市糴」考」『古代壱岐島の世界』高志書院
山里純一　二〇一二『古代の琉球弧と東アジア』吉川弘文館
李　領　一九九九『倭寇と日麗関係史』東京大学出版会

九州西北岸と五島列島

網野善彦　一九九二「西海の海民社会」『東シナ海と西海文化』海と列島文化第四巻　小学館
池田榮史　二〇一九「琉球列島史を掘りおこす」『琉球の中世』高志書院
石井謙治　一九八三『図説和船史話』至誠堂
伊藤亜人　一九九二「中国と日本の漂白漁民」『東シナ海と西海文化』海と列島文化第　四巻　小学館
大石一久　二〇一六「中世石造物から見た西肥前―西海地域の歴史像―」『石が語る西海の歴史』アルファベータブックス
大庭康時　二〇一九『博多の考古学』高志書院
木村　淳　二〇一九「交易船構造の革新と琉球」『琉球の中世』高志書院
杉原敦史　二〇一二「古代における彼杵郡と松浦郡の郡境について―考古学的成果に基づく歴史学資料の再検討―」『西海考古』第八号　西海考古同人会
外山幹夫　一九八七『松浦氏と平戸貿易』国書刊行会
新里亮人　二〇〇二「滑石製石鍋の基礎的研究」『先史琉球の生業と交易』熊本大学文学部
福田一志　一九八五「中世の遺構」『楼楷田遺跡』長崎県教育委員会・松浦市教育委員会
松尾秀昭　二〇一七『石鍋が語る中世　ホゲット石鍋製作遺跡』新泉社
桃崎祐輔ほか　二〇一一「九州発見中国製石塔の基礎的研究―所謂「薩摩塔」と「梅園石」製石塔について―」『福岡大学考古資料集成四』福岡大学考古学研究室

佐志の湊

伊藤幸司　二〇〇六「中世日本の港町と禅宗の展開」『港町の世界史②　港町のトポグラフィ』青木書店

伊万里市史編さん委員会編　二〇〇六『伊万里市史　原始・古代・中世編』伊万里市

唐津市史編纂委員会編　一九六二『唐津市史』唐津市

徳永貞紹　一九九八「肥前神埼荘・松浦荘域の中世港湾と貿易陶磁器」『貿易陶磁研究』No.18

服部英雄　二〇〇四「旦過と唐房」『港湾都市と対外交易』中世都市研究10　新人物往来社

宮武正登　一九九七「中世唐津の市と港」『都市と宗教』中世都市研究4　新人物往来社

宮武正登　二〇一七「中世松浦地方の港湾地と領主拠点」『佐賀学Ⅲ』海鳥社

村井章介　一九九九「鎌倉時代松浦党の一族結合—系図の復元を中心に」『鎌倉時代の社会と文化』東京堂出版

南九州の海の世界

池田榮史　二〇一四「中世南九州と琉球国成立以前の琉球列島」『南からみる中世の世界』鹿児島県歴史資料センター黎明館

池畑耕一　二〇一八「鹿児島における中世遺跡の出土銭貨」『鹿児島考古』四八号　鹿児島県考古学会

上田　耕　二〇一〇「馬場田遺跡の紹介・北条得宗家の川辺支配の断片」『薩南文化』第二号　南九州市立図書館

大庭康時　二〇〇三「博多遺跡群の発掘調査と持躰松遺跡」『古代文化』五五—二　古代学協会

大橋康二・山田康弘　一九九五「鹿児島県鹿児島郡十島村諏訪之瀬島出土の陶磁器」『貿易陶磁研究』No.15　日本貿易陶磁研究会

亀井明徳　一九九三「南西諸島における貿易陶磁器の流通経路」『上智アジア学』第一一号

橋田正徳　一九九三「中世前期における土葬墓の出土供膳具の様相」『貿易陶磁研究』No.13　日本貿易陶磁研究会

狭川真一　一九九三「墳墓にみる供献形態の変遷とその背景—北部九州を中心として」『貿易陶磁研究』No.13　日本貿易陶磁研究会

重久淳一　二〇〇四「鹿児島県内から出土したタイ、ベトナム陶磁」『陶磁器が語る交流—九州・沖縄から出土した東南アジア産陶磁器—』東南アジア考古学会

柴田圭子　二〇一七「消費地遺跡からみた元末明初中国陶瓷の受容と流通」『貿易陶磁研究』No.37　日本貿易陶磁研究会

嶋谷和彦　二〇〇六「中世日本における大銭の出土状況」『前近代の東アジア海域における唐物と南蛮物の交易とその意義』国立歴史民俗博物館

堂込秀人　一九九八「中世南九州の竪穴建物跡」『南九州城郭研究』創刊号　南九州城郭談話会

中村和美・栗林文夫　二〇〇三「持躰松遺跡(2次調査以降)・芝原遺跡・渡畑遺跡について」『古代文化』五五—一　古代学協会

永山修一　二〇〇九『隼人と古代日本』同成社古代史選書六　同成社

野口　実　二〇一七『列島を翔ける平安武士』歴史文化ライブラリー四四六　吉川弘文館

橋口　亘　二〇〇二「鹿児島県地域における一六〜一九世紀の陶磁器の出土様相」『鹿児島地域史研究』No.1

橋口　亘　二〇〇三「中世薩摩における流通—出土陶磁器からみたその傾向—」『シンポジウム「流通・交通の『中世考古学』—行き交うモノとヒトをさぐる—」発表資料集

橋口　亘　二〇〇四「中世港湾坊津小考」『中世西日本の流通と交通：行き交うヒトとモノ』高志書院

橋口　亘　二〇〇八「南薩内陸部への貿易陶磁の流入」『海上の道と陶磁器』輝津館企画展図録　南さつま市坊津歴史資料センター　輝津館

橋口　亘　二〇一一「南九州出土の東南アジア産陶器についての一考察」『陶

磁器流通と西海地域』周縁の文化交渉学シリーズ四

橋口　亘　二〇一四「薩摩南部の中世考古資料をめぐる諸問題—薩摩塔・宋風獅子・貿易陶磁・清水磨崖仏群・硫黄交易—」『鹿児島考古』四四号　鹿児島県考古学会

橋口　亘　二〇一七「補遺・薩摩南部の中世考古資料をめぐる諸問題—南さつま市上宮寺跡の中国製石仏・南さつま市及び三島村の磁竃窯系稀少製品を中心に—」『鹿児島考古』四七号　鹿児島県考古学会

堀田孝博　二〇一〇「物の動きから見た都城盆地の境界性」『南九州の地域形成と境界性』地方史研究協議会

宮下貴浩　一九九八「中世前期の持躰松遺跡」『持躰松遺跡　第1次調査』金峰町埋蔵文化財発掘調査報告書(10)

柳原敏昭　一九九八「中世の万之瀬川下流地域と持躰松遺跡」『持躰松遺跡第1次調査』金峰町埋蔵文化財発掘調査報告書(10)

柳原敏昭　二〇一〇「唐坊と唐人町」『倭寇と「日本国王」』日本の対外関係四　吉川弘文館

山内晋次　二〇〇九『日宋貿易と「硫黄の道」』日本史リブレット七五　山川出版社

山本信夫　二〇〇三「一二世紀前後陶磁器から見た持躰松遺跡の評価」『古代文化』五五—三　古代学協会

渡辺芳郎　二〇一四「鹿児島県三島村踏査報告」『鹿大史学』六一　鹿大史学会

南九州と島嶼の世界

池田榮史編　二〇〇八『古代中世の境界領域—キカイガシマの世界』高志書院

市村高男　二〇一三「中世日本の西の境界領域と黒潮トライアングル研究—鹿児島県三島村硫黄島の調査を踏まえて—」『黒潮圏科学』六—一

大石直正　二〇〇一「外が浜・夷島考」同他編『展望日本歴史九　中世社会の成立』東京堂出版(初出一九八〇)

小田雄三　一九九三「嘉元四年千竈時家処分状について—得宗・得宗被官・南島諸島—」『年報中世史研究』第一八号

鹿児島県歴史資料センター黎明館編　二〇一四『南からみる中世の世界〜海に結ばれた琉球列島と南九州〜』

栗林文夫　二〇一六「八幡神が造った島—古代・中世『桜島』試論—」『八幡神の遺宝—南九州の八幡信仰—』鹿児島県歴史資料センター黎明館

黒田日出男　二〇〇三『龍の棲む日本』岩波書店

是沢恭三　一九六八「金沢文庫本 蛇躰囲繞日本図に就いて上」『金沢文庫研究』第一四二号

鈴木　公　一九六一「南西諸島」岩本政教他編『日本地誌ゼミナールⅧ　九州地方』大明堂

永山修一　一九九三「キカイガシマ・イオウガシマ考」笹山晴生先生還暦記念会編『日本律令制論集　下巻』吉川弘文館

永山修一　二〇〇八「文献から見たキカイガシマ」前掲『古代中世の境界領域』

野口　実　一九九〇「薩摩社会の史的考察—地域社会の理解と前進のために—」鹿児島経済大学『地域総合研究』第一七巻第三号

原田信男　一九九三『歴史のなかの米と肉—食物と天皇・差別—』平凡社

平凡社地方資料センター編　一九九八『日本歴史地名大系第四七巻　鹿児島県の地名』平凡社

松下志朗　二〇〇四『近世九州の差別と周縁民衆』海鳥社

村井章介　一九八八『アジアのなかの中世日本』校倉書房

村井章介　二〇一三『日本中世境界史論』岩波書店

柳原敏昭　二〇一一『中世日本の周縁と東アジア』吉川弘文館

山内晋次　二〇〇九『日宋貿易と「硫黄の道」』山川出版社

山里純一　一九九九『古代日本と南島の交流』吉川弘文館

南の島　奄美群島

赤司善彦　一九九一「研究ノート　朝鮮産無釉陶器の流入」『九州歴史資料館研究論集』一六　九州歴史資料館

赤司善彦　一九九九「徳之島カムィヤキ古窯跡採集の南島陶質土器について」『九州歴史資料館研究論集』二四　九州歴史資料館
奄美市教育委員会　二〇〇八『赤木名城跡』
池田榮史　二〇〇三「穿孔を有する滑石製石鍋破片について」『小湊フワガネク遺跡群』名瀬市文化財叢書四　名瀬市教育委員会
池田榮史　二〇一四「中世南九州と琉球国成立以前の琉球列島」『南からみる中世の世界』鹿児島県歴史資料センター黎明館
伊仙町教育委員会　二〇〇五『カムィヤキ古窯跡群Ⅳ』伊仙町埋蔵文化財発掘調査報告書(12)
上田　耕　二〇一四「南九州の城郭―群郭式の曲輪配置と近世麓集落の連続性―」『中世城館の考古学』高志書院
宇検村教育委員会　一九九九『倉木崎海底遺跡発掘調査報告書』宇検村文化財調査報告書第二集
宇検村誌編纂委員会　二〇一七『宇検村誌　自然・通史編』
鼎丈太郎　二〇〇五「瀬戸内町における遺跡の立地について」『瀬戸内町遺跡詳細分布調査報告書』瀬戸内町文化財調査報告書第1集
金沢　陽　一九九九「倉木崎〝沈船〟考」『倉木崎海底遺跡発掘調査報告書』宇検村文化財調査報告書第二集
亀井明徳　一九九三「南西諸島における貿易陶磁器の流通経路」『上智アジア学』第一一号
金武正紀　一九七九『恩納村熱田貝塚発掘調査ニュース』沖縄県教育委員会
喜界町教育委員会　二〇一五『城久遺跡群　総括報告書』喜界町埋蔵文化財発掘調査報告書(14)
喜界町教育委員会　二〇一八『崩リ遺跡』喜界町埋蔵文化財発掘調査報告書(16)
具志堅亮　二〇一四「奄美諸島出土の貿易陶磁」『貿易陶磁研究会沖縄大会資料』日本貿易陶磁研究会
甲元眞之　二〇一五「考古学からみえる城久遺跡群」『城久遺跡群―総括報告書―』喜界町埋蔵文化財発掘調査報告書(14)　喜界町教育委員会
笠利町教育委員会　二〇〇三『赤木名グスク遺跡』笠利町文化財調査報告書二七
島　弘　一九八七a『伊良波東遺跡』豊見村文化財調査報告書第二集
島　弘　一九八七b『北谷町砂辺サーク原遺跡』沖縄県文化財調査報告書第八一集
狭川真一　二〇〇八「城久遺跡群の中世墓」『古代中世の境界領域―キカイガシマの世界―』高志書院
新里亮人　二〇一五「琉球列島における中国陶磁器―11世紀～14世紀を中心に―」『貿易陶磁研究』№35　日本貿易陶磁研究会
新里亮人　二〇一八『琉球国成立前夜の考古学』同成社
新里貴之　二〇〇六「奄美諸島のグスク土器」『Archaeology from the South』鹿児島大学考古学研究室25周年記念論集刊行会
新里貴之　二〇一〇「南西諸島の様相からみた喜界島」『古代末期・日本の境界　城久遺跡群と石江遺跡群』森話社
鈴木康之　二〇〇八「滑石製石鍋の流通と琉球列島」『古代中世の境界領域キカイガシマの世界』高志書院
瀬戸哲也　二〇〇九「沖縄・グスク時代の葬墓制」『日本の中世墓』高志書院
高梨　修　一九九七「奄美におけるグスク研究のパースペクティブ」『南日本文化』三〇　鹿児島短期大学付属南日本文化研究所
知念　勇　二〇〇八「琉球から見る赤木名城」『赤木名城』奄美市教育委員会
鶴嶋俊彦　二〇〇八「赤木名城の構造」『赤木名城』奄美市教育委員会
堂込秀人　二〇〇三「中世山城の近世遺物」『研究紀要縄文の森から』創刊号　鹿児島県立埋蔵文化財センター
中島恒次郎　二〇一〇「城久遺跡群の日本古代中世における社会的位置―津軽石江遺跡群との相違を含めて―」『古代末期・日本の境界―城久遺跡群と石江遺跡群―』森話社

永山修一　二〇〇八「文献から見たキカイガシマ」『古代中世の境界領域—キカイガシマの世界—』高志書院
名瀬市教育委員会　二〇〇一『奄美大島名瀬市グスク詳細分布調査報告書』
橋口　亘　二〇一四「薩摩南部の中世考古資料をめぐる諸問題—薩摩塔・宋風獅子・貿易陶磁・清水磨崖仏群・硫黄交易—」『鹿児島考古』四四号　鹿児島県考古学会
三木　靖　一九九九「奄美の中世城郭について」『南九州城郭研究』創刊号　南九州城郭談話会
三島村教育委員会　二〇一五『黒島平家城遺跡　大里遺跡ほか』三島村埋蔵文化財調査報告書第一集
山内晋次　二〇〇九『日宋貿易と「硫黄の道」』日本史リブレット75　山川出版社

執筆者一覧

大庭康時　奥付上掲載
伊藤幸司（いとう こうじ）　一九七〇年生れ、九州大学大学院比較社会文化研究院教授
関　周一（せき しゅういち）　一九六三年生れ、宮崎大学教育学部教授
長田弘通（おさだ ひろみち）　一九六二年生れ、大分市美術館
中山　圭（なかやま けい）　一九七六年生れ、天草市観光文化部文化課
柴田　亮（しばた りょう）　一九八八年生れ、大村市教育委員会
松尾秀昭（まつお ひであき）　一九七九年生れ、佐世保市教育委員会
鮎川和樹（あゆかわ かずき）　一九九二年生れ、唐津市教育委員会
岩元康成（いわもと やすなり）　一九八四年生れ、姶良市教育委員会
栗林文夫（くりばやし ふみお）　一九六四年生れ、鹿児島県歴史資料センター黎明館

【編者略歴】

大庭 康時（おおば こうじ）

1960 年生れ、福岡市経済観光文化局文化財活用部埋蔵文化財課

〔主な著書論文〕

『博多の考古学』（高志書院）、『中世都市 博多を掘る』（編著・海鳥社）、「博多」（『いくつもの日本　新たな歴史へ』岩波書店）

佐伯 弘次（さえき こうじ）

1955 年生れ、九州大学大学院人文科学研究院教授

〔主な著書論文〕

『モンゴル襲来の衝撃』（中央公論新社）、『対馬と海峡の中世史』（山川出版社）、「室町時代の博多商人宗金と京都・漢陽・北京」（『寧波と博多』汲古書院）

坪根 伸也（つぼね しんや）

1963 年生れ、大分市教育委員会文化財課

〔主な著書論文〕

「大友館跡の変遷と府内周辺の方形館」（『戦国大名大友氏と豊後府内』高志書院）、「守護城下町を守るムラ―豊後府内の事例から―」（『西国城館論集Ｉ』中国・四国地区城館調査検討会）、「中・近世移行期の施錠具と真鍮生産にみる外来技術導入をめぐる諸問題」（『国立歴史民俗博物館研究報告』第 210 集　国立歴史民俗博物館）

九州の中世Ｉ
島嶼と海の世界

2020 年 2 月 10 日第 1 刷発行

編　者　大庭康時・佐伯弘次・坪根伸也
発行者　濱　久年
発行所　高志書院

〒101-0051 東京都千代田区神田神保町 2-28-201
TEL03 (5275) 5591　FAX03 (5275) 5592
振替口座　00140-5-170436
http://www.koshi-s.jp

印刷・製本／亜細亜印刷株式会社　カバー装丁／ Bow Wow
ISBN978-4-86215-202-2